教科書ガイド

光村図書 版

国語

完全準拠

中学国語

2年

編集発行 光村教育図書

この本《ほん》の使《つか》い方《かた》

＊教科書《きょうかしょ》の引用《いんよう》ページ・行数《ぎょうすう》は、（P15・8）のように示《しめ》した。

あらすじ＋構成

その教材《きょうざい》のおよその内容《ないよう》をつかむためのページです。教材文《きょうざいぶん》の種類《しゅるい》によって構成《こうせい》が変《か》わります。

〈物語《ものがたり》・小説《しょうせつ》〉…あらすじ＋構成

〈随筆《ずいひつ》・説明文《せつめいぶん》〉…およその内容＋構成

〈詩《し》〉…およその内容

〈古典《こてん》〉…およその内容

漢字のチェック

新出漢字

その教材《きょうざい》の新出漢字《しんしゅつかんじ》を、教科書《きょうかしょ》の提出順《ていしゅつじゅん》に解説《かいせつ》しています。内容《ないよう》は、音訓《おんくん》（＊印《じるし》は教科書本文中《きょうかしょほんもんちゅう》の音訓《おんくん》）・部首《ぶしゅ》・画数《かくすう》・筆順《ひつじゅん》・意味《いみ》・言葉《ことば》・使《つか》い方《かた》・漢字検定《かんじけんてい》（漢検《かんけん》）の級数《きゅうすう》です。

※部首《ぶしゅ》・部首名《ぶしゅめい》は、辞典《じてん》によって違《ちが》っていることがあります。
※別《べつ》の書《か》き方《かた》がある漢字《かんじ》は、［　］で示《しめ》しました。

新出音訓

その教材《きょうざい》の新出音訓《しんしゅつおんくん》を教科書《きょうかしょ》の提出順《ていしゅつじゅん》に取《と》り上《あ》げ、新《あたら》しく出《で》てきた音訓《おんくん》を――線《せん》で示《しめ》しています。

重要語句のチェック

その教材《きょうざい》の重要《じゅうよう》な語句《ごく》（教科書欄外《きょうかしょらんがい》の「注意《ちゅうい》する語句《ごく》」や難《むずか》しい語句《ごく》など）を取《と》り上《あ》げ、意味《いみ》や使《つか》い方《かた》を解説《かいせつ》しています。意味《いみ》が複数《ふくすう》あるときは、教科書本文中《きょうかしょほんもんちゅう》の意味《いみ》を＊印《じるし》で示《しめ》しています。

文…その語句《ごく》を使《つか》った例文《れいぶん》　類…類義語《るいぎご》　対…対義語《たいぎご》

ここがポイント！ 教科書《きょうかしょ》の「学習《がくしゅう》」の答《こた》えと考《かんが》え方《かた》

教科書 28～29 ページ

教科書《きょうかしょ》の各教材末《かくきょうざいまつ》にある「学習《がくしゅう》」の答《こた》えを示《しめ》しています。

答えの例 考え方

答《こた》えに至《いた》るまでのプロセスを必要《ひつよう》に応《おう》じて示《しめ》したり、はっきりした答《こた》えを求《もと》めていない課題《かだい》について、考《かんが》え方《かた》のヒントを示《しめ》したりしています。

教科書の課題

＊「学習《がくしゅう》」以外《いがい》の教科書《きょうかしょ》の問《と》いに対《たい》する答《こた》えは、

ここがポイント！ 教科書《きょうかしょ》の「練習問題《れんしゅうもんだい》」の答《こた》えと考《かんが》え方《かた》 教科書 228 ページ

などで示《しめ》しています。

読解のポイント 音読のポイント

教科書《きょうかしょ》で特《とく》に課題《かだい》が示《しめ》されていない教材《きょうざい》について、読解《どっかい》や音読《おんどく》のポイントになる事柄《ことがら》を解説《かいせつ》しています。

解説

読解単元《どっかいたんげん》以外《いがい》の小単元《しょうたんげん》や、読解単元《どっかいたんげん》で付《つ》け加《くわ》えたい事柄《ことがら》があるときなどに適宜《てきぎ》に設《もう》けて、解説《かいせつ》しています。

テスト直前《ちょくぜん》にチェック！ アイスプラネット

教科書 14～25 ページ

定期《ていき》テストで取《と》り上《あ》げられそうな読解教材《どっかいきょうざい》の最後《さいご》に設《もう》けてあります。テスト形式《けいしき》で出題《しゅつだい》しているので、定期《ていき》テスト直前《ちょくぜん》の最終確認《しゅうかくにん》に役立《やくだ》ちます。

巻末《かんまつ》に、解答《かいとう》・解説《かいせつ》をまとめて示《しめ》しています。

「テスト直前《ちょくぜん》にチェック！」の問題《もんだい》には よく出る！ のマークが付《つ》いている。よく出る！ はテストで取《と》り上《あ》げられることが多《おお》い問題《もんだい》だよ。

また、解くコツ も参考《さんこう》にしてみよう。解くコツ にはその問題《もんだい》を答《こた》えるときに守《まも》るべき基本的《きほんてき》な事項《じこう》が書《か》かれている。しっかりと確認《かくにん》して、単純《たんじゅん》なミスをなくすよう心《こころ》がけよう。

目次……2年

〈表紙〉生駒さちこ
〈キャラクターイラスト〉水野ゆうこ
〈本文イラスト〉水野ゆうこ

見《み》えないだけ

牟礼慶子《むれけいこ》

およその内容

1 第一連《だいいちれん》（初《はじ》め～10行目《ぎょうめ》）

空《そら》の上《うえ》にはもっと青《あお》い空《そら》があり、波《なみ》の底《そこ》にはもっと大《おお》きな海《うみ》がある。（初《はじ》め～4行目《ぎょうめ》）

胸《むね》の中《なか》には優《やさ》しい世界《せかい》があり、垣根《かきね》には次《つぎ》の季節《きせつ》を知《し》らせる蕾《つぼみ》がある。そして、少《すこ》し遠《とお》くでは親《した》しい友達《ともだち》が待《ま》っている。（5行目《ぎょうめ》～10行目《ぎょうめ》）

2 第二連《だいにれん》（12行目《ぎょうめ》～終《お》わり）

確《たし》かに在《あ》るのに、まだここからは見《み》えないだけ。

解説

この詩《し》は空白行《くうはくぎょう》によって二《ふた》つの連《れん》に分《わ》けられている。また、第一《だいいち》連《れん》は、大《おお》きく二《ふた》つのまとまりに分《わ》けられ、さらに二行《にぎょう》ずつのまとまりに分《わ》けられる。

【第一連《だいいちれん》】

・初《はじ》め～「……眠《ねむ》っている」

「空《そら》の上《うえ》には」「波《なみ》の底《そこ》には」と対《つい》にして、それぞれに「もっと青《あお》い空《そら》が……」「もっと大《おお》きな海《うみ》が……」と表現《ひょうげん》している。

・**「胸《むね》の奥《おく》で……～……新《あたら》しい友《とも》だち」まで**

「胸《むね》の奥《おく》で」「次《つぎ》の垣根《かきね》で」「少《すこ》し遠《とお》くで」と対《つい》にして、身近《みぢか》なところでの「見《み》えない」世界《せかい》を表現《ひょうげん》している。どれもすぐ近《ちか》くにあるのに見《み》えないものを、視点《してん》を変《か》えて想像《そうぞう》している。

・胸《むね》の奥《おく》……（ことばがはぐくんでいる）優《やさ》しい世界《せかい》
・次《つぎ》の垣根《かきね》…（蕾《つぼみ》をさし出《だ》している）美《うつく》しい季節《きせつ》
・少《すこ》し遠《とお》く…（待《ま》ちかねている）新《あたら》しい友《とも》だち

このように、プラスのイメージで希望《きぼう》を感《かん》じさせるものが提示《ていじ》されている。「空《そら》」や「海《うみ》」という大《おお》きな世界《せかい》だけでなく、私《わたし》たちが生《い》きている世界《せかい》も、こんなに近《ちか》くに、「在《あ》る」のに「見《み》えない」ものがあることを、具体的《ぐたいてき》な形《かたち》で示《しめ》している。

【第二連《だいにれん》】

・作者《さくしゃ》の思《おも》い（「あんなに確《たし》かに……～……見《み》えないだけ」）

第一連《だいいちれん》で表現《ひょうげん》された具体的《ぐたいてき》な世界《せかい》に対《たい》する作者自身《さくしゃじしん》の思《おも》いを述《の》べている。「あんなに確《たし》かに在《あ》るもの」は第一連《だいいちれん》の内容《ないよう》を指《さ》し、最後《さいご》の一行《いちぎょう》には、見《み》えない世界《せかい》の向《む》こうにあるものを信《しん》じて生《い》きようという温《あたた》かいメッセージが込《こ》められている。

1 広《ひろ》がる学《まな》びへ

アイスプラネット

椎名《しいな》 誠《まこと》

教科書 14~25ページ

あらすじ

「僕《ぼく》」のおじさんは「ぐうちゃん」というあだ名《な》がついた、「僕《ぼく》」の家《いえ》のいそうろうだ。学生《がくせい》の頃《ころ》にいろんな所《ところ》を旅《たび》していたが、今《いま》も定職《ていしょく》に就《つ》いていないので、姉《あね》である「僕《ぼく》」の母《はは》に怒《おこ》られてばかりだ。

でも、「僕《ぼく》」はそんなぐうちゃんのほら話《ばなし》が大好《だいす》きだった。ところが、三《さん》メートルもある大《おお》ナマズの話《はなし》や北極《ほっきょく》にあるという氷《こおり》の惑星《わくせい》の話《はなし》を聞《き》かされ、なめられていると思《おも》った。

翌日《よくじつ》、友達《ともだち》に話《はな》しても「ありえねえ。」と言《い》われてしまい、人生《じんせい》を全面的《ぜんめんてき》にからかわれたと感《かん》じた。

それから少《すこ》し疎遠《そえん》になっていたが、「僕《ぼく》」が久《ひさ》しぶりにぐうちゃんの部屋《へや》を訪《たず》ねると、また外国《がいこく》に出《で》かけるということを聞《き》かされた。「僕《ぼく》」は寂《さび》しさのあまりぶっきらぼうな返事《へんじ》をした。

四《よん》か月後《げつご》に、ぐうちゃんから「僕《ぼく》」に手紙《てがみ》が届《とど》いた。開《あ》けてみると、中《なか》には大《おお》ナマズと北極《ほっきょく》の氷の惑星《アイスプラネット》の写真《しゃしん》が入《はい》っていた。

ぐうちゃんの話《はなし》は本当《ほんとう》だったんだ。世界《せかい》は驚《おどろ》きに満《み》ちているんだね。

構成

1 ぐうちゃんの紹介《しょうかい》と、「僕《ぼく》」のぐうちゃんへの思《おも》い（初《はじ》め~P15・14）

2 ぐうちゃんとのおしゃべり（P15・16~P18・17）
アナコンダや大《おお》ナマズ、北極《ほっきょく》の氷《こおり》の惑星《わくせい》の話《はなし》。

3 「僕《ぼく》」のぐうちゃんへの不信《ふしん》（P18・19~P20・7）
ぐうちゃんに、人生《じんせい》を全面的《ぜんめんてき》にからかわれたと感《かん》じる。

4 ぐうちゃんの出発《しゅっぱつ》（P20・9~P22・2）
ぐうちゃんの外国《がいこく》行《い》きを知《し》り、「僕《ぼく》」は部屋《へや》に行《い》かなくなる。

5 ぐうちゃんからの手紙《てがみ》（P22・4 ~終《お》わり）

新出漢字

漢字のチェック

＊はここに出てきた読み。

14 郊
＊コウ

おおざと　9画

意味　街《まち》のはずれ。都会《とかい》の外《そと》。

言葉　郊外《こうがい》・近郊《きんこう》

使い方　郊外《こうがい》の住宅地《じゅうたくち》に家《いえ》を買《か》う。

3級

14 畳
＊ジョウ　たたむ　たたみ

た　12画

意味　①たたみ。たたみを数《かぞ》える言葉《ことば》。②たたむ。重《かさ》なる。

言葉　①石畳《いしだたみ》・畳表《たたみおもて》　②畳語《じょうご》

使い方　石畳《いしだたみ》の上《うえ》を歩《ある》く。

4級

14 赴
＊フ　おもむく

そうにょう　9画

意味　おもむく。目的地《もくてきち》に向《む》かう。駆《か》けつける。

言葉　赴任《ふにん》

使い方　奈良《なら》支局《しきょく》へ赴任《ふにん》する。

3級

14 歓
＊カン

あくび　15画

意味　よろこぶ。楽《たの》しむ。

言葉　歓喜《かんき》・歓待《かんたい》・歓心《かんしん》・歓声《かんせい》

使い方　訪問先《ほうもんさき》で歓待《かんたい》を受《う》けた。

4級

14 唯
＊ユイ　（イ）

くちへん　11画

意味　①ただ。それだけ。②「はい。」とすぐ応《こた》えること。

言葉　①唯一《ゆいいつ》・唯我独尊《ゆいがどくそん》　②唯々諾々《いいだくだく》

使い方　唯一《ゆいいつ》の楽《たの》しみは読書《どくしょ》だ。

準2級

16 稚
＊チ

のぎへん　13画

意味　幼《おさな》い。若《わか》い。まだよく成長《せいちょう》していない。

言葉　稚魚《ちぎょ》・幼稚《ようち》

使い方　うなぎの稚魚《ちぎょ》を育《そだ》てる。

3級

16 怪
＊カイ　＊あやしい　あやしむ

りっしんべん　8画

意味　①あやしい。あやしいもの。②並外《なみはず》れている。

言葉　①怪奇《かいき》・怪談《かいだん》・奇怪《きかい》　②怪傑《かいけつ》・怪力《かいりき》

使い方　夏《なつ》の夜《よる》の楽《たの》しみは怪談《かいだん》を聞《き》くことだ。

3級

16 脚
＊キャク　（キャ）　＊あし

にくづき　11画

意味　①あし。②物《もの》の下《した》の部分《ぶぶん》。③椅子《いす》などを数《かぞ》える言葉《ことば》。

言葉　①脚力《きゃくりょく》・健脚《けんきゃく》　②脚注《きゃくちゅう》・三脚《さんきゃく》　③椅子《いす》が二脚《にきゃく》ある

使い方　祖父《そふ》は八十歳《はちじっさい》だが、実《じつ》に健脚《けんきゃく》だ。

4級

17 勘
＊カン

ちから　11画

意味　①考《かんが》える。調《しら》べる。②かん。ぴんと感《かん》じる心《こころ》の働《はたら》き。

言葉　①勘案《かんあん》・勘定《かんじょう》　②山勘《やまかん》

使い方　彼女《かのじょ》はとても勘《かん》がいい。

3級

18 惑
＊ワク　まどう

こころ　12画

意味　まどう。まどわす。どうしていいかわからなくなる。

言葉　疑惑《ぎわく》・困惑《こんわく》・迷惑《めいわく》・当惑《とうわく》

使い方　突然《とつぜん》の申《もう》し出《で》に困惑《こんわく》する。

4級

19 撮
サツ　＊とる

てへん　15画

意味　写真《しゃしん》をとる。

言葉　撮影《さつえい》

使い方　記念《きねん》写真《しゃしん》の撮影《さつえい》をする。

3級

19 吹
スイ　＊ふく

くちへん　7画

意味　①息《いき》を吐《は》き出《だ》す。②大《おお》げさなことを言《い》う。

言葉　①吹奏《すいそう》　②ほら吹《ふ》き

使い方　トランペットを吹《ふ》く。

4級

19 雄
＊ユウ　お　おす

ふるとり　12画

意味　①生物《せいぶつ》のおす。②男《おとこ》らしい。強《つよ》くて優《すぐ》れた人《ひと》や物《もの》。

言葉　①雄牛《おうし》・雌雄《しゆう》　②雄姿《ゆうし》・雄大《ゆうだい》・英雄《えいゆう》

使い方　富士山《ふじさん》の雄大《ゆうだい》な景観《けいかん》に見《み》とれる。

4級

端

20

*タン　はし　(は)　はた

たつへん　14画

意味　①物《もの》のはし。②物事《ものごと》の始《はじ》め。③正《ただ》しい。④はした。

言葉　①先端《せんたん》・一端《いったん》　②端緒《たんしょ》・発端《ほったん》　③端正《たんせい》　④端数《はすう》

使い方　事《こと》の発端《ほったん》はささいなもめごとだった。

4級

寂

20

ジャク　(セキ)　*さびしい　さび　さびれる

うかんむり　11画

意味　①さびしい。静《しず》か。②死《し》ぬこと。

言葉　①閑寂《かんじゃく》・静寂《せいじゃく》　②寂滅《じゃくめつ》・入寂《にゅうじゃく》

使い方　夜《よる》の静寂《せいじゃく》を破《やぶ》る音《おと》が聞《き》こえる。

4級

突

20

*トツ　つく

あなかんむり　8画

意味　①つき出《で》る。②つき当《あ》たる。③急《きゅう》に。

言葉　①突起《とっき》・突出《とっしゅつ》・煙突《えんとつ》　②激突《げきとつ》・衝突《しょうとつ》　③突然《とつぜん》

使い方　大会《たいかい》の地区《ちく》予選《よせん》を突破《とっぱ》する。

4級

慌

21

(コウ)　*あわてる　あわただしい

りっしんべん　12画

意味　あわてる。あわただしい。落《お》ち着《つ》かない。

言葉　大慌《おおあわ》て

使い方　突然《とつぜん》の来客《らいきゃく》に慌《あわ》てる。

3級

握

21

*アク　*にぎる

てへん　12画

意味　①にぎる。②自分《じぶん》のものにする。

言葉　①握手《あくしゅ》・握力《あくりょく》　②把握《はあく》・掌握《しょうあく》

使い方　握力《あくりょく》を測定《そくてい》する。

4級

股

21

コ　*また

にくづき　8画

意味　また。もも。

言葉　股間《こかん》・大股《おおまた》・内股《うちまた》

使い方　股関節《こかんせつ》を痛《いた》める。

2級

封

22

*フウ　ホウ

すん　9画

意味　①閉《と》じる。ふさぐ。②領地《りょうち》を与《あた》える。

言葉　①封印《ふういん》・封鎖《ふうさ》・密封《みっぷう》　②封建《ほうけん》・封土《ほうど》

使い方　お礼状《れいじょう》を封書《ふうしょ》で出《だ》す。

3級

新出音訓

貼

22

チョウ　*はる

かいへん　12画

意味　はる。はりつける。

言葉　貼付《ちょうふ》・貼示《ちょうじ》

使い方　ポスターを貼《は》る。

2級

詰

22

(キツ)　つめる　*つまる　つむ

ごんべん　13画

意味　①なじる。問《と》いつめる。②つめる。つむ。

言葉　①詰問《きつもん》　②缶詰《かんづめ》

使い方　かばんに荷物《にもつ》を詰《つ》める。

4級

14

支度（シタク）

重要語句のチェック

15ページ

精密《せいみつ》　細《こま》かい所《ところ》まで行《ゆ》き届《とど》いている様子《ようす》。文 胃《い》の**精密**《せいみつ》検査《けんさ》を受《う》ける。

いかにも　本当《ほんとう》に。実《じつ》に。文 二人《ふたり》は**いかにも**楽《たの》しそうに遊《あそ》んでいる。

16ページ

蛇行《だこう》　蛇《へび》のように曲《ま》がりくねって進《すす》むこと。文 道《みち》が**蛇行**《だこう》している。

はるかに　比《くら》べて大《おお》きな違《ちが》いがある様子《ようす》。文 この本《ほん》のほうが**はるかに**おもしろい。

18ページ

めったに……ない　ほとんど……ない。文 両親《りょうしん》はめったに旅行《りょこう》に行《い》かない。

口実《こうじつ》　言《い》い訳《わけ》。文 口実《こうじつ》を作《つく》って会議《かいぎ》を欠席《けっせき》する。

20ページ

極端《きょくたん》　考《かんが》えや行動《こうどう》が常識《じょうしき》を大《おお》きく外《はず》れている様子《ようす》。文 極端《きょくたん》な意見《いけん》ばかり出《で》てまとまらない。

ここがポイント！

教科書《きょうかしょ》の「学習《がくしゅう》」の 答《こた》えと考《かんが》え方《かた》

教科書 24～25ページ

捉《とら》える ❶

「ぐうちゃん」について整理《せいり》しよう。

① 「そんな『ぐうちゃん』」（15ページ11行目《ぎょうめ》）に示《しめ》された「ぐうちゃん」の特徴《とくちょう》を挙《あ》げてみよう。

答えの例

「僕《ぼく》」のおじさん。三十八歳《さんじゅうはっさい》。「僕《ぼく》」の家《いえ》にいそうろうしていて、「ぐうたら」していることから「ぐうちゃん」とよばれている。専門家《せんもんか》ではないが、たまに測量《そくりょう》の仕事《しごと》をしている。「僕《ぼく》」の母《はは》から、早《はや》く就職《しゅうしょく》して独立《どくりつ》するようにと怒《おこ》られている。

考え方

ぐうちゃんの特徴《とくちょう》は、本文中《ほんもんちゅう》で次《つぎ》のように書《か》かれている。

・長《なが》いこと「ぐうたら」している　（P14・3）
・変《か》わった人《ひと》で、そう言《い》われると（「ぐうちゃん」と言《い》われると）なんだかうれしそう　（P14・5）
・測量《そくりょう》の専門家《せんもんか》でもない　（P15・5）
・母《はは》に怒《おこ》られても、「でもまあもう少《すこ》し。」などと訳《わけ》のわからないことを言《い》う。　（P15・8）

② 「ぐうちゃん」に対《たい》する「僕《ぼく》」「母《はは》」「父《ちち》」それぞれの思《おも》いがわかる言動《げんどう》や表現《ひょうげん》を挙《あ》げ、どのような思《おも》いが込《こ》められているか、考《かんが》えよう。

答えの例

◆「僕《ぼく》」の言動《げんどう》や表現《ひょうげん》

●僕《ぼく》はぐうちゃんが大好《だいす》きだ。　（P15・11）
●ぐうちゃんは、やっぱり今《いま》どきの中学生《ちゅうがくせい》をなめているのだ。　（P18・16）
●そんな言《い》い逃《のが》れをするぐうちゃんは好《す》きではない。なんかぐうちゃんに僕《ぼく》の人生《じんせい》が全面的《ぜんめんてき》にからかわれた感《かん》じだ。　（P19・9）
●ただ、僕《ぼく》のことでぐうちゃんが責《せ》められるのは少《すこ》し違《ちが》う気《き》がする。　（P20・5）
●気《き》がつくと、僕《ぼく》はぶっきらぼうに言《い》っていた。／「勝手《かって》に行《い》け

ばいいじゃないか。」（P20・19）

●それ以来《いらい》、僕《ぼく》は二度《にど》とぐうちゃんの部屋《へや》には行《い》かなかった。（P21・3）

●「ほらばっかりだったじゃないか。」（P22・1）

◆「僕《ぼく》」の思《おも》い

●大好《だいす》きだが、反発《はんぱつ》を感《かん》じたり素直《すなお》になれなかったりしている。

◆「母《はは》」の言動《げんどう》や表現《ひょうげん》

●「これ、ぐうちゃんの好物《こうぶつ》。」なんて言《い》いながら、ご飯《はん》の支度《したく》をしているから母《はは》もちょっと変《か》わっている。（P14・6）

●「ちゃんと就職《しゅうしょく》して早《はや》く独立《どくりつ》しなさい。そうして『いそうろう』から卒業《そつぎょう》しなさい。」といつも怒《おこ》る。（P15・6）

●「由起夫《ゆきお》が、いつまでもああやって気《き》ままな暮《く》らしをしているのを見《み》ていると、悠太《ゆうた》に悪《わる》い影響《えいきょう》が出《で》ないか心配《しんぱい》でしかたがないのよ。……どう責任《せきにん》取《と》ってくれるのかしら。」（P20・1）

◆「母《はは》」の思《おも》い

●怒《おこ》りつつも愛情《あいじょう》も感《かん》じている。

◆「父《ちち》」の言動《げんどう》や表現《ひょうげん》

●ぐうちゃんのいそうろうを歓迎《かんげい》しているみたいだ。（P14・11）

●「……由起夫君《ゆきおくん》は若《わか》い頃《ころ》に世界《せかい》のあちこちへ行《い》っていたから、日本《にっぽん》の中《なか》にいたら気《き》がつかないことがいっぱい見《み》えているんだろうね。なんだか羨《うらや》ましいような気《き》がするな。」（P19・17）

◆「父《ちち》」の思《おも》い

●ぐうちゃんの生《い》き方《かた》を羨《うらや》ましく思《おも》っている。

考え方

「僕《ぼく》」のぐうちゃんへの思《おも》いは揺《ゆ》れ動《うご》いている。「僕《ぼく》」の発言《はつげん》や行動《こうどう》を丁寧《ていねい》に追《お》っていくと、その移《うつ》り変《か》わりが見《み》えてくる。

「母《はは》」はぐうちゃんを温《あたた》かく見守《みまも》りながらも、生活態度《せいかつたいど》に対《たい》して批判的《ひはんてき》であり、「父《ちち》」は多《おお》くを語《かた》らないが、ぐうちゃんの生《い》き方《かた》に共感《きょうかん》する部分《ぶぶん》があるようだ。

読《よ》み深《ふか》める ❷ 「ぐうちゃん」に対《たい》する「僕《ぼく》」の思《おも》いを読《よ》み取《と》ろう。

① 「ぐうちゃん」のほら話《ばなし》に対《たい》する「僕《ぼく》」の考《かんが》えは、どのように変《か》わっていっただろうか。

答えの例

「僕《ぼく》」は、ぐうちゃんの話《はなし》が、たとえ、ほらだったとしても、文《もん》句《く》なしにおもしろいと思《おも》っていた。だが、大《おお》ナマズや氷の惑星《アイスプラネット》の話《はなし》では、ぐうちゃんにからかわれたと思《おも》って腹《はら》を立《た》てた。それでも、一《いっ》か月《げつ》以上《いじょう》、ぐうちゃんの話《はなし》を聞《き》かずにいると、からかわれてもいいから、また話《はなし》を聞《き》きたくなる。外国《がいこく》からの手紙《てがみ》で、ぐうちゃんの話《はなし》がほらでなかったと知《し》り、「僕《ぼく》」は、ぐうちゃんの話《はなし》がぐうちゃんの生《い》き方《かた》から発《はっ》せられたものであることに気《き》づく。

考え方

「僕《ぼく》」は、ぐうちゃんの話《はなし》を、最初《さいしょ》から半信半疑《はんしんはんぎ》で聞《き》いていた。仮《かり》に、ほら話《ばなし》だったとしても、「ぐうちゃんの話《はなし》は文句《もんく》なしにおもしろい」（P15・11）と思《おも》っていたのだ。だが、大《おお》ナマズや氷の惑星《アイスプラネット》の話《はなし》は、到底《とうてい》、信《しん》じられるものではなく、「ぐうちゃんは、やっぱり今《いま》どきの中学生《ちゅうがくせい》をなめているのだ。」（P18・16）と、腹《はら》を立《た》ててしまう。それでも、「僕《ぼく》」は、ぐうちゃんを慕《した》い、ぐうちゃんの話《はなし》に引《ひ》きつけられている。それは、「久《ひさ》しぶりにぐうちゃんのほら話《ばなし》を聞《き》きたいと思《おも》った。またからかわれてもいい。」（P20・12）という心情《しんじょう》に表《あらわ》れている。その後《ご》、ぐうちゃんは外国《がいこく》へ行《い》き、「僕《ぼく》」は、手紙《てがみ》で、ぐうちゃんの話《はなし》が本当《ほんとう》だったと知《し》ることになる。

② 「それ以来《いらい》、僕《ぼく》は二度《にど》とぐうちゃんの部屋《へや》には行《い》かなかった。」（21ページ3行目《ぎょうめ》）のはなぜだろうか。

答えの例

突然《とつぜん》、外国《がいこく》へ行《い》くことを聞《き》かされたときに、意地《いじ》を張《は》って「勝手《かって》に行《い》けばいいじゃないか。」と言《い》ってしまって以来《いらい》、ぐうちゃんへの好意《こうい》を素直《すなお》に表《あらわ》せなくなってしまったから。

考え方

「僕《ぼく》」のぐうちゃんへの気持《きも》ちは揺《ゆ》れ動《うご》いているものの、根底《こんてい》には、ぐうちゃんへの親《した》しみが変《か》わらずにある。しかし、突然《とつぜん》、外国《がいこく》に行《い》くと告《つ》げられたときに、自分《じぶん》が取《と》り残《のこ》されたような気《き》がして、つい意地《いじ》を張《は》って「勝手《かって》に行《い》けばいいじゃないか。」と言《い》ってしまった。それ以来《いらい》、ぐうちゃんに対《たい》する親《した》しみを素直《すなお》に表《あらわ》せなくなってしまったのである。

③ 手紙《てがみ》と写真《しゃしん》を受《う》け取《と》ったときの「僕《ぼく》」の気持《きも》ちを、「ぐうちゃん」の考《かんが》えや思《おも》いを踏《ふ》まえて想像《そうぞう》しよう。

答えの例

大《おお》ナマズと氷の惑星《アイスプラネット》の写真《しゃしん》を見《み》て、「僕《ぼく》」はぐうちゃんがほら吹《ふ》きでもなければ、自分《じぶん》をからかっていたわけでもなかったことを知《し》った。ぐうちゃんは世界《せかい》のおもしろさを「僕《ぼく》」に伝《つた》えたかったのだと気《き》づき、ぐうちゃんに冷《つめ》たくしたことをくやんだことだろう。そして、大好《だいす》きなぐうちゃんの「世界《せかい》を自分《じぶん》の目《め》で確《たし》かめてほしい。」という言葉《ことば》を素直《すなお》に受《う》け止《と》め、自分《じぶん》も「不思議《ふしぎ》アタマ」になって、いつか世界《せかい》に出《で》かけていこうと思《おも》ったのではないだろうか。

考え方

「僕《ぼく》」がぐうちゃんと疎遠《そえん》になってしまったそもそものきっかけは、ぐうちゃんから聞《き》いたアナコンダや大《おお》ナマズ、アイスプラネットの話《はなし》がありえないことに思《おも》われ、「僕《ぼく》の人生《じんせい》が全面的《ぜんめんてき》にからかわれた」と思《おも》ってしまったことによる。また、ぐうちゃんが証拠《しょうこ》の写真《しゃしん》を見《み》せられず、これまでに撮《と》った写真《しゃしん》を整理《せいり》したら見《み》せてあげると言《い》ったことに対《たい》しても「言《い》い逃《のが》れ」だと思《おも》って、反発《はんぱつ》を感《かん》じた。それが、この手紙《てがみ》と写真《しゃしん》によって一気《いっき》に解決《かいけつ》したのである。

考《かんが》えをもつ ❸

「ぐうちゃん」に対《たい》する自分《じぶん》の思《おも》いをまとめよう。

「ぐうちゃん」の考《かんが》え方《かた》や生《い》き方《かた》について、自分《じぶん》の生活《せいかつ》や経験《けいけん》などと比《くら》べながら感想《かんそう》をまとめてみよう。

答えの例

ぐうちゃんの常識《じょうしき》にとらわれない考《かんが》え方《かた》や生《い》き方《かた》を羨《うらや》ましいと感《かん》じる。それと同時《どうじ》に、定職《ていしょく》に就《つ》かず「ぐうたら」しているその生《い》き方《かた》は、とても覚悟《かくご》のいるものではないかと思《おも》う。

考え方

ぐうちゃんの生《い》き方《かた》は、一見《いっけん》すると、自由《じゆう》で気《き》ままに思《おも》える。「母《はは》」が「ちゃんと就職《しゅうしょく》して早《はや》く独立《どくりつ》しなさい。」（P15・6）というのは、もっともで、「僕《ぼく》」への悪影響《あくえいきょう》を心配《しんぱい》するのも納得《なっとく》できる。だが、ぐうちゃんは、ただの気《き》まぐれで行動《こうどう》しているわけではない。「世界《せかい》は、楽《たの》しいこと、悲《かな》しいこと、美《うつく》しいことで満《み》ち満《み》ちている。……それを自分《じぶん》の目《め》で確《たし》かめてほしいんだ。」（P22・13）と、「僕《ぼく》」への手紙《てがみ》に記《しる》したのは、ぐうちゃんが、人間《にんげん》の好奇心《こうきしん》や探求心《たんきゅうしん》が、誰《だれ》にも止《と》められないことを知《し》っていたからである。

言葉を広げる

● 作品中《さくひんちゅう》から、人物《じんぶつ》の心情《しんじょう》や考《かんが》え方《かた》が表《あらわ》れた語句《ごく》を抜《ぬ》き出《だ》し、印象《いんしょう》に残《のこ》った語句《ごく》について、理由《りゆう》と共《とも》に発表《はっぴょう》しよう。

答えの例

ぐうちゃんからの手紙《てがみ》の「それを自分《じぶん》の目《め》で確《たし》かめてほしいんだ。」という言葉《ことば》が印象《いんしょう》に残《のこ》った。この言葉《ことば》にはぐうちゃんの、「僕《ぼく》」の進《すす》む人生《じんせい》を応援《おうえん》し、期待《きたい》する気持《きも》ちが込《こ》められていると感《かん》じたからだ。作品《さくひん》には、手紙《てがみ》を読《よ》んだ「僕《ぼく》」の感想《かんそう》は書《か》かれていない。だが、ぐうちゃんの「僕《ぼく》」に対《たい》する思《おも》いは伝《つた》わったと思《おも》う。

振り返る

● 登場人物《とうじょうじんぶつ》の設定《せってい》の捉《とら》え方《かた》について、わかったことを挙《あ》げてみよう。

答えの例

登場人物《とうじょうじんぶつ》の特徴《とくちょう》や登場人物同士《とうじょうじんぶつどうし》の関係《かんけい》に注目《ちゅうもく》して人物相関図《じんぶつそうかんず》などにまとめると、設定《せってい》が捉《とら》えやすくなる。

考え方

登場人物《とうじょうじんぶつ》は、他《ほか》の登場人物《とうじょうじんぶつ》との関係性《かんけいせい》が大切《たいせつ》である。それぞれがどのように相手《あいて》に対《たい》して思《おも》っているかに注意《ちゅうい》しよう。

● これまでに読《よ》んだ作品《さくひん》を一《ひと》つ取《と》り上《あ》げ、登場人物《とうじょうじんぶつ》の設定《せってい》を確認《かくにん》してみよう。→人物相関図《じんぶつそうかんず》を書《か》いて、関係《かんけい》を整理《せいり》してみよう。

答えの例

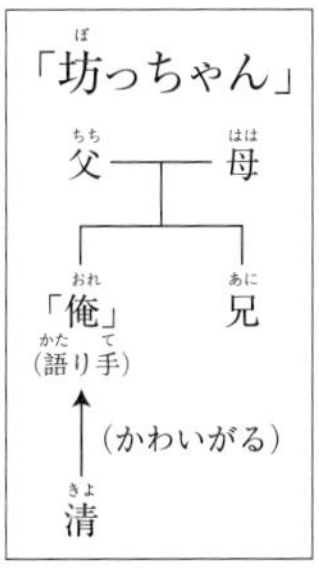

考え方

人物相関図《じんぶつそうかんず》に、各人物《かくじんぶつ》の性格《せいかく》や考《かんが》え方《かた》などを書《か》き加《くわ》えていくと、より理解《りかい》が深《ふか》まる。

テスト直前《ちょくぜん》にチェック!

アイスプラネット

教科書 14~25ページ

それから、ぐうちゃんがまた僕の家に帰ってきたのは、九月の新学期が始まってしばらくした頃だった。顔と手足が真っ黒になっていて、パンツ一つになると、どうしても笑いたくなって困った。

残暑が厳しい日だった。久しぶりにぐうちゃんのほら話を聞きたいと思った。またからかわれてもいい。暑いから、今度は寒い国の話が聞きたい感じだ。

ところが、ぐうちゃんの話は、でっかい動物のでも、暑い国のでも、寒い国の話でもなかった。

「旅費がたまったから、これからまた外国をふらふらしてくるよ。」

ぐうちゃんは突然そう言った。「でもまあもう少し。」にはこんな意味があったのか。ぐうちゃんはいつもと変わらずに話を続けている。それなのに、ぐうちゃんの声はどんどん遠くなっていく。気がつくと、僕はぶっきらぼうに言っていた。

「①勝手に行けばいいじゃないか。」

ぐうちゃんは、そのときちょっと驚いた表情をした。何かを話しかけようとするぐうちゃんを残して僕は部屋を出た。

それ以来、僕は二度とぐうちゃんの部屋には行かなかった。母は、そんな僕たちに、あきれたり慌てたりしていたけれど、父は何も言わなかった。

十月の初めに、ぐうちゃんは小さな旅支度をして「いそうろう」を卒業してしまった。

出発の日、僕は、何て言っていいのかわからないままぐうちゃんの

1 ぐうちゃんから突然外国に行くことを聞かされて、「僕」が驚きのあまりぼうぜんとしていることがわかる一文を書き抜きなさい。

（　　　　　　　　　　）

解くコツ　句点も含めて書き抜けているか。

2 よく出る!　——線①「勝手に行けばいいじゃないか。」とありますが、このときの「僕」の気持ちはどのようなものですか。次から一つ選び、記号に○を付けなさい。

ア　ぐうちゃんとはもう関係がなくなるからあまり関心がない。

イ　「僕」のことなど少しも気にしていないことが腹立たしい。

ウ　自由に生きているぐうちゃんが妬《ねた》ましくてたまらない。

エ　どうせまた帰ってくるのだから好きなようにすればいい。

3 ——線②「ほらばっかりだったじゃないか。」とありますが、そう思ったときの「僕」の気持ちはどのようなものですか。次から一つ選び、記号に○を付けなさい。

ア　ずっとほら話ばかり聞かされるのは嫌だったので、清々した。

イ　ほら話さえしなければいい人だったのにと残念に思っている。

ウ　もうひどいほら話でだまされることもないとほっとしている。

エ　もうぐうちゃんの話が聞けないと思うと寂しくてたまらない。

4 ぐうちゃんは、アイスプラネットをどんなものだと思いましたか。文章中から三十字以内で探し、初めと終わりの五字を書き抜きなさい。(句読点も含む)

□□□□□ ~ □□□□□

前に立っていた。ぐうちゃんは僕に近づき、あの表情で笑った。そして、何も言わずに僕の手を握りしめ、力の籠もった強い握手をして、大股で僕の家を出ていった。

「②ほらばっかりだったじゃないか。」

「いそうろう」がいなくなってしまった部屋の前で、僕はそう思った。

ぐうちゃんから外国のちょっとしゃれた封筒で僕に手紙が届いたのは、それから四か月ぐらいたってからだった。珍しい切手がいっぱい貼ってあった。

「あのときの話の続きだ。以前若い頃に、北極まで行ってイヌイットと暮らしていたことがあるんだ。そのとき、アイスプラネットを見に行こう、と友達になったイヌイットに言われてカヌーで北極海に出た。アイスプラネット。わかるだろう。氷の惑星だ。それが北極海に本当に浮かんでいたんだ。きれいだったよ。厳しい自然に生きている人だけが目にできる、もう一つの宇宙なんだな、と思ったよ。地上十階建てのビルぐらいの高さなんだ。そして、海の中の氷は、もっともっとでっかい。悠《ゆう》君にもいつか見てほしい。若いうちに勉強をたくさんして、いっぱい本を読んで、いっぱいの『③不思議アタマ』になって世界に出かけていくとおもしろいぞ。世界は、楽しいこと、悲しいこと、美しいことで満ち満ちている。誰もが一生懸命生きている。それこそありえないほどだ。④それを自分の目で確かめてほしいんだ。」

手紙には、ぐうちゃんの力強い文字がぎっしり詰まっていた。

そして、封筒からは写真が二枚出てきた。一枚は人間の倍ぐらいあるでっかいナマズの写真。もう一枚は、北極の海に浮かぶ、見た者を幸せにするという氷の惑星《アイスプラネット》の写真だった。

椎名　誠「アイスプラネット」（光村図書『国語二年』20〜22ページ）

5 ―線③「不思議アタマ」とありますが、どんな頭のことですか。次から一つ選び、記号に○を付けなさい。

ア　好奇心でいっぱいの頭。
イ　変わったことを考える頭。
ウ　知識を詰《つ》め込んだ頭。
エ　理解が非常に早い頭。

6 よく出る！ ―線④「それを自分の目で確かめてほしいんだ。」とありますが、「それ」とは何を指していますか。

（　　　　　　　　）

7 ぐうちゃんが「僕」に思いを強く伝えようとしたことは、手紙についての描写のどんな点から読み取れますか。そのことがわかる一文を探して、初めと終わりの五字を書き抜きなさい。（句読点も含む）

□□□□□ 〜 □□□□□

8 最後の一文から読み取れることは何ですか。次の□に当てはまる言葉を文章中から二字で書き抜きなさい。

アイスプラネットの話が、□□ではなかったこと。

解くコツ　作品のキーワードになっている語を探す。

◀答えは165ページ

1 広《ひろ》がる学《まな》びへ 問《と》いを立《た》てながら聞《き》く

教科書 26ページ

教科書の課題

1 学級会《がっきゅうかい》で友達《ともだち》が提案《ていあん》した内容《ないよう》（教科書《きょうかしょ》P26上段《じょうだん》）について、要《よう》点《てん》をメモしよう。

相手《あいて》の話《はなし》を聞《き》いて、筋道《すじみち》が通《とお》っているかどうかを考《かんが》えるためには、メモを取《と》りながら聞《き》き、要点《ようてん》を整理《せいり》することが大切《たいせつ》だ。その場合《ばあい》、次《つぎ》のような工夫《くふう》が考《かんが》えられる。

・意見《いけん》とその根拠《こんきょ》について、疑問《ぎもん》に思《おも》うことや確認《かくにん》したいことを考《かんが》えながら聞《き》く。
・意見《いけん》と根拠《こんきょ》の区別《くべつ》に注意《ちゅうい》し、小見出《こみだ》しを付《つ》けながらメモを取《と》るとよい。
・意見《いけん》や根拠《こんきょ》が複数《ふくすう》あるときや、話《はなし》に順序性《じゅんじょせい》がある場合《ばあい》は、メモに番号《ばんごう》を振《ふ》る。

2 1を基《もと》に、友達《ともだち》の意見《いけん》や根拠《こんきょ》について検討《けんとう》しよう。

・1で作《つく》ったメモを基《もと》に、検討《けんとう》した内容《ないよう》を書《か》き加《くわ》えていく。
・根拠《こんきょ》が客観的《きゃっかんてき》かどうか確《たし》かめる。
・意見《いけん》と根拠《こんきょ》がきちんと結《むす》び付《つ》いているかどうか確《たし》かめる。
・必要《ひつよう》に応《おう》じて記号《きごう》や矢印《やじるし》を活用《かつよう》してまとめる。

◆メモとそれを基《もと》にした検討《けんとう》の例《れい》（教科書《きょうかしょ》P26上段《じょうだん》の提案《ていあん》について）

	【要点《ようてん》】	【意見《いけん》や根拠《こんきょ》の適切《てきせつ》さ】
意見《いけん》	・図書館《としょかん》に雑誌《ざっし》	
根拠《こんきょ》①	・写真《しゃしん》やイラスト →	△雑誌《ざっし》の種類《しゅるい》にもよる。
	・さまざまな記事《きじ》だから ↓ 読書《どくしょ》が苦手《にがて》でも楽《たの》しめる。 (例《れい》)	△意見《いけん》と根拠《こんきょ》の結《むす》び付《つ》きが弱《よわ》い。誰《だれ》もが楽《たの》しめるとは言《い》い切《き》れない。
	・読書《どくしょ》が苦手《にがて》な弟《おとうと》も夢中《むちゅう》。 →	○共感《きょうかん》できる。
根拠《こんきょ》②	・アンケート結果《けっか》「雑誌《ざっし》」→9人《にん》 ↓ 人気《にんき》がある →	△何人中《なんにんちゅう》9人《にん》？ いつ，誰《だれ》に，どうやって調査《ちょうさ》したのか。確認《かくにん》

左側《ひだりがわ》の【要点《ようてん》】とあるのが1のメモ。右側《みぎがわ》の【意見《いけん》や根拠《こんきょ》の適切《てきせつ》さ】が2で検討《けんとう》した結果《けっか》だよ。

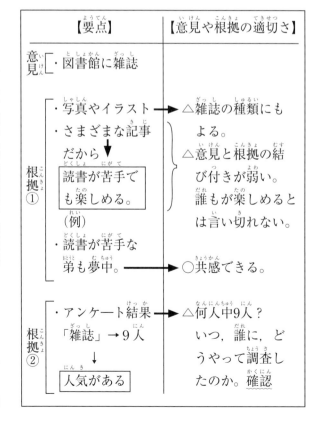

1 広《ひろ》がる学《まな》びへ 枕草子《まくらのそうし》

清少納言《せいしょうなごん》

教科書 28~31ページ

おおよその内容

春《はる》は明《あ》け方《がた》。山《やま》ぎわに紫《むらさき》がかかった雲《くも》がかかっている様子《ようす》は風情《ふぜい》がある。

夏《なつ》は夜《よる》。月《つき》の頃《ころ》は言《い》うまでもない。闇夜《やみよ》も蛍《ほたる》が飛《と》びかっているのがよい。雨《あめ》などが降《ふ》るのもよい。

秋《あき》は夕暮《ゆうぐ》れ。夕日《ゆうひ》が山《やま》の端《はし》に近《ちか》づいた頃《ころ》に烏《からす》が飛《と》ぶ様子《ようす》は、しみじみとしたものを感《かん》じさせる。まして雁《かり》が列《れつ》を作《つく》っているのが小《ちい》さく見《み》えるのはおもしろい。風《かぜ》の音《おと》や虫《むし》の音《ね》なども趣深《おもむきぶか》い。

冬《ふゆ》は早朝《そうちょう》。雪《ゆき》が降《ふ》っているのも霜《しも》が真《ま》っ白《しろ》なのもよい。ひどく寒《さむ》いときに炭《すみ》を持《も》って（廊下《ろうか》などを）通《とお》っていくのもよい。昼《ひる》になって寒《さむ》さが緩《ゆる》むと、火桶《ひおけ》の火《ひ》が灰《はい》ばかりになりよくない。（第一段《だいいちだん》）

かわいらしいもの。瓜《うり》に描《えが》いてある幼児《ようじ》の顔《かお》。雀《すずめ》の子《こ》が呼《よ》ぶとやって来《く》る様子《ようす》。二《に》、三歳《さんさい》ほどの幼児《ようじ》が、はってくる途中《とちゅう》に小《ちい》さいごみを見《み》つけ、指《ゆび》でつまんで大人《おとな》たち一人一人《ひとりひとり》に見《み》せている様子《ようす》は、とてもかわいらしい。幼女《ようじょ》が目《め》にかかっている髪《かみ》をかき払《はら》わずに、顔《かお》を傾《かたむ》けて物《もの》などを見《み》ているのも、かわいらしい。（第百四十五段《だいひゃくよんじゅうごだん》）

月《つき》の明《あか》るい夜《よる》に牛車《ぎっしゃ》で川《かわ》を渡《わた》ると、水晶《すいしょう》などが割《わ》れたように水《みず》が飛《と》び散《ち》るのは趣深《おもむきぶか》いものだ。（第二百十六段《だいにひゃくじゅうろくだん》）

解説

● **枕草子《まくらのそうし》**

平安時代中期《へいあんじだいちゅうき》に書《か》かれた随筆《ずいひつ》。日本最初《にっぽんさいしょ》の随筆文学《ずいひつぶんがく》ともいわれ、およそ三百《さんびゃく》の章段《しょうだん》から成《な》る。作者《さくしゃ》は清少納言《せいしょうなごん》。作者《さくしゃ》が中宮定子《ちゅうぐうていし》に仕《つか》えていたころの見聞《けんぶん》を中心《ちゅうしん》に、四季《しき》の情趣《じょうしゅ》などの自然観《しぜんかん》、人生観《じんせいかん》、行事《ぎょうじ》、出来事《できごと》などを書《か》き記《しる》している。簡潔《かんけつ》な中《なか》に鋭《するど》い才気《さいき》を感《かん》じさせるすばらしい文章《ぶんしょう》で、紫式部《むらさきしきぶ》の「源氏物語《げんじものがたり》」とともに王朝文学《おうちょうぶんがく》の双璧《そうへき》といわれる。後世《こうせい》に大《おお》きな影響《えいきょう》を与《あた》えた。

● **清少納言《せいしょうなごん》**

平安時代《へいあんじだい》の女房《にょうぼう》（宮中《きゅうちゅう》の女官《にょかん》）。生没年未詳《せいぼつねんみしょう》。歌人《かじん》で「後撰集《ごせんしゅう》」の撰者《せんじゃ》である清原元輔《きよはらのもとすけ》の娘《むすめ》。本名《ほんみょう》はわかっておらず、清原《きよはら》の姓《せい》にちなんで清少納言《せいしょうなごん》とよばれた。一条天皇《いちじょうてんのう》の中宮定子《ちゅうぐうていし》に仕《つか》え、「枕草子《まくらのそうし》」を書《か》いた。歌人《かじん》としても「清少納言集《せいしょうなごんしゅう》」を残《のこ》している。

新出漢字

漢字のチェック

＊はここに出てきた読み。

28 紫
シ ＊むらさき

いと 12画

意味 むらさき。青《あお》と赤《あか》の中間《ちゅうかん》の色《いろ》。

言葉 薄紫《うすむらさき》・紫外線《しがいせん》

使い方 紫紺《しこん》の優勝旗《ゆうしょうき》を夢見《ゆめみ》る。

4級

28 蛍
ケイ ＊ほたる

むし 11画

意味 ホタル。

言葉 蛍狩《ほたるが》り・蛍光《けいこう》・蛍雪《けいせつ》の功《こう》

使い方 部屋《へや》は蛍光灯《けいこうとう》の光《ひかり》で明《あか》るい。

準2級

28 趣
シュ ＊おもむき

そうにょう 15画

意味 ①考《かんが》え。ねらい。②味《あじ》わい。おもしろみ。感《かん》じ。

言葉 ①趣意《しゅい》・趣旨《しゅし》・趣向《しゅこう》 ②趣味《しゅみ》・情趣《じょうしゅ》

使い方 ユニークな趣向《しゅこう》をこらしたパーティー。

4級

29 寝
シン ＊ねる ねかす

うかんむり 13画

意味 ねる。ねどこにつく。

言葉 寝床《ねどこ》・寝台《しんだい》・寝室《しんしつ》・就寝《しゅうしん》

使い方 昨晩《さくばん》は十時《じゅうじ》に就寝《しゅうしん》した。

4級

29 霜
（ソウ） ＊しも

あめかんむり 17画

意味 ①しも。②年月《ねんげつ》。③白《しろ》いものや冷《つめ》たいもの。

言葉 ①霜柱《しもばしら》・初霜《はつしも》 ②星霜《せいそう》 ③霜髪《そうはつ》

使い方 霜柱《しもばしら》を踏《ふ》んで歩《ある》く。

準2級

30 踊
ヨウ ＊おどる おどり

あしへん 14画

意味 おどる。飛《と》び上《あ》がる。

言葉 踊《おど》り場《ば》・舞踊《ぶよう》

使い方 町内《ちょうない》の盆踊《ぼんおど》りに参加《さんか》する。

4級

30 傾
ケイ かたむく ＊かたむける

にんべん 13画

意味 ①かたむく。②集中《しゅうちゅう》する。③物事《ものごと》の成《な》り行《ゆ》き。

言葉 ①傾斜《けいしゃ》・前傾《ぜんけい》 ②傾注《けいちゅう》・傾聴《けいちょう》 ③傾向《けいこう》

使い方 人口減少《じんこうげんしょう》の傾向《けいこう》にある。

4級

30 晶
＊ショウ

ひ 12画

意味 水晶《すいしょう》。水晶《すいしょう》のような決《き》まった形《かたち》。

言葉 水晶《すいしょう》・結晶《けっしょう》・液晶《えきしょう》

使い方 この作品《さくひん》は、彼《かれ》の努力《どりょく》の結晶《けっしょう》だ。

3級

重要語句のチェック

28ページ

……がかる そのような雰囲気《ふんいき》になる。文 芝居《しばい》がかった声《こえ》。／緑《みどり》色《いろ》がかった青《あお》。

たなびく かすみや雲《くも》などが、筋《すじ》を引《ひ》いたように横《よこ》に長《なが》くかかる。文 かすみが**たなびく**山《やま》あい。

ほのかに それとなくわかるくらい。文 東《ひがし》の空《そら》が**ほのかに**明《あか》るくなってきた。

29ページ

似《に》つかわしい ふさわしい。ぴったりしている。文 日本庭園《にほんていえん》に似《に》**つかわしい**庭木《にわき》。

30ページ

かき払《はら》う 勢《いきお》いよく払《はら》いのける。

読解のポイント

作者《さくしゃ》のものの見方《みかた》や感《かん》じ方《かた》を捉《とら》える。

考え方

●**四季《しき》それぞれの作者《さくしゃ》が好《す》きな時間帯《じかんたい》（春《はる》はあけぼの。……）**

●春《はる》…明《あ》け方《がた》。　山《やま》ぎわの空《そら》・紫《むらさき》がかった雲《くも》
●夏《なつ》…夜《よる》。　月《つき》・闇夜《やみよ》・蛍《ほたる》・雨《あめ》
●秋《あき》…夕暮《ゆうぐ》れ。　烏《からす》・雁《かり》・風《かぜ》の音《おと》・虫《むし》の音《ね》
●冬《ふゆ》…早朝《そうちょう》。　雪《ゆき》・霜《しも》・炭火《すみび》
白《しろ》い灰《はい》ばかりになった炭《すみ》→好《この》ましくない

●**作者《さくしゃ》がかわいらしいと感《かん》じる対象《たいしょう》（うつくしきもの。……）**

瓜《うり》に描《えが》いた幼児《ようじ》の顔《かお》・ねずみの鳴《な》きまねに反応《はんのう》する雀《すずめ》の子《こ》・幼児《ようじ》や幼女《ようじょ》の様子《ようす》。

●**作者《さくしゃ》が発見《はっけん》した趣深《おもむきぶか》いもの（月《つき》のいと明《あか》きに……）**

水晶《すいしょう》などが割《わ》れたように水《みず》が飛《と》び散《ち》る様子《ようす》。

●**作者《さくしゃ》のものの見方《みかた》・感《かん》じ方《かた》**

「雲《くも》・夕日《ゆうひ》・月《つき》・雪《ゆき》」など和歌《わか》の題材《だいざい》としてよく取《と》り上《あ》げられてきたものの他《ほか》に、「闇《やみ》・雨《あめ》・烏《からす》・炭火《すみび》」など日常的《にちじょうてき》なものを取《と》り上《あ》げ、味《あじ》わいやおもしろみを見《み》いだしているところに、作者《さくしゃ》らしい鋭《するど》い感《かん》性《せい》が感《かん》じられる。

また、冬《ふゆ》のところでただ一《ひと》つ「好《この》ましくない」ものを取《と》り上《あ》げていることが注目《ちゅうもく》される。冬《ふゆ》は冬《ふゆ》らしく寒《さむ》く緊張感《きんちょうかん》があるほうがよいというのも、作者独特《さくしゃどくとく》のものの見方《みかた》である。

自分流《じぶんりゅう》「枕草子《まくらのそうし》」を書《か》こう

春《はる》には桜《さくら》を待《ま》ち、秋《あき》には紅葉《もみじ》をめでるといった時代《じだい》に、清少納言《せいしょうなごん》は独自《どくじ》の感受性《かんじゅせい》で四季《しき》それぞれの好《す》きな時間帯《じかんたい》や素材《そざい》を挙《あ》げ、その趣《おもむき》を書《か》きつづった。

「枕草子《まくらのそうし》」をまねて、季節感《きせつかん》を表《あらわ》す文章《ぶんしょう》を書《か》いてみよう。

① 「春《はる》は……。夏《なつ》は……。」などの書《か》きだしを借《か》りる。
② 自分《じぶん》ならではの季節感《きせつかん》を表《あらわ》す文章《ぶんしょう》を四百字程度《よんひゃくじていど》で書《か》く。
例《れい》▼その季節《きせつ》らしい食《た》べ物《もの》・行事《ぎょうじ》・植物《しょくぶつ》・動物《どうぶつ》・天候《てんこう》・身《み》の回《まわ》りのもの

答えの例

〈その季節《きせつ》らしい食《た》べ物《もの》〉

春《はる》は山菜《さんさい》。中《なか》でもたらの芽《め》のてんぷらはおいしい。山菜採《さんさいと》りをして、その場《ば》で料理《りょうり》すれば、もう言《い》うことはない。

夏《なつ》はすいか。ただし、海水浴場《かいすいよくじょう》でのすいか割《わ》りは砂《すな》が付《つ》いてよくない。うなぎ、そうめん、冷《ひ》やし中華《ちゅうか》も暑《あつ》いときにはよい。

秋《あき》はさんま、まつたけ、くりご飯《はん》。果物《くだもの》でもぶどう、梨《なし》、柿《かき》。おいしいものが多《おお》すぎて、食《た》べすぎが心配《しんぱい》になる。

冬《ふゆ》は鍋物《なべもの》。かき鍋《なべ》、寄《よ》せ鍋《なべ》、キムチ鍋《なべ》。家族《かぞく》みんなで囲《かこ》むのがよい。こたつでみかんももちろんうれしい。正月《しょうがつ》はおせち料理《りょうり》。初《はつ》もうでのついでの甘酒《あまざけ》も楽《たの》しみである。

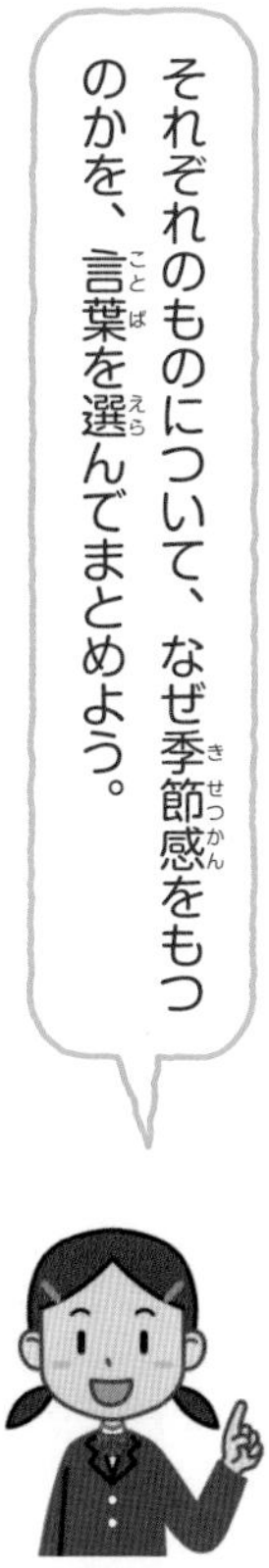

情報整理《じょうほうせいり》のレッスン

思考《しこう》の視覚化《しかくか》

教科書 32~33ページ

問題《もんだい》1　身近《みぢか》な問題《もんだい》を挙《あ》げてグループで話《はな》し合《あ》い、次《つぎ》の四《よっ》つの観点《かんてん》で意見《いけん》を整理《せいり》してみよう。

①現状《げんじょう》・課題《かだい》・問題《もんだい》　②原因《げんいん》・要因《よういん》

③解決策《かいけつさく》・改善策《かいぜんさく》　④利点《りてん》・問題点《もんだいてん》

漢字のチェック

＊はここに出《で》てきた読《よ》み。

新出漢字 33

壊 ＊ジョウ

つちへん　16画

壊 筆順：土 圹 圹 垃 垃 塆 塆 壌 壌 壌 壊

- 意味：土地《とち》。やわらかで、よく肥《こ》えた土地《とち》。
- 言葉：壌土《じょうど》・土壌《どじょう》
- 使い方：ぶどうの栽培《さいばい》に適《てき》した土壌《どじょう》。

準2級

新出漢字 33

排 ＊ハイ

てへん　11画

排 筆順：一 扌 扌 扌 扌 扌 扌 排 排 排 排

- 意味：①押《お》しのける。②並《なら》べる。
- 言葉：①排気《はいき》・排出《はいしゅつ》・排除《はいじょ》　②排列《はいれつ》
- 使い方：彼女《かのじょ》の態度《たいど》は排他的《はいたてき》だ。

3級

新出音訓 33

笑み（えみ）

解説

複雑《ふくざつ》な文章《ぶんしょう》を読《よ》んだときや、話《はな》し合《あ》いでさまざまな意見《いけん》が出《で》たときには、話《はなし》の筋道《すじみち》や論点《ろんてん》が見《み》えなくなることがある。そんなときには、情報《じょうほう》を書《か》き出《だ》し、関係《かんけい》を図《ず》で表《あらわ》して、視覚化《しかくか》するとよい。頭《あたま》の中《なか》が整理《せいり》でき、情報共有《じょうほうきょうゆう》もしやすくなる。

答えの例

［現状《げんじょう》・課題《かだい》・問題《もんだい》］
図書室《としょしつ》を利用《りよう》する人《ひと》が少《すく》ない。

↓

［原因《げんいん》・要因《よういん》1］
図書室《としょしつ》の場所《ばしょ》が教室《きょうしつ》から遠《とお》い。

↓

［解決策《かいけつさく》・改善策《かいぜんさく》1］
図書室《としょしつ》の場所《ばしょ》を移動《いどう》する。

↓

［利点《りてん》・問題点《もんだいてん》1］
○利用《りよう》しやすくなる。
△実現性《じつげんせい》が低《ひく》い。

↓

［原因《げんいん》・要因《よういん》2］
興味《きょうみ》のない人《ひと》が多《おお》い。

↓

［解決策《かいけつさく》・改善策《かいぜんさく》2］
利用《りよう》を呼《よ》びかけるポスターを作《つく》る。

↓

［利点《りてん》・問題点《もんだいてん》2］
○実現性《じつげんせい》が高《たか》い。
△効果《こうか》は限定的《げんていてき》。

問題《もんだい》2　次《つぎ》の課題《かだい》を、図《ず》を用《もち》いて三《みっ》つの階層《かいそう》に分《わ》けて整理《せいり》してみよう。

食糧危機《しょくりょうきき》　朝食《ちょうしょく》の大切《たいせつ》さ　地域《ちいき》の伝統野菜《でんとうやさい》
食品《しょくひん》ロス（フードロス）　和食《わしょく》　食生活《しょくせいかつ》　食《しょく》
食文化《しょくぶんか》　一日三十品目《いちにちさんじゅうひんもく》　食《しょく》の問題《もんだい》

答えの例

- 食《しょく》
  - 食《しょく》の問題《もんだい》
    - 食品《しょくひん》ロス（フードロス）
    - 食糧危機《しょくりょうきき》
  - 食生活《しょくせいかつ》
    - 朝食《ちょうしょく》の大切《たいせつ》さ
    - 一日三十品目《いちにちさんじゅうひんもく》
  - 食文化《しょくぶんか》
    - 和食《わしょく》
    - 地域《ちいき》の伝統野菜《でんとうやさい》

問題《もんだい》3　次《つぎ》の内容《ないよう》を整理《せいり》する場合《ばあい》、あなたなら、どのような軸《じく》を設定《せってい》するか、考《かんが》えてみよう。

①「アイスプラネット」を作品《さくひん》として評価《ひょうか》するとき。
②皆《みな》が創作《そうさく》した短歌《たんか》をクラスで相互《そうご》に評価《ひょうか》するとき。

答えの例

① 読《よ》みやすさ・リアリティ・人物《じんぶつ》の魅力《みりょく》・意外性《いがいせい》・感動《かんどう》
② 言葉《ことば》・リズム・表現技法《ひょうげんぎほう》・発想《はっそう》の新鮮《しんせん》さ・共感度《きょうかんど》

1 広《ひろ》がる学《まな》びへ　多様《たよう》な方法《ほうほう》で情報《じょうほう》を集《あつ》めよう

教科書 34～37ページ

解説

1 調《しら》べる職業《しょくぎょう》を決《き》め、情報《じょうほう》を集《あつ》める

調《しら》べてみたい職業《しょくぎょう》を決《き》め、知《し》りたい項目《こうもく》や内容《ないよう》を挙《あ》げる。それらに適《てき》した調《しら》べ方《かた》を考《かんが》えて、多様《たよう》な方法《ほうほう》で情報《じょうほう》を集《あつ》める。
・複数《ふくすう》の情報源《じょうほうげん》で調《しら》べ、情報《じょうほう》の出典《しゅってん》をメモする。
・インタビューでは相手《あいて》に失礼《しつれい》のないよう注意《ちゅうい》する。

2 集《あつ》めた情報《じょうほう》を分類《ぶんるい》・整理《せいり》する

複数《ふくすう》の情報源《じょうほうげん》から集《あつ》めた情報《じょうほう》を、図《ず》や記号《きごう》、表《ひょう》などを用《もち》いて、分類《ぶんるい》・整理《せいり》し、目的《もくてき》に合《あ》った情報《じょうほう》を精査《せいさ》し、取捨選択《しゅしゃせんたく》する。
・内容《ないよう》の順序《じゅんじょ》や分量《ぶんりょう》、図表《ずひょう》やグラフなどの配置《はいち》を考《かんが》える。

3 紙面構成《しめんこうせい》を考《かんが》える

わかりやすい紙面《しめん》になるよう、見出《みだ》しや文章《ぶんしょう》、図《ず》・表《ひょう》・グラフ、写真《しゃしん》などの配置《はいち》を考《かんが》えて紙面《しめん》を構成《こうせい》する。

4 下書《したが》きし、紙面《しめん》を作《つく》る

見出《みだ》しを付《つ》け、簡潔《かんけつ》な文章《ぶんしょう》になるように推敲《すいこう》し、清書《せいしょ》する。

5 完成《かんせい》した作品《さくひん》を読《よ》み合《あ》い、感想《かんそう》を伝《つた》え合《あ》う

作品《さくひん》を読《よ》み、まとめ方《かた》や情報《じょうほう》の活用《かつよう》のしかたでよいと思《おも》った点《てん》や、感想《かんそう》を伝《つた》え合《あ》う。

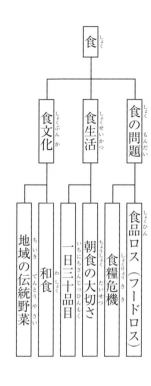

漢字《かんじ》1 熟語《じゅくご》の構成《こうせい》／漢字《かんじ》に親《した》しもう1

教科書 38〜40ページ

新出漢字 漢字のチェック

*はここに出《で》てきた読《よ》み。

岳（38）
*ガク　たけ

やま　8画

- 意味：①高《たか》くて大《おお》きい山《やま》。②大《おお》きくて立派《りっぱ》な様子《ようす》。
- 言葉：①山岳《さんがく》・富岳《ふがく》 ②岳父《がくふ》
- 使い方：山岳救助隊《さんがくきゅうじょたい》の隊員《たいいん》になる。

3級

搭（38）
*トウ

てへん　12画

- 意味：乗《の》る。乗《の》せる。
- 言葉：搭載《とうさい》・搭乗《とうじょう》
- 使い方：飛行機《ひこうき》の搭乗手続《とうじょうてつづ》きを済《す》ます。

準2級

禍（38）
*カ

しめすへん　13画

- 意味：災《わざわ》い。不幸《ふしあわ》せ。災難《さいなん》。
- 言葉：禍根《かこん》・災禍《さいか》・惨禍《さんか》・舌禍《ぜっか》・戦禍《せんか》
- 使い方：この際《さい》禍根《かこん》を断《た》ち切《き》ることが必要《ひつよう》だ。

準2級

慶（38）
*ケイ

こころ　15画

- 意味：喜《よろこ》ぶ。喜《よろこ》び。めでたいこと。
- 言葉：慶賀《けいが》・慶事《けいじ》
- 使い方：慶事《けいじ》が重《かさ》なり出費《しゅっぴ》がかさむ。

準2級

弔（38）
*チョウ　とむらう

ゆみ　4画

- 意味：とむらう。人《ひと》の死《し》を悲《かな》しみ、お悔《く》やみを言《い》うこと。
- 言葉：弔《とむら》い合戦《がっせん》・弔辞《ちょうじ》・弔電《ちょうでん》・弔問《ちょうもん》・慶弔《けいちょう》
- 使い方：つつしんで弔意《ちょうい》を表《ひょう》します。

準2級

遷（38）
*セン

しんにょう　15画

- 意味：時《とき》・場所《ばしょ》・地位《ちい》をうつす。うつる。
- 言葉：遷都《せんと》・左遷《させん》・変遷《へんせん》
- 使い方：平城京遷都《へいじょうきょうせんと》から千三百年《せんさんびゃくねん》以上《いじょう》たつ。

準2級

俊（38）
*シュン

にんべん　9画

- 意味：優《すぐ》れる。優《すぐ》れた人《ひと》。
- 言葉：俊英《しゅんえい》・俊才《しゅんさい》・俊敏《しゅんびん》
- 使い方：彼女《かのじょ》は学校一《がっこういち》の俊足《しゅんそく》の持《も》ち主《ぬし》だ。

準2級

猛（38）
*モウ

けものへん　11画

- 意味：強《つよ》くて荒々《あらあら》しい。激《はげ》しい。
- 言葉：猛威《もうい》・猛犬《もうけん》・猛暑《もうしょ》・猛進《もうしん》・猛獣《もうじゅう》
- 使い方：台風《たいふう》が猛威《もうい》を振《ふ》るう。

4級

肖（39）
*ショウ

にくづき　7画

- 意味：似《に》る。似《に》ている。似《に》せて作《つく》る。
- 言葉：肖像《しょうぞう》・不肖《ふしょう》
- 使い方：校長先生《こうちょうせんせい》の肖像画《しょうぞうが》を描《えが》く。

準2級

免（39）
*メン　（まぬかれる）

にんにょう　8画

- 意味：①まぬかれる。のがれる。②ゆるす。③やめさせる。
- 言葉：①免税《めんぜい》・免疫《めんえき》・放免《ほうめん》 ②免許《めんきょ》 ③免職《めんしょく》
- 使い方：自動車《じどうしゃ》の運転免許《うんてんめんきょ》を取《と》る。

3級

「禍」は「しめすへん」だよ。「⺭（ころもへん）」と間違《まちが》えないように注意《ちゅうい》しよう。

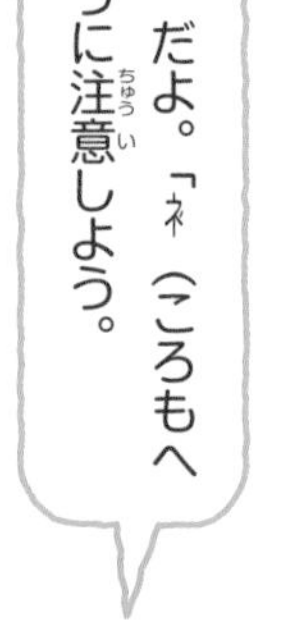

雌
39
*シ　め　めす
ふるとり　14画
意味　①生物《せいぶつ》のめす。②弱々《よわよわ》しい。ひかえ目《め》な。
言葉　①雌牛《めうし》・雌雄《しゆう》　②雌伏《しふく》
使い方　ひよこの雌雄《しゆう》を見分《みわ》ける。
4級

浄
39
*ジョウ
さんずい　9画
意味　清《きよ》い。きれいである。きれいにする。
言葉　浄化《じょうか》・浄書《じょうしょ》・浄土《じょうど》・清浄《せいじょう》
使い方　傷口《きずぐち》を水《みず》で洗浄《せんじょう》する。
準2級

没
39
*ボツ
さんずい　7画
意味　①沈《しず》む。②夢中《むちゅう》になる。③死《し》ぬ。④取《と》り上《あ》げる。
言葉　①出没《しゅつぼつ》・沈没《ちんぼつ》　②没頭《ぼっとう》　③没落《ぼつらく》　④没収《ぼっしゅう》
使い方　戦没者《せんぼっしゃ》を弔《とむら》う。
3級

兼
39
*ケン　かねる
はち　10画
意味　あわせ持《も》つ。いっしょにする。かねる。
言葉　兼《か》ね備《そな》える・兼業《けんぎょう》・兼任《けんにん》・兼務《けんむ》
使い方　才色兼備《さいしょくけんび》の誉《ほま》れ高《たか》い女優《じょゆう》。
4級

霧
39
*ム　きり
あめかんむり　19画
意味　①きり。②きりのように軽《かる》く細《こま》かいさま。
言葉　①朝霧《あさぎり》・霧笛《むてき》　②霧消《むしょう》
使い方　濃霧注意報《のうむちゅういほう》が発表《はっぴょう》される。
4級

秩
39
*チツ
のぎへん　10画
意味　整《ととの》った決《き》まり。順序《じゅんじょ》。
言葉　秩序《ちつじょ》
使い方　社会《しゃかい》の秩序《ちつじょ》を守《まも》る。
準2級

妥
39
*ダ
おんな　7画
意味　安《やす》らか。穏《おだ》やか。互《たが》いにゆずり合《あ》う。
言葉　妥協《だきょう》・妥当《だとう》
使い方　交渉《こうしょう》が妥結《だけつ》する。
準2級

奔
39
*ホン
だい　8画
意味　走《はし》る。走《はし》り回《まわ》る。
言葉　奔走《ほんそう》・奔放《ほんぽう》・狂奔《きょうほん》・東奔西走《とうほんせいそう》
使い方　自由奔放《じゆうほんぽう》に生《い》きる。
準2級

哀
39
*アイ　あわれ　あわれむ
くち　9画
意味　①悲《かな》しい。悲《かな》しむ。②あわれっぽい。
言葉　①哀愁《あいしゅう》・悲哀《ひあい》　②哀願《あいがん》
使い方　哀切《あいせつ》を極《きわ》めた旋律《せんりつ》。
3級

妄
39
*モウ　（ボウ）
おんな　6画
意味　①うそ。でたらめ。②みだりに。
言葉　①妄想《もうそう》・虚妄《きょもう》・迷妄《めいもう》　②妄信《もうしん》
使い方　妄想《もうそう》にとらわれる。
準2級

疾
39
*シツ
やまいだれ　10画
意味　①やまい。②速《はや》い。激《はげ》しい。
言葉　①疾患《しっかん》・眼疾《がんしつ》　②疾走《しっそう》・疾風《しっぷう》
使い方　ゴールに向《む》かって車《くるま》を疾駆《しっく》させる。
3級

迅
39
*ジン
しんにょう　6画
意味　①速《はや》い。速《すみ》やか。②激《はげ》しい。勢《いきお》いが強《つよ》い。
言葉　①迅速《じんそく》・奮迅《ふんじん》　②迅雷《じんらい》
使い方　問題《もんだい》を迅速《じんそく》に処理《しょり》する。
準2級

鯨
39
*ゲイ　くじら
うおへん　19画
意味　クジラ。クジラのように大《おお》きいもののたとえ。
言葉　鯨飲馬食《げいいんばしょく》・鯨油《げいゆ》・捕鯨《ほげい》
使い方　鯨飲馬食《げいいんばしょく》はひかえる。
3級

篤
39
*トク
たけかんむり　16画
意味　①手厚《てあつ》い。②病気《びょうき》が重《おも》い。
言葉　①篤学《とくがく》・篤志《とくし》　②危篤《きとく》
使い方　温厚篤実《おんこうとくじつ》な人物《じんぶつ》。
3級

40 旨

*シ (むね)

ひ 6画

- 意味: 考《かんが》えている内容《ないよう》。表《あらわ》している意味《いみ》。
- 言葉: 趣旨《しゅし》・要旨《ようし》・論旨《ろんし》
- 使い方: この文章《ぶんしょう》の要旨《ようし》をまとめなさい。

4級

40 簿

*ボ

たけかんむり 19画

- 意味: 帳面《ちょうめん》。ノート。
- 言葉: 簿記《ぼき》・家計簿《かけいぼ》・出席簿《しゅっせきぼ》
- 使い方: 毎日《まいにち》家計簿《かけいぼ》を付《つ》ける。

3級

40 欄

*ラン

きへん 20画

- 意味: ①手《て》すり。②わくで囲《かこ》んだ部分《ぶぶん》。
- 言葉: ①欄干《らんかん》・欄間《らんま》 ②空欄《くうらん》・欄外《らんがい》・投書欄《とうしょらん》
- 使い方: 空欄《くうらん》に当《あ》てはまる言葉《ことば》を考《かんが》える。

4級

40 誓

*セイ ちかう

げん 14画

- 意味: ちかう。固《かた》く約束《やくそく》する。ちかい。
- 言葉: 誓約《せいやく》・誓願《せいがん》・宣誓《せんせい》
- 使い方: 野球大会《やきゅうたいかい》で選手宣誓《せんしゅせんせい》をする。

準2級

40 稿

*コウ

のぎへん 15画

- 意味: 詩《し》や文章《ぶんしょう》の下書《したが》き。
- 言葉: 原稿料《げんこうりょう》・原稿《げんこう》・草稿《そうこう》・投稿《とうこう》
- 使い方: 新聞《しんぶん》に意見文《いけんぶん》を寄稿《きこう》する。

4級

40 芯

*シン

くさかんむり 7画

- 意味: 物《もの》の中心《ちゅうしん》となる部分《ぶぶん》。
- 言葉: りんごの芯《しん》・鉛筆《えんぴつ》の芯《しん》
- 使い方: 鉛筆《えんぴつ》の芯《しん》が折《お》れてしまう。

2級

40 箇

*カ

たけかんむり 14画

- 意味: 物《もの》を数《かぞ》える言葉《ことば》。物《もの》や場所《ばしょ》を指《さ》し示《しめ》す言葉《ことば》。
- 言葉: 箇条書《かじょうが》き・箇所《かしょ》
- 使い方: 故障《こしょう》した箇所《かしょ》を修理《しゅうり》する。

4級

40 啓

*ケイ

くち 11画

- 意味: ①明《あき》らかにする。②申《もう》しあげる。
- 言葉: ①啓示《けいじ》・啓発《けいはつ》 ②啓上《けいじょう》・拝啓《はいけい》
- 使い方: 一筆啓上《いっぴつけいじょう》。

3級

40 携

*ケイ たずさえる たずさわる

てへん 13画

- 意味: ①持《も》って歩《ある》く。身《み》につける。②共《とも》に物事《ものごと》を行《おこな》う。
- 言葉: ①携帯《けいたい》・携行《けいこう》・必携《ひっけい》 ②提携《ていけい》・連携《れんけい》
- 使い方: 運転免許証《うんてんめんきょしょう》を携帯《けいたい》する。

3級

40 阻

*ソ (はばむ)

こざとへん 8画

- 意味: ①険《けわ》しい。②はばむ。妨《さまた》げる。
- 言葉: ①険阻《けんそ》 ②阻害《そがい》・阻止《そし》
- 使い方: ライバルチームの連勝《れんしょう》を阻止《そし》する。

3級

40 租

*ソ

のぎへん 10画

- 意味: ①税金《ぜいきん》。②借《か》りる。
- 言葉: ①租税《そぜい》・地租《ちそ》 ②租借《そしゃく》
- 使い方: 国民《こくみん》から集《あつ》めた租税《そぜい》を有効《ゆうこう》に使《つか》う。

準2級

40 喚

*カン

くちへん 12画

- 意味: ①わめく。②呼《よ》ぶ。呼《よ》び出《だ》す。呼《よ》び起《お》こす。
- 言葉: ①喚声《かんせい》・叫喚《きょうかん》 ②喚問《かんもん》・召喚《しょうかん》
- 使い方: 事故《じこ》のないように注意《ちゅうい》を喚起《かんき》する。

3級

40 冠

*カン かんむり

わかんむり 9画

- 意味: ①かんむり。②上《うえ》に載《の》せる。③いちばん優《すぐ》れている。
- 言葉: ①王冠《おうかん》 ②冠水《かんすい》 ③栄冠《えいかん》
- 使い方: 優勝《ゆうしょう》の栄冠《えいかん》に輝《かがや》く。

3級

40 奉

*ホウ ブ (たてまつる)

だい 8画

- 意味: ①差《さ》し上《あ》げる。②仕《つか》える。③身《み》にうけて行《おこな》う。
- 言葉: ①奉祝《ほうしゅく》・奉納《ほうのう》 ②奉公《ほうこう》・奉職《ほうしょく》 ③奉行《ぶぎょう》・信奉《しんぽう》
- 使い方: 社会《しゃかい》のために奉仕《ほうし》する。

3級

新出音訓

40
峰
＊ホウ
みね
やまへん
10画
意味 ①みね。高《たか》い山《やま》。②刀《かたな》や包丁《ほうちょう》の背《せ》。
言葉 ①最高峰《さいこうほう》・主峰《しゅほう》・連峰《れんぽう》 ②峰《みね》打《う》ち
使い方 霊峰《れいほう》富士《ふじ》を望《のぞ》む。
4級

39	自我（ジガ）
39	師弟（シテイ）
39	極秘（ゴクヒ）
40	福音（フクイン）
40	歩合（ブあい）
40	写経（シャキョウ）
40	図示（ズシ）
40	拾得物（シュウトクブツ）
39	麦芽（バクガ）
39	姉妹（シマイ）
39	温厚篤実（オンコウトクジツ）
40	仮病（ケビョウ）
40	早速（サッソク）
40	京阪（ケイハン）
40	仁王像（ニオウゾウ）
40	拾万円（ジュウマンエン）

ここがポイント！
教科書《きょうかしょ》の「練習問題《れんしゅうもんだい》」の答《こた》えと考《かんが》え方《かた》
教科書 39ページ

1 次《つぎ》の熟語《じゅくご》と同《おな》じ構成《こうせい》の熟語《じゅくご》を〈 〉から選《えら》ぼう。
①自我《じが》 ②着色《ちゃくしょく》 ③国立《こくりつ》 ④麦芽《ばくが》 ⑤師弟《してい》
〈雌雄《しゆう》 清浄《せいじょう》 日没《にちぼつ》 兼業《けんぎょう》 濃霧《のうむ》 姉妹《しまい》 極秘《ごくひ》〉

2 次《つぎ》の○には「不《ふ》・無《む》・非《ひ》・未《み》」のいずれかを、□には「的《てき》・性《せい》・化《か》」のいずれかを入《い》れて、三字熟語《さんじじゅくご》を作《つく》ろう。
①○経験《けいけん》 ②○本意《ほんい》 ③○秩序《ちつじょ》 ④○常識《じょうしき》
⑤比較《ひかく》□ ⑥有料《ゆうりょう》□ ⑦妥当《だとう》□

3 次《つぎ》の四字熟語《よじじゅくご》の意味《いみ》を調《しら》べよう。
①東奔西走《とうほんせいそう》 ②喜怒哀楽《きどあいらく》 ③軽挙妄動《けいきょもうどう》
④疾風迅雷《しっぷうじんらい》 ⑤鯨飲馬食《げいいんばしょく》 ⑥温厚篤実《おんこうとくじつ》

答え

1 ①清浄《せいじょう》 ②兼業《けんぎょう》 ③日没《にちぼつ》 ④濃霧《のうむ》・極秘《ごくひ》 ⑤雌雄《しゆう》・姉妹《しまい》
2 ①未《み》 ②不《ふ》 ③無《む》 ④非《ひ》 ⑤的《てき》 ⑥化《か》 ⑦性《せい》
3 ①目的《もくてき》のためにあちこちを駆《か》け回《まわ》ること。
②喜《よろこ》びと怒《いか》りと悲《かな》しみと楽《たの》しみ。人間《にんげん》のさまざまな感情《かんじょう》。
③深《ふか》く考《かんが》えずに軽《かる》はずみな行動《こうどう》を取《と》ること。
④すばやく激《はげ》しい様子《ようす》をたとえる言葉《ことば》。速《はや》い風《かぜ》と激《はげ》しい雷《かみなり》。
⑤一度《いちど》にたくさん飲《の》み食《く》いをすること。

⑥人柄《ひとがら》が穏《おだ》やかで、情《じょう》に厚《あつ》く、真面目《まじめ》であること。

「喜怒哀楽《きどあいらく》」は、漢字一字《かんじいちじ》の言葉《ことば》が組《く》み合《あ》わさってできた四字熟語《よじじゅくご》だね。他《ほか》の「東奔西走《とうほんせいそう》」「軽挙妄動《けいきょもうどう》」「疾風迅雷《しっぷうじんらい》」「鯨飲馬食《げいいんばしょく》」「温厚篤実《おんこうとくじつ》」は、二字熟語《にじじゅくご》が組《く》み合《あ》わさってできた四字熟語《よじじゅくご》だよ。

考え方

1 ①「自我《じが》」は、意味《いみ》が似《に》ている漢字《かんじ》の組《く》み合《あ》わせ。
②「着色《ちゃくしょく》」は、下《した》の漢字《かんじ》が上《うえ》の漢字《かんじ》の目的《もくてき》や対象《たいしょう》を示《しめ》す。
③「国立《こくりつ》」は、主語《しゅご》と述語《じゅつご》の関係《かんけい》。
④「麦芽《ばくが》」は、上《うえ》の漢字《かんじ》が下《した》の漢字《かんじ》を修飾《しゅうしょく》する。
⑤「師弟《してい》」は、意味《いみ》が対《つい》になる漢字《かんじ》の組《く》み合《あ》わせ。

2 二字熟語《にじじゅくご》の上《うえ》に付《つ》く打《う》ち消《け》しの意味《いみ》の漢字《かんじ》は、熟語《じゅくご》によって決《き》まってくる。「未経験《みけいけん》」とはいうが、「無経験《むけいけん》」とは普通《ふつう》はいわない。下《した》に付《つ》く漢字《かんじ》の場合《ばあい》もほぼ同様《どうよう》である。

「未○○」や「無○○」の正《ただ》しい使《つか》い方《かた》がわからない場合《ばあい》はきちんと辞書《じしょ》を引《ひ》いて確認《かくにん》しよう。

「漢字《かんじ》に親《した》しもう1」の答《こた》え

〈新《あたら》しく習《なら》う漢字《かんじ》〉

1 ①ようし ②めいぼ ③きにゅうらん ④せんせい
⑤げんこうようし ⑥しん ⑦かじょうがき

2 ①(ア)携 (イ)啓 ②(ア)租 (イ)阻
③(ア)冠 (イ)喚 ④(ア)奉 (イ)峰

〈新《あたら》しく習《なら》う音訓《おんくん》〉

3 ①おんがく・ふくいん ②かめん・けびょう
③さんぽ・ぶあい ④そうちょう・さっそく
⑤けいざい・しゃきょう ⑥とうきょう・けいはん
⑦しじ・ずし ⑧じんぎ・におうぞう
⑨しゅうとくぶつ・じゅうまんえん

3では、音読《おんよ》みが複数《ふくすう》ある漢字《かんじ》を使《つか》った熟語《じゅくご》を集《あつ》めているんだね。

音読《おんよ》みが複数《ふくすう》ある漢字《かんじ》を読《よ》むときには、注意《ちゅうい》が必要《ひつよう》だね。読《よ》み方《かた》に迷《まよ》ったら辞書《じしょ》で調《しら》べるようにしよう。

2 多様《たよう》な視点《してん》から

クマゼミ増加《ぞうか》の原因《げんいん》を探《さぐ》る

沼田《ぬまた》英治《ひではる》

教科書 42～51ページ

およその内容

大阪市内《おおさかしない》では、なぜクマゼミの占《し》める割合《わりあい》が高《たか》くなったのか。ヒートアイランド現象《げんしょう》による環境変化《かんきょうへんか》が有利《ゆうり》に働《はたら》いたのではないか。

クマゼミの一生《いっしょう》には、①卵《たまご》の段階《だんかい》、②孵化《ふか》して土《つち》に潜《もぐ》る段階《だんかい》、③幼虫《ようちゅう》として地中《ちちゅう》で過《す》ごす段階《だんかい》、④地上《ちじょう》に出《で》て成虫《せいちゅう》になる段階《だんかい》がある。この中《なか》でクマゼミの生存《せいぞん》に大《おお》きく関《かか》わるのが①と②の段階《だんかい》である。

「クマゼミの卵《たまご》は寒《さむ》さに弱《よわ》く、昔《むかし》の大阪《おおさか》では冬《ふゆ》を越《こ》せるものが少《すく》なかった。しかし、気温上昇《きおんじょうしょう》で寒《さむ》さが和《やわ》らぎ、越冬《えっとう》できる卵《たまご》が増《ふ》えた。」という［仮説《かせつ》1］は、実験《じっけん》の結果《けっか》、否定《ひてい》された。

「気温上昇《きおんじょうしょう》で孵化《ふか》が早《はや》まり、梅雨《つゆ》に重《かさ》なったことで、孵化《ふか》できる卵《たまご》が増《ふ》えた。」という［仮説《かせつ》2］は、観察《かんさつ》の結果《けっか》、正《ただ》しいとわかった。

さらに、「クマゼミの幼虫《ようちゅう》は土《つち》を掘《ほ》る力《ちから》が強《つよ》く、ヒートアイランド現象《げんしょう》による乾燥《かんそう》と地表《ちひょう》の整備《せいび》によって硬化《こうか》した地面《じめん》にも潜《もぐ》ることができる。」という［仮説《かせつ》3］も、実験《じっけん》によって確《たし》かめられた。

大阪市内《おおさかしない》でクマゼミが増加《ぞうか》した背景《はいけい》には、ヒートアイランド現象《げんしょう》による気温上昇《きおんじょうしょう》と乾燥《かんそう》、地表整備《ちひょうせいび》による土《つち》の硬化《こうか》の影響《えいきょう》がある。この結論《けつろん》を得《え》るには、多《おお》くの実験《じっけん》や観察《かんさつ》を要《よう》した。物事《ものごと》の原因《げんいん》を追究《ついきゅう》するには、科学的《かがくてき》な根拠《こんきょ》を積《つ》み上《あ》げて臨《のぞ》む姿勢《しせい》が大切《たいせつ》である。

構成

1. 研究《けんきゅう》のきっかけ（初《はじ》め～P43・20）
問題提起《もんだいていき》と大《おお》きな仮説《かせつ》。

2. ［前提《ぜんてい》］クマゼミの一生《いっしょう》と環境《かんきょう》の影響《えいきょう》を受《う》ける時期《じき》（P44・1～P44・20）↓四《よっ》つの段階《だんかい》がある。

3. ［仮説《かせつ》1］冬《ふゆ》の寒《さむ》さの緩和《かんわ》（P45・1～P46・5）
↓クマゼミ増加《ぞうか》の原因《げんいん》ではない。

4. ［仮説《かせつ》2］気温上昇《きおんじょうしょう》による孵化《ふか》の時期《じき》の変化《へんか》（P46・6～P47・14）↓クマゼミ増加《ぞうか》の原因《げんいん》の一《ひと》つ。

5. ［仮説《かせつ》3］ヒートアイランド現象《げんしょう》による乾燥《かんそう》と地表《ちひょう》の整備《せいび》による土《つち》の硬化《こうか》（P47・15～P48・13）
↓クマゼミだけが増加《ぞうか》したことの原因《げんいん》。

6. まとめ（P49・1～終《お》わり）
結論《けつろん》＋科学的《かがくてき》な根拠《こんきょ》を積《つ》み上《あ》げることの大切《たいせつ》さ（筆者《ひっしゃ》の考《かんが》え）。

新出漢字

漢字のチェック

＊はここに出《で》てきた読《よ》み。

42 捕

ホ　とらえる　とらわれる＊とる　つかまえる　つかまる

てへん　10画

意味　とらえる。つかまえる。

言葉　捕手《ほしゅ》・捕鯨《ほげい》・捕獲《ほかく》・逮捕《たいほ》

使い方　イノシシを捕獲《ほかく》する。

4級

42 顕

＊ケン

おおがい　18画

意味　明《あき》らか。目立《めだ》つ。明《あき》らかになる。

言葉　顕在《けんざい》・顕示《けんじ》・顕著《けんちょ》・顕微鏡《けんびきょう》

使い方　練習《れんしゅう》によって記録《きろく》が顕著《けんちょ》に伸《の》びた。

準2級

43 殻

カク　＊から

るまた　11画

意味　中身《なかみ》を守《まも》るために外側《そとがわ》を覆《おお》っているもの。

言葉　抜《ぬ》け殻《がら》・地殻《ちかく》・卵殻《らんかく》

使い方　大昔《おおむかし》、地殻《ちかく》の大変動《だいへんどう》があった。

準2級

43 舗

＊ホ

くち　15画

意味　①地面《じめん》に敷《し》き並《なら》べる。②店《みせ》。

言葉　①舗装《ほそう》・舗道《ほどう》　②店舗《てんぽ》

使い方　道路《どうろ》を舗装《ほそう》する。

4級

43 燥

＊ソウ

ひへん　17画

意味　乾《かわ》く。乾《かわ》かす。

言葉　乾燥《かんそう》・焦燥《しょうそう》

使い方　なかなかよい記録《きろく》が出《で》ず、焦燥《しょうそう》に駆《か》られる。

4級

44 枯

コ　＊かれる　からす

きへん　9画

意味　①かれる。②おとろえる。③味《あじ》わい深《ぶか》くなる。

言葉　①枯《か》れ枝《えだ》・枯死《こし》　②栄枯盛衰《えいこせいすい》　③枯《か》れた芸《げい》

使い方　山《やま》の木々《きぎ》が枯《か》れる。

4級

44 眠

＊ミン　ねむる　ねむい

めへん　10画

意味　ねむる。ねむり。ねむい。

言葉　眠《ねむ》り薬《ぐすり》・休眠《きゅうみん》・催眠術《さいみんじゅつ》・睡眠《すいみん》

使い方　熊《くま》が冬眠《とうみん》から覚《さ》める。

4級

44 潜

セン　ひそむ　＊もぐる

さんずい　15画

意味　水中《すいちゅう》にもぐる。ひそむ。くぐる。隠《かく》れる。

言葉　海《うみ》に潜《もぐ》る・潜行《せんこう》・潜航《せんこう》・潜在《せんざい》・潜水《せんすい》・潜入《せんにゅう》

使い方　潜水服《せんすいふく》に着替《きが》える。

3級

44 耐

タイ　＊たえる

しかして　9画

意味　たえる。もちこたえる。こらえる。

言葉　寒《さむ》さに耐《た》える・耐寒《たいかん》・耐久《たいきゅう》・耐震《たいしん》

使い方　建築物《けんちくぶつ》の耐震性《たいしんせい》を高《たか》める。

4級

45 緩

＊カン　ゆるい　ゆるやか　ゆるむ　ゆるめる

いとへん　15画

意味　ゆるい。厳《きび》しくない。ゆるやか。ゆるめる。

言葉　緩急《かんきゅう》・緩慢《かんまん》・緩和《かんわ》

使い方　規制《きせい》が緩和《かんわ》される。

3級

45 零

＊レイ

あめかんむり　13画

意味　①落《お》ちる。②わずか。③ゼロ。

言葉　①零落《れいらく》　②零細《れいさい》　③零下《れいか》・零度《れいど》

使い方　零細企業《れいさいきぎょう》を経営《けいえい》する。

3級

46 軟

＊ナン　やわらか　やわらかい

くるまへん　11画

意味　やわらかい。手応《てごた》えがない。

言葉　軟球《なんきゅう》・軟骨《なんこつ》・軟弱《なんじゃく》・柔軟《じゅうなん》

使い方　ようやく相手《あいて》の態度《たいど》が軟化《なんか》した。

準2級

46 狙

ソ　＊ねらう

けものへん　8画

意味　ねらう。

言葉　狙撃《そげき》

使い方　よく狙《ねら》って的《まと》に矢《や》を放《はな》つ。

2級

新出音訓

46	47	47
須 *ス	遭 ソウ *あう	硬 *コウ かたい
おおがい 12画	しんにょう 14画	いしへん 12画
意味 求《もと》める。必要《ひつよう》とする。	意味 あう。巡《めぐ》り合《あ》う。出《で》くわす。	意味 かたい。かたくて強《つよ》い。
言葉 必須《ひっす》	言葉 遭遇《そうぐう》・遭難《そうなん》	言葉 硬貨《こうか》・硬球《こうきゅう》・硬化《こうか》・強硬《きょうこう》
使い方 応募用紙《おうぼようし》に必須事項《ひっすじこう》を記入《きにゅう》する。	使い方 山《やま》で遭難者《そうなんしゃ》を救助《きゅうじょ》する。	使い方 にわかに態度《たいど》を硬化《こうか》させる。
2級	3級	3級

42 羽化（ウカ）

44 産卵（サンラン）

重要語句のチェック

＊はここでの意味《いみ》。

44ページ

さらす ＊①日《ひ》や雨《あめ》や風《かぜ》の当《あ》たるままにしておく。文風雨《ふうう》に**さらされる**。②布《ぬの》などを水《みず》で洗《あら》ったり薬《くすり》で色《いろ》をぬいたりして、白《しろ》くする。③危《あぶ》ない状態《じょうたい》に置《お》く。文危険《きけん》に身《み》を**さらす**。④多《おお》くの人《ひと》に見《み》せる。文人前《ひとまえ》で恥《はじ》を**さらす**。⑤野菜《やさい》などのあくを抜《ぬ》くために水《みず》にひたす。文ゴボウを水《みず》に**さらす**。

推定《すいてい》 わかっていることを基《もと》に、おそらくこうだろうと決《き》めること。文出土品《しゅつどひん》から、古墳《こふん》が造《つく》られた時期《じき》を**推定**《すいてい》する。

左右《さゆう》する ①思《おも》い通《どお》りに動《うご》かす。文その場《ば》の議論《ぎろん》を左右《さゆう》する力《ちから》をもっている。＊②強《つよ》い影響《えいきょう》を与《あた》える。文人生《じんせい》を**左右**《さゆう》**する**出来事《できごと》。

46ページ

必須《ひっす》 なくてはならないこと。必要《ひつよう》なこと。文この将棋大会《しょうぎたいかい》に出《で》るには、中学生《ちゅうがくせい》であることが**必須**《ひっす》の条件《じょうけん》だ。

47ページ

……に対《たい》し ……に比《くら》べて。文身長《しんちょう》**に対**《たい》**し**、体重《たいじゅう》が軽《かる》い。

49ページ

うのみにする 鳥《とり》のウが魚《さかな》を丸《まる》のみするように、物事《ものごと》を自分《じぶん》できちんと判断《はんだん》せずに、そのまま受《う》け入《い》れてしまう。文新聞記《しんぶんき》事《じ》を**うのみにする**。

ここがポイント！

教科書《きょうかしょ》の「学習《がくしゅう》」の答《こた》えと考《かんが》え方《かた》

教科書 50〜51ページ

捉《とら》える ❶ 全体《ぜんたい》と部分《ぶぶん》の関係《かんけい》に注意《ちゅうい》して、構成《こうせい》を捉《とら》えよう。

この文章《ぶんしょう》は、六《むっ》つの部分《ぶぶん》で構成《こうせい》されている。

① 「研究《けんきゅう》のきっかけ」に示《しめ》された文章全体《ぶんしょうぜんたい》に関《かか》わる問題提起《もんだいていき》と、それに基《もと》づく大《おお》きな仮説《かせつ》を確《たし》かめよう。

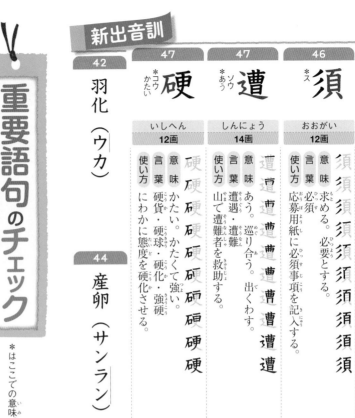

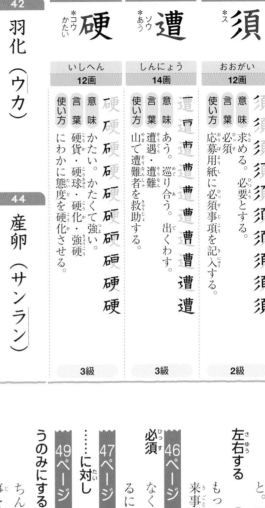

答えの例

・文章全体《ぶんしょうぜんたい》に関《かか》わる問題提起《もんだいていき》

大阪市内《おおさかしない》では、なぜクマゼミの占《し》める割合《わりあい》が高《たか》くなったのか。

・それに基《もと》づく大《おお》きな仮説《かせつ》

大阪市内《おおさかしない》でクマゼミの占《し》める割合《わりあい》が高《たか》くなったのは、ヒートアイランド現象《げんしょう》による気温上昇《きおんじょうしょう》や湿度低下《しつどていか》などの環境変化《かんきょうへんか》が、暑《あつ》さに強《つよ》いクマゼミに有利《ゆうり》に働《はたら》いたからではないか。

考え方

教科書《きょうかしょ》43ページ図《ず》1に、「二〇〇八年《ねん》に大阪府内《おおさかふない》で行《おこな》った抜《ぬ》け殻《がら》調査《ちょうさ》の結果《けっか》」（P43・2）が示《しめ》されている。この調査結果《ちょうさけっか》を受《う》けて、「大阪市内《おおさかしない》では、なぜクマゼミの占《し》める割合《わりあい》が、これほど高《たか》くなったのだろうか。」（P43・10）という疑問《ぎもん》が提示《ていじ》されている。これが文章全体《ぶんしょうぜんたい》に関《かか》わる問題提起《もんだいていき》となっている。

この問題提起《もんだいていき》の後《あと》、大阪市内《おおさかしない》における「一九六〇年代《ねんだい》からの主《おも》な変化《へんか》」として「この地域《ちいき》の都市化《としか》、気温上昇《きおんじょうしょう》、湿度《しつど》の低下《ていか》」（P43・12）が挙《あ》げられている。これを受《う》けて筆者《ひっしゃ》は「クマゼミは、もともと西日本《にしにほん》の温暖《おんだん》な地域《ちいき》に多《おお》く生息《せいそく》し、暑《あつ》さには強《つよ》いと考《かんが》えられる。ヒートアイランド現象《げんしょう》による環境変化《かんきょうへんか》が有利《ゆうり》に働《はたら》いたのではないだろうか。」（P43・18）と述《の》べている。これが、「それ（文章全体《ぶんしょうぜんたい》に関《かか》わる問題提起《もんだいていき》）に基《もと》づく大《おお》きな仮説《かせつ》」にあたる。

②「前提《ぜんてい》」に書《か》かれた内容《ないよう》を確《たし》かめ、筆者《ひっしゃ》が三《みっ》つの仮説《かせつ》の前《まえ》に、この部分《ぶぶん》を置《お》いた理由《りゆう》を考《かんが》えよう。

答えの例

・「前提《ぜんてい》」に書《か》かれた内容《ないよう》

クマゼミの一生《いっしょう》には「①卵《たまご》の段階《だんかい》」「②孵化《ふか》して土《つち》に潜《もぐ》る段階《だんかい》」「③幼虫《ようちゅう》として地中《ちちゅう》で過《す》ごす段階《だんかい》」「④地上《ちじょう》に出《で》て成虫《せいちゅう》になる段階《だんかい》」という四《よっ》つの段階《だんかい》がある。そのうち気温《きおん》や湿度《しつど》の影響《えいきょう》を受《う》けやすいのは①②④であり、特《とく》に①と②は危険《きけん》だ。

・筆者《ひっしゃ》が三《みっ》つの仮説《かせつ》の前《まえ》に、この部分《ぶぶん》を置《お》いた理由《りゆう》

三《みっ》つの仮説《かせつ》は、「気温《きおん》や湿度《しつど》がクマゼミに与《あた》える影響《えいきょう》」（P44・2）に関係《かんけい》しているので、その意味《いみ》を理解《りかい》するためには、クマゼミの一生《いっしょう》のうち、どの段階《だんかい》が「気温《きおん》や湿度《しつど》の影響《えいきょう》を受《う》けやすい」（P44・13）のかを確認《かくにん》しておく必要《ひつよう》があるから。

考え方

「前提《ぜんてい》」の前半《ぜんはん》ではクマゼミの一生《いっしょう》の四《よっ》つの段階《だんかい》が説明《せつめい》され、後《こう》半《はん》では、そのうち「気温《きおん》や湿度《しつど》の影響《えいきょう》を受《う》けやすい」（P44・13）段階《だんかい》と、その中《なか》でも「危険《きけん》」（P44・15）な段階《だんかい》が示《しめ》されている。

筆者《ひっしゃ》が、三《みっ》つの仮説《かせつ》の前《まえ》に「前提《ぜんてい》」を置《お》いた理由《りゆう》は、「気温《きおん》や湿《しつ》度《ど》がクマゼミに……その一生《いっしょう》を確認《かくにん》しておこう」（P44・2）に、端的《たんてき》に示《しめ》されている。「研究《けんきゅう》のきっかけ」で立《た》てられた大《おお》きな仮説《かせつ》と、それに基《もと》づいてこの後《あと》に示《しめ》される三《みっ》つの仮説《かせつ》は、気温《きおん》や湿度《しつど》といった環境《かんきょう》の変化《へんか》に着目《ちゃくもく》したものである点《てん》を押《お》さえておこう。

③ 線《せん》や矢印《やじるし》を使《つか》って六《むっ》つの部分《ぶぶん》の関係《かんけい》を整理《せいり》してみよう。

答えの例

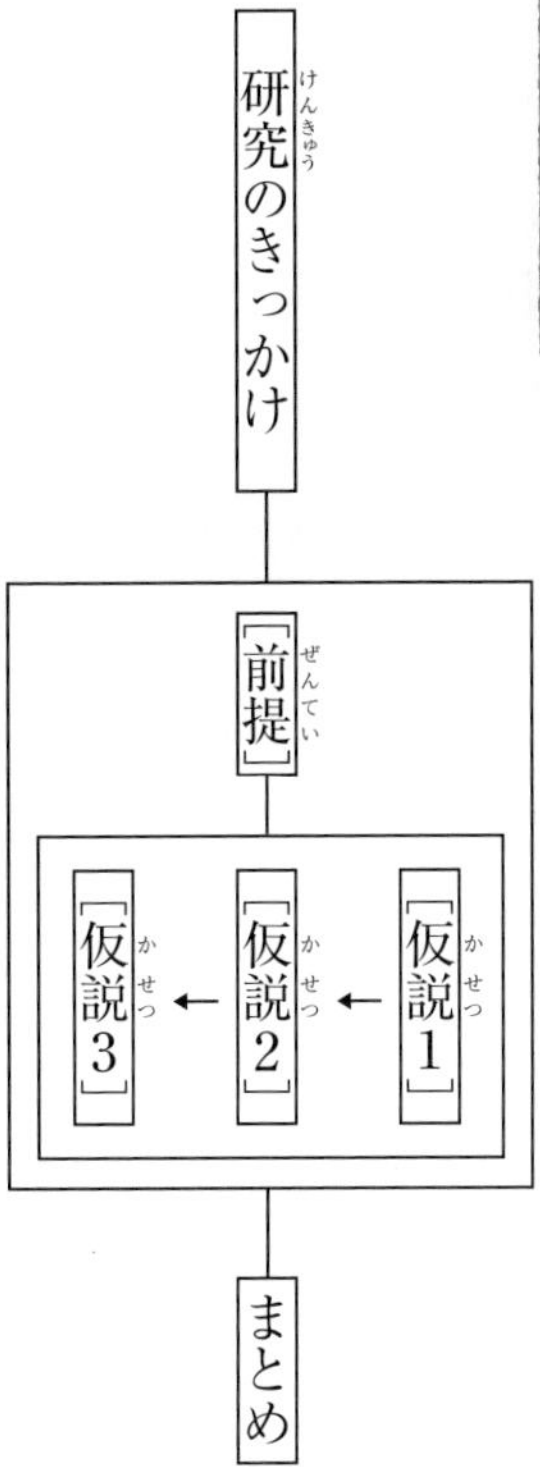

考え方

「前提《ぜんてい》」を踏《ふ》まえて「仮説《かせつ》1」「仮説《かせつ》2」「仮説《かせつ》3」という三《みっ》つの仮説《かせつ》が立《た》てられている。その三《みっ》つの仮説《かせつ》からわかったことが、「まとめ」で簡潔《かんけつ》にまとめられている。

読《よ》み深《ふか》める ❷

文章《ぶんしょう》と図表《ずひょう》の関係《かんけい》に注意《ちゅうい》して、内容《ないよう》を読《よ》み取《と》ろう。

① 三《みっ》つの仮説《かせつ》に対《たい》する検証《けんしょう》の内容《ないよう》とその結果《けっか》を、それぞれ文章中《ぶんしょうちゅう》の言葉《ことば》を用《もち》いて簡潔《かんけつ》にまとめよう。

答えの例

［仮説《かせつ》1］　クマゼミの卵《たまご》が、①どれぐらいの低温《ていおん》に耐《た》えられるか、②長期間《ちょうきかん》の寒《さむ》さに耐《た》えられるか、③気温《きおん》や湿度《しつど》の変動《へんどう》する野外《やがい》の冬《ふゆ》に耐《た》えられるかについてそれぞれ確認《かくにん》したところ、いずれも影《えい》響《きょう》がみられなかった。つまり、冬《ふゆ》の寒《さむ》さの緩和《かんわ》はクマゼミ増加《ぞうか》の原因《げんいん》ではない。

［仮説《かせつ》2］　四種《よんしゅ》のセミに産卵《さんらん》させ、卵《たまご》を野外《やがい》に置《お》いて観察《かんさつ》したところ、クマゼミだけは、孵化《ふか》する時期《じき》の後半《こうはん》に梅雨《つゆ》が明《あ》けてしまった。つまり、気温上昇《きおんじょうしょう》で孵化《ふか》が早《はや》まり、梅雨《つゆ》の時期《じき》と重《かさ》なったことは、クマゼミ増加《ぞうか》の原因《げんいん》の一《ひと》つと考《かんが》えられる。ただ、これはクマゼミだけが増《ふ》えた原因《げんいん》とはいえない。

［仮説《かせつ》3］　セミの幼虫《ようちゅう》が土《つち》に潜《もぐ》る能力《のうりょく》を実験《じっけん》で比較《ひかく》したところ、クマゼミは他《ほか》のセミと比《くら》べ、硬《かた》い土《つち》に潜《もぐ》る能力《のうりょく》が高《たか》かった。このことが、大阪市内《おおさかしない》でクマゼミの占《し》める割合《わりあい》が高《たか》まった原因《げんいん》と考《かんが》えられる。

考え方

それぞれの仮説《かせつ》が示《しめ》された後《あと》、「検証《けんしょう》の方法《ほうほう》の簡潔《かんけつ》な説明《せつめい》→検証《けんしょう》の方法《ほうほう》の詳《くわ》しい説明《せつめい》→検証《けんしょう》の結果《けっか》→仮説《かせつ》の成否《せいひ》についての結論《けつろん》」という順序《じゅんじょ》で論《ろん》が展開《てんかい》している。このうち「検証《けんしょう》の方法《ほうほう》の簡潔《かんけつ》な説明《せつめい》」「検証《けんしょう》の結果《けっか》」「仮説《かせつ》の成否《せいひ》についての結論《けつろん》」に着目《ちゃくもく》する。

② 文章中《ぶんしょうちゅう》のグラフや模式図《もしきず》、写真《しゃしん》などは、それぞれ、何《なん》のために示《しめ》されているのだろうか。対応《たいおう》する文章《ぶんしょう》との関係《かんけい》を基《もと》に考《かんが》えよう。

答えの例

・図《ず》1　抜《ぬ》け殻調査《がらちょうさ》の結果《けっか》（P43）
大阪市内《おおさかしない》で特《とく》にクマゼミの占《し》める割合《わりあい》が高《たか》くなったことを読者《どくしゃ》

へ視覚的情報《しかくてきじょうほう》として明確《めいかく》に伝《つた》えるため。

・**図《ず》2　クマゼミの一生《いっしょう》（P44）**
クマゼミの一生《いっしょう》の四《よっ》つの段階《だんかい》を示《しめ》し、気温《きおん》や湿度《しつど》などの環境《かんきょう》の影響《えいきょう》を明確《めいかく》にするため。

・**図《ず》3　氷点下《ひょうてんか》二十一度《にじゅういちど》に一日《いちにち》置《お》いた場合《ばあい》の生存率《せいぞんりつ》（P45）**
図《ず》4　氷点下《ひょうてんか》五度《ごど》に三十日間《さんじゅうにちかん》置《お》いた場合《ばあい》の孵化率《ふかりつ》（P45）
図《ず》5　気温《きおん》の違《ちが》う野外《やがい》に一年間《いちねんかん》置《お》いた場合《ばあい》の孵化率《ふかりつ》（P45）
「寒《さむ》さの緩和《かんわ》はクマゼミ増加《ぞうか》の原因《げんいん》ではない」（P46・4）という結論《けつろん》を導《みちび》き出《だ》した実験《じっけん》や調査《ちょうさ》の結果《けっか》を事実《じじつ》として伝《つた》えるため。

・**図《ず》6　セミの孵化《ふか》の時期《じき》と雨《あめ》の日《ひ》の割合《わりあい》（P47）**
クマゼミだけが孵化《ふか》する時期《じき》の後半《こうはん》に梅雨《つゆ》が明《あ》けてしまうということを、視覚的《しかくてき》に伝《つた》えるため。

・**図《ず》7　土《つち》に潜《もぐ》ることのできた幼虫《ようちゅう》の割合《わりあい》（P48）**
クマゼミは他《ほか》のセミと比《くら》べ、硬《かた》い土《つち》に潜《もぐ》る能力《のうりょく》が高《たか》いという事実《じじつ》を、他《ほか》のセミと比較《ひかく》して伝《つた》えるため。

・**（模式図《もしきず》）大阪府《おおさかふ》の都市部《としぶ》でクマゼミの占《し》める割合《わりあい》が高《たか》まった要因《よういん》（P49）**
大阪府《おおさかふ》の都市部《としぶ》でクマゼミの占《し》める割合《わりあい》が高《たか》まった要因《よういん》を、読者《どくしゃ》にひと目《め》でわかりやすく伝《つた》えるため。

考え方

それぞれの図《ず》や模式図《もしきず》と、それに対応《たいおう》する文章《ぶんしょう》の関係《かんけい》は、次《つぎ》のようになる。

・図《ず》1　「大阪市内《おおさかしない》の公園《こうえん》や大学《だいがく》では、やはりクマゼミが圧倒的《あっとうてき》に多《おお》く……山《やま》の上《うえ》には、さらに多様《たよう》な種類《しゅるい》のセミが生息《せいそく》していることがわかった。」（P43・3）

・図《ず》2　「①卵《たまご》の段階《だんかい》　クマゼミは、夏《なつ》の枯《か》れ枝《えだ》に産卵《さんらん》する。……」（P44・4）から「④地上《ちじょう》に出《で》て成虫《せいちゅう》になる段階《だんかい》……産卵《さんらん》して一生《いっしょう》を終《お》える。」（P44・11）まで。

・図《ず》3　「その結果《けっか》、なんと氷点下《ひょうてんか》二十一度《にじゅういちど》に一日《いちにち》置《お》いても、大部分《だいぶぶん》が生《い》き延《の》びることがわかった（図《ず》3）。」（P45・8）

・図《ず》4　「そこで、それより低《ひく》い氷点下《ひょうてんか》五度《ごど》に三十日間《さんじゅうにちかん》置《お》いてみたが、特《とく》に影響《えいきょう》は見《み》られなかった（図《ず》4）。（P45・12）

・図《ず》5　「その結果《けっか》、より寒《さむ》い枚岡山《ひらおかやま》でも孵化率《ふかりつ》は下《さ》がらなかった（図《ず》5）。」（P45・18）

・図《ず》3〜図《ず》5　「これらの結果《けっか》は、クマゼミの卵《たまご》が寒《さむ》さに強《つよ》く、かつての大阪《おおさか》でも……増加《ぞうか》の原因《げんいん》ではない。」（P46・3）

・図《ず》6　「気温上昇《きおんじょうしょう》で……原因《げんいん》とはいえない。」（P47・10）

・図《ず》7　「クマゼミは……原因《げんいん》と考《かんが》えられる。」（P48・10）

・（模式図《もしきず》）大阪府《おおさかふ》の都市部《としぶ》でクマゼミの占《し》める割合《わりあい》が高《たか》まった要因《よういん》（P49）「私《わたし》たちの検証《けんしょう》の範囲《はんい》で関連《かんれん》が認《みと》められるのは、気温上昇《きおんじょうしょう》で孵化《ふか》の準備《じゅんび》が早《はや》まり……圧倒的《あっとうてき》に高《たか》かったことの二点《にてん》である。」（P49・5）

③　検証《けんしょう》の結果《けっか》、「研究《けんきゅう》のきっかけ」に示《しめ》された大《おお》きな仮説《かせつ》は証明《しょうめい》されたといえるだろうか。「まとめ」を読《よ》んで自分《じぶん》の考《かんが》えを説明《せつめい》しよう。

答えの例

大《おお》きな仮説《かせつ》で想定《そうてい》されていた要因《よういん》は、「ヒートアイランド現象《げんしょう》による環境変化《かんきょうへんか》」（P43・19）だった。検証《けんしょう》の結果《けっか》、「大阪市内《おおさかしない》でクマゼミの占《し》める割合《わりあい》が高《たか》まった背景《はいけい》には、都市部《としぶ》におけるヒートアイランド現象《げんしょう》の影響《えいきょう》があることが明《あき》らかになった」（P49・2）のであるから、「大《おお》きな仮説《かせつ》」は証明《しょうめい》されたといえる。

考え方

「研究《けんきゅう》のきっかけ」に示《しめ》された大《おお》きな仮説《かせつ》を確認《かくにん》し、本文《ほんもん》の「まとめ」の内容《ないよう》と照《て》らし合《あ》わせて考《かんが》える。

考《かんが》えをもつ ③ 考《かんが》えたことを話《はな》し合《あ》おう。

筆者《ひっしゃ》は、なぜ検証《けんしょう》によって否定《ひてい》された仮説《かせつ》を挙《あ》げたのだろうか。また、三《みっ》つの仮説《かせつ》をこの順序《じゅんじょ》で並《なら》べた理由《りゆう》は何《なん》だろうか。考《かんが》えたことをグループで話《はな》し合《あ》おう。

答えの例

・筆者《ひっしゃ》が検証《けんしょう》によって否定《ひてい》された仮説《かせつ》を挙《あ》げたのは、仮説《かせつ》が否定《ひてい》されることで正《ただ》しい答《こた》えが絞《しぼ》り込《こ》まれていく過程《かてい》を説明《せつめい》するためだと思《おも》う。

・筆者《ひっしゃ》が三《みっ》つの仮説《かせつ》をこの順序《じゅんじょ》で並《なら》べたのは、筆者《ひっしゃ》が実際《じっさい》に行《おこな》った実験《じっけん》や観察《かんさつ》の順番通《じゅんばんどお》りに、研究《けんきゅう》の過程《かてい》を説明《せつめい》しようとしたからだと思《おも》う。

言葉を広げる

● 次《つぎ》に挙《あ》げた言葉《ことば》を、他《ほか》の表現《ひょうげん》に言《い》い換《か》えてみよう。

①（環境変化《かんきょうへんか》が）有利《ゆうり》に働《はたら》く　②（環境《かんきょう》が）生存《せいぞん》を左右《さゆう》する

答えの例

①（環境変化《かんきょうへんか》が）利益《りえき》をもたらす

②（環境《かんきょう》が）生存《せいぞん》に大《おお》きく影響《えいきょう》する

振り返る

● 「科学的《かがくてき》な根拠《こんきょ》を一歩《いっぽ》一歩《いっぽ》積《つ》み上《あ》げて臨《のぞ》む」（49ページ14行目《ぎょうめ》）筆《ひっ》者《しゃ》の姿勢《しせい》は、どんなところに表《あらわ》れているかを考《かんが》えよう。

答えの例

・しかし、これらは全《すべ》て……孵化《ふか》した数《かず》を調《しら》べた。（P45・14〜18）

● 文章《ぶんしょう》の構成《こうせい》や図表《ずひょう》の使《つか》い方《かた》の中《なか》で、効果的《こうかてき》だと感《かん》じたものを挙《あ》げてみよう。

答えの例

「まとめ」で述《の》べられている「ヒートアイランド現象《げんしょう》」「地表《ちひょう》の整《せい》備《び》」「気温上昇《きおんじょうしょう》」「乾燥《かんそう》」「地面《じめん》の硬化《こうか》」などの複雑《ふくざつ》な関係《かんけい》を、模式《もしき》図《ず》「大阪府《おおさかふ》の都市部《としぶ》でクマゼミの占《し》める割合《わりあい》が高《たか》まった要因《よういん》」（P49）でわかりやすく示《しめ》したところ。

テスト直前《ちょくぜん》にチェック！

クマゼミ増《ぞう》加《か》の原《げん》因《いん》を探《さぐ》る

教科書 42~51ページ

私たちは、次のような仮説を立てた。

[仮説2] 気温上昇で孵《ふ》化《か》が早まり、梅《つ》雨《ゆ》に重なったことで、孵化できる卵が増えた。

私たちは二〇〇八年、クマゼミを含む四種のセミに産卵させ、卵を野外に置いて観察した。図6を見てほしい。他のセミは、孵化がほぼ梅雨の期間に収まっているのに対し、孵化が遅いクマゼミだけは、孵化する時期の後半に梅雨が明けてしまった。①今より気温が低かった一九六〇年代には、梅雨明け後にようやく孵化の準備が整い、そのまま雨に遭えずに死んでいく卵がさらに多かったことになる。

つまり、気温上昇で孵化が早まり、梅雨の時期と重なったことは、クマゼミ増加の原因の一つと考えられる。ただ、梅雨の期間に孵化が終わる点では、他のセミのほうが依然として有利だ。クマゼミが増えた原因ではあっても、②クマゼミだけが増えた原因とはいえない。

[仮説3] ヒートアイランド現象による乾燥と地表の整備による土の硬化

③大阪市内では、なぜクマゼミの占める割合が、これほど高くなったのか。私たちは、幼虫が「②孵化して土に潜る段階」に注目した。[仮説2]でも述べたとおり、雨が降ると土がぬかるんで軟らかくなり、幼虫が地面に潜りやすくなる。しかし、都市化の進んだ大阪市内

1 ——線①「今より気温が低かった一九六〇年代」とありますが、この時期に比べて現在はどうなっていますか。次の□に当てはまる言葉をAは三字、Bは十一字で文章中から書き抜きなさい。

現在は気温が上昇したためクマゼミの孵化が[A]、梅雨の季節と重なったことで、[B]卵の数が、以前より少なくなっている。

A

B

2 ——線②「クマゼミだけが増えた原因とはいえない。」とありますが、「気温上昇で孵化が早まり、梅雨の時期と重なったこと」が、「クマゼミだけが増えた原因とはいえない」のは、なぜですか。その理由を「クマゼミ」「他のセミ」「有利」という言葉を使って、簡潔に書きなさい。

（　　　　　　　　）

解くコツ　何が何より「有利」なのかを書こう。

3 よく出る！ ——線③「大阪市内では、なぜクマゼミの占める割合が、これほど高くなったのか。」とありますが、この答えとして適切なものを次から一つ選び、記号に○を付けなさい。

ア　大阪市内の地面が硬化するのに合わせて、土に潜る能力を高めていったのは、クマゼミだけだったから。

では、地表の大半が舗装されており、セミは地面に潜れない。さらに、公園などに残された土も、人の足で踏み固められ、ヒートアイランド現象の影響で乾燥しきっている。雨が降っても、野原や森林の土のように、ぬかるむことはない。

　私たちは、図1に示した抜け殻調査をする際に、それらの地点の土の硬さも測定していた。その結果、クマゼミが多い市内の公園は土が硬く、クマゼミが少ない市外の緑地や森林は土が軟らかいことがわかった。私たちは、④この違いに注目し、次のような仮説を立てた。

［仮説3］クマゼミの幼虫は土を掘る力が強く、ヒートアイランド現象による乾燥と地表の整備によって硬化した地面にも潜ることができる。

　この仮説を検証するために、私たちは、セミの幼虫が土に潜る能力を実験で比較した。まず、四段階の硬さに押し固めた土を用意して、そこに孵化したばかりの幼虫を入れた。そして、一時間以内に潜れるかどうかを観察した。結果が図7である。クマゼミは他のセミと比べ、硬い土に潜る能力が圧倒的に高かった。乾燥と地表整備で、他のセミが潜れなくなるほど⑤硬くなった地面にも、クマゼミだけは潜ることができる。これが、大阪市内でクマゼミの占める割合が高まった原因と考えられる。

沼田英治「クマゼミ増加の原因を探る」（光村図書『国語二年』46〜48ページ）（図1・図6・図7は省略）

イ　大阪市内の硬化した地面にも潜れるほど、クマゼミはもともと硬い土に潜る能力が高かったから。

ウ　大阪市内の硬化した地面に潜って産卵することができるのは、各種のセミの中でクマゼミだけだったから。

エ　大阪市内の硬化した地面を避けて、土の軟らかい土地を探し出せたのは、クマゼミだけだったから。

4　――線④「この違い」がわかる言葉を、「……という違い。」につながるように文章中から四十一字（句読点も含む）で探し、初めと終わりの六字を書き抜きなさい。

□□□□□□〜□□□□□□という違い。

5　――線⑤「硬くなった地面」とありますが、地面の硬化が起きるまでの過程を示した次の模式図の□に当てはまる言葉を、A・Bどちらも文章中から一語で書き抜きなさい。

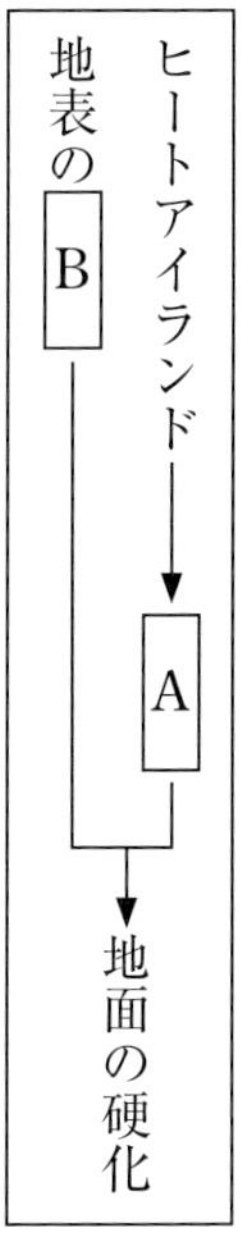

A（　　　　）　B（　　　　）

◀答えは165ページ

思考《しこう》のレッスン1 具体《ぐたい》と抽象《ちゅうしょう》

教科書 52〜53ページ

漢字のチェック

新出漢字

52 抽 ＊チュウ
てへん 8画
抽抽抽抽抽抽抽抽
- 意味：抜《ぬ》く。抜《ぬ》き出《だ》す。多《おお》くの中《なか》から引《ひ》き出《だ》す。
- 言葉：抽出《ちゅうしゅつ》・抽選《ちゅうせん》・抽象《ちゅうしょう》
- 使い方：箱《はこ》からサンプルを抽出《ちゅうしゅつ》する。

3級

52 療 ＊リョウ
やまいだれ 17画
療療療療療療療療療
- 意味：病気《びょうき》や傷《きず》を治《なお》す。いやす。
- 言葉：治療《ちりょう》・医療《いりょう》・療養《りょうよう》
- 使い方：彼《かれ》は骨折《こっせつ》をして治療中《ちりょうちゅう》だ。

4級

53 壁 ヘキ ＊かべ
つち 16画
壁壁壁壁壁壁壁壁壁
- 意味：①部屋《へや》と部屋《へや》との仕切《しき》り。②切《き》り立《た》った所《ところ》。
- 言葉：①白壁《しらかべ》・壁画《へきが》・鉄壁《てっぺき》 ②絶壁《ぜっぺき》・岸壁《がんぺき》
- 使い方：鉄壁《てっぺき》の守《まも》りで完封勝《かんぷうが》ちした。

4級

53 玄 ＊ゲン
げん 5画
玄玄玄玄玄
- 意味：①黒《くろ》い。②暗《くら》い。奥深《おくぶか》い。
- 言葉：①玄米《げんまい》 ②幽玄《ゆうげん》
- 使い方：幽玄《ゆうげん》の趣《おもむき》。

4級

53 肩 （ケン） ＊かた
にくづき 8画
肩肩肩肩肩肩肩肩
- 意味：かた。首《くび》の付《つ》け根《ね》から腕《うで》の付《つ》け根《ね》にかけての部分《ぶぶん》。
- 言葉：肩車《かたぐるま》・路肩《ろかた》
- 使い方：知《し》らない人《ひと》たちの間《あいだ》で肩身《かたみ》の狭《せま》い思《おも》いをする。

4級

＊はここに出《で》てきた読《よ》み。

教科書の課題

問題《もんだい》1　山口《やまぐち》さんは、自分《じぶん》が住《す》むK市《し》について、次《つぎ》の三《みっ》つの新聞記《しんぶんき》事《じ》を見《み》つけた。この三《みっ》つの情報《じょうほう》から、まとめとしてどんなことがいえるだろう。「このように」という言葉《ことば》に続《つづ》けて書《か》いてみよう。

記事《きじ》① 全国《ぜんこく》の自治体《じちたい》に先駆《さきが》けて、中学生《ちゅうがくせい》までの子供《こども》の医療費《いりょうひ》を無料化《むりょうか》した。

記事《きじ》② 昨年《さくねん》、第二子《だいにし》以降《いこう》の保育料《ほいくりょう》を無料化《むりょうか》した。

記事《きじ》③ 子供《こども》が安心《あんしん》して遊《あそ》べる児童館《じどうかん》や公園《こうえん》を増《ふ》やす取《と》り組《く》みをしている。

答えの例

このように、K市《し》は子育《こそだ》て支援《しえん》に力《ちから》を入《い》れている。

問題《もんだい》2　次《つぎ》の言葉《ことば》の意味《いみ》を、「例《たと》えば」という言葉《ことば》を使《つか》って、具体《ぐたい》例《れい》を挙《あ》げながら説明《せつめい》してみよう。

① 未熟《みじゅく》　② 誠実《せいじつ》　③ 楽観的《らっかんてき》
④ 肩《かた》の荷《に》が下《お》りる　⑤ 我《われ》を忘《わす》れる

答えの例

① 「未熟《みじゅく》」とは「果物《くだもの》などが十分《じゅうぶん》に熟《じゅく》していないこと」です。例《たと》えば、リンゴの実《み》が小《ちい》さくて固《かた》く、まだ食《た》べられない間《あいだ》は、その実《み》は「未《み》熟《じゅく》」であると言《い》えます。

② 「誠実《せいじつ》」とは、「真心《まごころ》があって偽《いつわ》りのない態度《たいど》」のことです。例《たと》えば友達《ともだち》の相談《そうだん》に真面目《まじめ》に答《こた》えてあげるような兄《あに》の人柄《ひとがら》のことです。

③ 「楽観的《らっかんてき》」とは「明《あか》るい見通《みとお》しを持《も》っている様子《ようす》」のことです。例《たと》えば、一度《いちど》テストで失敗《しっぱい》しても「次《つぎ》はきっとうまく行《い》くだろう」と考《かんが》えるような態度《たいど》のことです。

④ 「肩《かた》の荷《に》が下《お》りる」とは、「責任《せきにん》などから解放《かいほう》されて気《き》が楽《らく》になる」ことです。例《たと》えば任《まか》された仕事《しごと》を終《お》えたときのような状況《じょうきょう》です。

⑤ 「我《われ》を忘《わす》れる」とは「あることに夢中《むちゅう》になりすぎて、ぼんやりしたり興奮《こうふん》したりする」という意味《いみ》です。例《たと》えば、「映画《えいが》があまりにおもしろいので、我《われ》を忘《わす》れて見入《みい》っていた。」のように使《つか》います。

「例《たと》えば」は、具体化《ぐたいか》のための言葉《ことば》だよ。反《はん》対《たい》に、「つまり」「すなわち」「要《よう》するに」「このように」は、抽象化《ちゅうしょうか》のための言葉《ことば》だね。

2 多様《たよう》な視点《してん》から 魅力的《みりょくてき》な提案《ていあん》をしよう／漢字《かんじ》に親《した》しもう2

教科書 54〜58ページ

漢字のチェック

*はここに出《で》てきた読《よ》み。

新出漢字

	憾	慈	裕	朴
ページ	58	58	58	58
読み	*カン	*ジ（いつくしむ）	*ユウ	*ボク
部首	りっしんべん	こころ	ころもへん	きへん
画数	16画	13画	12画	6画
意味	うらむ。残念《ざんねん》に思《おも》う。もの足《た》りなく思《おも》う。	いつくしむ。かわいがる。哀《あわ》れむ。	ゆったりしている。ゆとりがある。	①自然《しぜん》のまま。②ほおのき。
言葉	遺憾《いかん》	慈愛《じあい》・慈善《じぜん》・慈悲《じひ》	裕福《ゆうふく》・余裕《よゆう》・富裕《ふゆう》	①素朴《そぼく》
使い方	失言《しつげん》に遺憾《いかん》の意《い》を表《ひょう》する。	慈愛《じあい》に満《み》ちた言葉《ことば》をかける。	老後《ろうご》を裕福《ゆうふく》に暮《く》らす。	彼《かれ》は純朴《じゅんぼく》な人柄《ひとがら》だ。
級	準2級	3級	準2級	準2級

58 寛
＊カン
うかんむり　13画
- 意味：ひろい。心《こころ》がゆったりしている。
- 言葉：寛大《かんだい》・寛容《かんよう》
- 使い方：寛大《かんだい》な処置《しょち》に感謝《かんしゃ》する。

準2級

58 煩
＊ハン（ボン）　わずらう　わずらわす
ひへん　13画
- 意味：①面倒《めんどう》くさい。②苦《くる》しみ悩《なや》む。
- 言葉：①煩雑《はんざつ》　②恋煩《こいわずら》い
- 使い方：他人《たにん》の手《て》を煩《わずら》わす。

準2級

58 惧［惧］
＊グ
りっしんべん　11画
- 意味：悪《わる》い事態《じたい》を恐《おそ》れること。
- 言葉：危惧《きぐ》
- 使い方：会社《かいしゃ》の経営難《けいえいなん》を危惧《きぐ》する。

2級

58 妨
ボウ　＊さまたげる
おんなへん　7画
- 意味：さまたげる。邪魔《じゃま》をする。
- 言葉：妨害《ぼうがい》
- 使い方：安眠《あんみん》を妨害《ぼうがい》する騒音《そうおん》。

3級

58 飽
ホウ　＊あきる　あかす
しょくへん　13画
- 意味：あきる。腹《はら》いっぱい食《た》べる。いっぱいになる。
- 言葉：飽和《ほうわ》・飽食《ほうしょく》
- 使い方：ごみ処理場《しょりじょう》が飽和状態《ほうわじょうたい》になる。

3級

58 茂
モ　＊しげる
くさかんむり　8画
- 意味：草木《くさき》の枝《えだ》や葉《は》が盛《さか》んに伸《の》びる。
- 言葉：草《くさ》が茂《しげ》る・繁茂《はんも》
- 使い方：夏草《なつくさ》が繁茂《はんも》する。

4級

58 控
＊ひかえる　（コウ）
てへん　11画
- 意味：①少《すく》なめに抑《おさ》える。②差《さ》し引《ひ》く。③告《つ》げる。
- 言葉：①塩分《えんぶん》を控《ひか》える　②控除《こうじょ》　③控訴《こうそ》
- 使い方：発言《はつげん》を控《ひか》える。

3級

58 娯
＊ゴ
おんなへん　10画
- 意味：楽《たの》しむ。楽《たの》しみ。
- 言葉：娯楽《ごらく》
- 使い方：娯楽施設《ごらくしせつ》を建設《けんせつ》する。

3級

58 遜
＊ソン
しんにょう　13画
- 意味：譲《ゆず》る。へりくだる。
- 言葉：不遜《ふそん》・謙遜《けんそん》・遜色《そんしょく》
- 使い方：不遜《ふそん》な態度《たいど》を改《あらた》める。

2級

58 勧
＊カン　すすめる
ちから　13画
- 意味：すすめる。そうするように仕向《しむ》ける。
- 言葉：勧誘《かんゆう》・勧告《かんこく》・勧業《かんぎょう》
- 使い方：新入部員《しんにゅうぶいん》の勧誘《かんゆう》にはげむ。

4級

58 姻
＊イン
おんなへん　9画
- 意味：とつぐ。結婚《けっこん》する。
- 言葉：婚姻《こんいん》・姻戚《いんせき》
- 使い方：婚姻《こんいん》の形態《けいたい》は時代《じだい》によって変化《へんか》する。

準2級

新出音訓

58 強情（ゴウジョウ）

58 女神（めがみ）

58 強いる（しいる）

58 天女（テンニョ）

解説

プレゼンテーションで相手《あいて》の理解《りかい》や同意《どうい》を得《え》るためには、話《はなし》の構成《こうせい》や、資料《しりょう》との組《く》み合《あ》わせを工夫《くふう》することが必要《ひつよう》だ。

◆プレゼンテーションの進《すす》め方《かた》

1 提案内容《ていあんないよう》を決《き》めて、情報《じょうほう》を集《あつ》める

テーマを決《き》め、誰《だれ》に（相手《あいて》）、何《なに》を（話題《わだい》）、何《なん》のために（目的《もくてき》）提案《ていあん》するかを確《たし》かめる。

相手《あいて》のこと（興味《きょうみ》・関心《かんしん》・知識量《ちしきりょう》など）を考《かんが》えて提案内容《ていあんないよう》を決《き》めたうえで、情報《じょうほう》を集《あつ》め、提案《ていあん》の詳細《しょうさい》を決《き》める。

・情報《じょうほう》の集《あつ》め方《かた》

図書館《としょかん》・資料館《しりょうかん》……郷土史《きょうどし》の本《ほん》、ガイド本《ぼん》など
インターネット……観光局《かんこうきょく》や役所《やくしょ》のウェブサイトなど
身《み》の回《まわ》り……観光《かんこう》マップ、案内板《あんないばん》、ポスターなど
調査《ちょうさ》・聞《き》き取《と》り……町《まち》の人《ひと》へのインタビューなど

2 効果的《こうかてき》な話《はなし》の構成《こうせい》を考《かんが》える

進行案《しんこうあん》を作《つく》り、話《はなし》の構成《こうせい》や提示資料《ていじしりょう》を工夫《くふう》する。

・提示資料作成《ていじしりょうさくせい》のポイント

テーマや内容《ないよう》を端的《たんてき》に示《しめ》す。
話《はな》す内容《ないよう》のポイントを項目立《こうもくだ》てて示《しめ》す。
写真《しゃしん》やイラストなどを効果的《こうかてき》に使《つか》う。
（写真《しゃしん》やデータを引用《いんよう》する場合《ばあい》、出典《しゅってん》を明記《めいき》する。）
文字《もじ》の大《おお》きさや分量《ぶんりょう》に配慮《はいりょ》する。
最後《さいご》のまとめで提案《ていあん》のポイントを再確認《さいかくにん》する。

足《た》りない情報《じょうほう》があれば集《あつ》めなおす。
役割分担《やくわりぶんたん》や時間配分《じかんはいぶん》を決《き》め、話《はな》す練習《れんしゅう》をする。

3 プレゼンテーションをする

聞《き》き手《て》は質問《しつもん》を考《かんが》えながら聞《き》く。
相手《あいて》や目的《もくてき》にいちばん適《てき》した提案《ていあん》をクラスで選《えら》び、その理由《りゆう》も含《ふく》めて話《はな》し合《あ》う。

4 学習《がくしゅう》を振《ふ》り返《かえ》る

話《はな》し方《かた》、話《はなし》の構成《こうせい》、資料《しりょう》や機器《きき》の使《つか》い方《かた》について振《ふ》り返《かえ》る。よかった点《てん》や改善点《かいぜんてん》を考《かんが》える。

「漢字《かんじ》に親《した》しもう２」の答《こた》え

〈新《あたら》しく習《なら》う漢字《かんじ》〉

1 ①いかん ②じあい ③よゆう ④そぼく ⑤かんだい ⑥はんざつ ⑦きぐ
2 ①茂《しげ》る ②控《ひか》える ③妨《さまた》げる ④飽《あ》きる
3 ①ごらく・ごどく ②しそん・そんしょく ③かんゆう・かんしょう ④げんいん・こんいん

〈新《あたら》しく習《なら》う音訓《おんくん》〉

4 ①㋐ごうじょう ㋑しいる ②㋐めがみ ㋑てんにょ

文法《ぶんぽう》への扉《とびら》1 単語《たんご》をどう分《わ》ける?

教科書 59ページ (234~236ページ)

教科書の課題

単語《たんご》の分類《ぶんるい》を、パンの製造過程《せいぞうかてい》にたとえて考《かんが》えてみよう。上《うえ》の五《いつ》つの単語《たんご》は、①~③のどの箱《はこ》に入《はい》るだろう。

答えの例

あらゆる…②
速《はや》い…③
きらきら…②
走《はし》る…③
車《くるま》…①

考え方

「車《くるま》」は名詞《めいし》、「走《はし》る」は動詞《どうし》、「速《はや》い」は形容詞《けいようし》、「きらきら」は副詞《ふくし》、「あらゆる」は連体詞《れんたいし》である。

「走《はし》る」は言《い》い切《き》りがウ段《だん》の音《おと》なので動詞《どうし》、「速《はや》い」は言《い》い切《き》りが「い」なので形容詞《けいようし》。「きらきら」は連用修飾語《れんようしゅうしょくご》になるので副詞《ふくし》、「あらゆる」は連体修飾語《れんたいしゅうしょくご》になるので連体詞《れんたい し》だよ。

情報社会《じょうほうしゃかい》を生《い》きる

教科書 60~66ページ

新出漢字 漢字のチェック

*はここに出《で》てきた読《よ》み。

教科書ページ	漢字	読み	部首	画数	意味	言葉	使い方	級
60	宛	*あてる	うかんむり	8画	手紙《てがみ》などをあてる。	宛名《あてな》・宛先《あてさき》	葉書《はがき》に宛名《あてな》を書《か》く。	2級
62	躍	*ヤク おどる	あしへん	21画	おどる。とびはねる。	躍動《やくどう》・活躍《かつやく》・跳躍《ちょうやく》・飛躍《ひやく》	新人《しんじん》の躍進《やくしん》が目立《めだ》つ大会《たいかい》だった。	4級
62	催	*サイ もよおす	にんべん	13画	①行事《ぎょうじ》を行《おこな》う。②もよおす。促《うなが》す。	①催《もよお》し物《もの》・開催《かいさい》・主催《しゅさい》 ②催促《さいそく》・催眠《さいみん》	自治会《じちかい》主催《しゅさい》の盆踊《ぼんおど》り大会《たいかい》。	3級
62	漫	*マン	さんずい	14画	①とりとめがない。②おもしろおかしい。	①漫然《まんぜん》・散漫《さんまん》 ②漫画《まんが》・漫才《まんざい》	ただ漫然《まんぜん》と時《とき》を過《す》ごすのはよくない。	4級
63	避	*ヒ さける	しんにょう	16画	さける。よける。逃《に》げる。	避難《ひなん》・回避《かいひ》・退避《たいひ》・逃避《とうひ》	高原《こうげん》の別荘《べっそう》に避暑《ひしょ》に行《い》く。	4級

掲
63
*ケイ かかげる

てへん 11画

意味 かかげる。高《たか》くあげる。人目《ひとめ》につくように示《しめ》す。

言葉 前掲《ぜんけい》・掲示《けいじ》・掲載《けいさい》・旗《はた》を掲《かか》げる

使い方 次回《じかい》の委員会《いいんかい》の日程《にってい》が掲示《けいじ》される。

3級

載
63
*サイ のせる のる

くるま 13画

意味 ①のせる。のる。②書物《しょもつ》などにのせる。書《か》き記《しる》す。

言葉 ①満載《まんさい》・積載《せきさい》 ②連載《れんさい》・記載《きさい》

使い方 好《す》きな漫画家《まんがか》の連載《れんさい》が始《はじ》まる。

4級

津
63
*つ (シン)

さんずい 9画

意味 ①港《みなと》。船着《ふなつ》き場《ば》。②あふれる。

言葉 ①津津浦浦《つつうらうら》 ②津波《つなみ》・興味津津《きょうみしんしん》

使い方 国内《こくない》の津津浦浦《つつうらうら》。

準2級

被
63
*ヒ こうむる

ころもへん 10画

意味 ①おおう。着物《きもの》を着《き》る。②こうむる。受《う》ける。

言葉 ①被服《ひふく》 ②被害《ひがい》・被告《ひこく》・被災《ひさい》・被爆《ひばく》

使い方 原子爆弾《げんしばくだん》の被爆地《ひばくち》を訪《たず》ねる。

4級

籍
64
*セキ

たけかんむり 20画

意味 ①文書《ぶんしょ》。②帳簿《ちょうぼ》。③団体《だんたい》の一員《いちいん》であること。

言葉 ①書籍《しょせき》 ②戸籍《こせき》・国籍《こくせき》 ③在籍《ざいせき》

使い方 兄《あに》は高校《こうこう》のラグビー部《ぶ》に在籍《ざいせき》している。

3級

教科書の課題

◆メディアを比《くら》べよう

本《ほん》、雑誌《ざっし》、新聞《しんぶん》、テレビ、ネットニュース、SNSの特徴《とくちょう》について次《つぎ》の観点《かんてん》で比較《ひかく》し、その根拠《こんきょ》を話《はな》し合《あ》おう。

答えの例

	雑誌《ざっし》	新聞《しんぶん》	テレビ	ネットニュース	SNS
速報性《そくほうせい》	★☆☆…発刊《はっかん》まで時間《じかん》がかかる。	★★☆…すぐではないが、比較的早《ひかくてきはや》い。	★★☆…当日内《とうじつない》に発表《はっぴょう》される。	★★★…原稿《げんこう》ができたら発表《はっぴょう》される。	★★★…すぐその場《ば》で発表《はっぴょう》できる。
詳細《しょうさい》さ	★★★…紙面次第《しめんしだい》で詳細《しょうさい》に書《か》ける。	★★★…紙面次第《しめんしだい》で詳細《しょうさい》に書《か》ける。	★★☆…放送時間次第《ほうそうじかんしだい》だが、詳細《しょうさい》なものが多《おお》い。	★★☆…詳細《しょうさい》に欠《か》ける場合《ばあい》が多《おお》い。	★☆☆…細《こま》かく書《か》かれているものは少《すく》ない。
信頼性《しんらいせい》	★★★…発刊元《はっかんもと》が分《わ》かるので信頼性《しんらいせい》は高《たか》い。	★★★…新聞社名《しんぶんしゃめい》があるので信頼性《しんらいせい》がある。	★★★…放送局名《ほうそうきょくめい》があるので信頼性《しんらいせい》は高《たか》い。	★★☆…速報性《そくほうせい》が高《たか》いので、誤報《ごほう》の可能性《かのうせい》がある。	★☆☆…個人《こじん》で発信《はっしん》するので信頼性《しんらいせい》は低《ひく》い。

教科書の課題

◆メディアの特徴《とくちょう》を生《い》かして情報《じょうほう》を集《あつ》めよう

左《ひだり》の例《れい》を参考《さんこう》に、①〜④の場合《ばあい》に適《てき》したメディアの種類《しゅるい》を考《かんが》えてみよう。

例 日本代表《にっぽんだいひょう》の対戦結果《たいせんけっか》や点数《てんすう》をまとめて記事《きじ》にしたい。(過去《かこ》の正確《せいかく》な情報《じょうほう》を知《し》りたい場合《ばあい》。)

答えの例

①…公式《こうしき》ウェブサイトや、雑誌《ざっし》の特集《とくしゅう》から情報《じょうほう》を得《え》るとよい。

②…新聞記事《しんぶんきじ》や大会公式《たいかいこうしき》のウェブサイトから情報《じょうほう》を得《え》るとよい。
③…サッカーに関《かん》する書籍《しょせき》から情報《じょうほう》を得《え》るとよい。
④…インターネットから情報《じょうほう》を得《え》るとよい。

およその内容

◆「自分《じぶん》で考《かんが》える時間《じかん》」をもとう　池上《いけがみ》彰《あきら》

私《わたし》たちが接《せっ》している情報《じょうほう》は、どれも編集《へんしゅう》されている。私《わたし》たち自身《じしん》も、日常的《にちじょうてき》に編集《へんしゅう》という作業《さぎょう》をしている。伝《つた》えたいことを頭《あたま》の中《なか》で編集《へんしゅう》することで、わかりやすく相手《あいて》に伝《つた》えられるのである。

私《わたし》たちが日常的《にちじょうてき》に接《せっ》している新聞《しんぶん》やテレビ番組《ばんぐみ》などの情報《じょうほう》も編集《へんしゅう》されている。ここでは、テレビのニュースを例《れい》に考《かんが》えてみよう。同《おな》じ放送局《ほうそうきょく》でも、時間帯《じかんたい》によってニュースの扱《あつか》いは異《こと》なる。また、同《おな》じ時間帯《じかんたい》でも、放送局《ほうそうきょく》が異《こと》なれば扱《あつか》うニュースは変《か》わる。地域《ちいき》による違《ちが》いもある。各担当者《かくたんとうしゃ》の判断《はんだん》や好《この》みによっても編集《へんしゅう》のしかたは違《ちが》ってくる。だからといって、ニュースが間違《まちが》っているわけではない。ただ、時《とき》にはミスから誤《あやま》った情報《じょうほう》が入《はい》り込《こ》むことや、偏《かたよ》った情報《じょうほう》を伝《つた》えることもありえる。近年《きんねん》では「フェイクニュース」という事実《じじつ》無根《むこん》のにせのニュースも出現《しゅつげん》している。

大事《だいじ》なことは、まずは情報《じょうほう》を疑《うたが》ってみること。その情報《じょうほう》について自分《じぶん》で考《かんが》える時間《じかん》を持《も》つようにしよう。複数《ふくすう》のメディアに当《あ》たることも大切《たいせつ》だ。こうして情報《じょうほう》を注意深《ちゅういぶか》く受《う》け止《と》めるようになると、自《じ》分《ぶん》が情報《じょうほう》を発信《はっしん》するとき、間違《まちが》った情報《じょうほう》を伝《つた》える危険性《きけんせい》が薄《うす》らぐ。

教科書の課題

・編集《へんしゅう》の例《れい》① ニュース項目《こうもく》の選《えら》び方《かた》

答えの例

Aは比較的狭《ひかくてきせま》い地域《ちいき》の人々《ひとびと》に、その地域《ちいき》で起《お》きたニュースを知《し》ってもらいたいという基準《きじゅん》で選《えら》ばれている。Bは全国《ぜんこく》の人々《ひとびと》に、日本《にっぽん》全体《ぜんたい》に関《かか》わるニュースを知《し》ってもらいたいという基準《きじゅん》で選《えら》ばれている。

・編集《へんしゅう》の例《れい》② 重点《じゅうてん》の置《お》き方《かた》

答えの例

A新聞《しんぶん》は前年《ぜんねん》の同《おな》じ月《つき》と比較《ひかく》し、B新聞《しんぶん》は前月《ぜんげつ》と比較《ひかく》したため、違《ちが》う内容《ないよう》になってしまったのである。つまり、○○百貨店《ひゃっかてん》の八月《はちがつ》の売上高《うりあげだか》は、前年《ぜんねん》の八月《はちがつ》と比較《ひかく》すると減《へ》っているが、前月《ぜんげつ》である七月《しちがつ》と比較《ひかく》すると増《ふ》えているのである。

・編集《へんしゅう》の例《れい》③ 統計《とうけい》や調査《ちょうさ》の方法《ほうほう》

答えの例

調査《ちょうさ》の方法《ほうほう》が異《こと》なるということが、AとBでは、インターネットを選《えら》んだ人《ひと》の結果《けっか》に大《おお》きな差《さ》が出《で》たことの理由《りゆう》である。Aでは、個《こ》別面接《べつめんせつ》という方法《ほうほう》をとったBとは違《ちが》って、インターネット上《じょう》で調査《ちょうさ》を実施《じっし》している。そのため、調査《ちょうさ》の対象《たいしょう》がインターネットをよく使《し》用《よう》する人《ひと》に偏《かたよ》っていると考《かんが》えられる。そのため、AではBよりも、インターネットを選《えら》んだ人《ひと》の割合《わりあい》が高《たか》くなったのである。

3

言葉《ことば》と向《む》き合《あ》う

短歌《たんか》に親《した》しむ

栗木京子《くりききょうこ》

教科書 68~71ページ

およその内容

短歌《たんか》は、千三百年以上前《せんさんびゃくねんいじょうまえ》から受《う》け継《つ》がれてきた日本《にっぽん》の詩《し》で、五《ご》・七《しち》・五《ご》・七《しち》・七《しち》の三十一音《さんじゅういちおん》から成《な》っている。同様《どうよう》の詩《し》の形《かたち》として、五《ご》・七《しち》・五《ご》の十七音《じゅうななおん》から成《な》る俳句《はいく》がある。短歌《たんか》と俳句《はいく》に共通《きょうつう》する五《ご》と七《しち》のリズムは親《した》しみやすく、口《くち》ずさんでみたくなる魅力《みりょく》をもっている。短歌《たんか》や俳句《はいく》が多《おお》くの人々《ひとびと》に愛《あい》されているのは、調《しら》べに気持《きも》ちを託《たく》すことができるからだろう。

「くれなゐの…」の歌《うた》は、薔薇《ばら》の芽《め》を丁寧《ていねい》に描写《びょうしゃ》している。新芽《しんめ》のとげのみずみずしく柔《やわ》らかな様子《ようす》が伝《つた》わる。「夏《なつ》のかぜ…」の歌《うた》は、言葉《ことば》の背後《はいご》から生命《せいめい》への賛歌《さんか》が聞《き》こえてくるようだ。「死《し》に近《ちか》き…」の歌《うた》では、母《はは》の死《し》と向《む》き合《あ》う悲《かな》しみを、ふるさとの大《おお》きな自然《しぜん》が包《つつ》み込《こ》んでいる。「鯨《くじら》の世紀《せいき》…」の歌《うた》では、大《おお》きな時間《じかん》と小《ちい》さな時間《じかん》が一首《いっしゅ》の中《なか》でダイナミックに溶《と》け合《あ》っている。「蛇行《だこう》する…」の歌《うた》の口語《こうご》の息遣《いきづか》いには、すぐ近《ちか》くから呼《よ》びかけてくるような温《あたた》かさがあり、読《よ》むたびに勇気《ゆうき》がわいてくる。

短歌《たんか》は、さまざまなことを表《あらわ》すことができる。短歌《たんか》を鑑賞《かんしょう》したり、自分《じぶん》で作《つく》ってみたりすることで、世界《せかい》が豊《ゆた》かになるだろう。

漢字のチェック

新出漢字

託	鑑	寧	鮮
68	68	68	69
*タク	*カン（かんがみる）	*ネイ	*セン あざやか
ごんべん	かねへん	うかんむり	うおへん
10画	23画	14画	17画
意味 ①頼《たの》む。預《あず》ける。②かこつける。	意味 ①かがみ。手本《てほん》。②よしあしを見分《みわ》ける。	意味 ①安《やす》らか。穏《おだ》やか。②安《やす》らかにする。安心《あんしん》させる。	意味 ①とれたてである。②あざやか。はっきりした。
言葉 ①託《たく》す ②神託《しんたく》	言葉 ①印鑑《いんかん》・図鑑《ずかん》・年鑑《ねんかん》 ②鑑賞《かんしょう》・鑑定《かんてい》	言葉 ①寧日《ねいじつ》 ②丁寧《ていねい》	言葉 ①鮮度《せんど》・新鮮《しんせん》 ②鮮明《せんめい》
使い方 荷物《にもつ》を託送《たくそう》する。	使い方 クラシック音楽《おんがく》を鑑賞《かんしょう》する。	使い方 仕事《しごと》に追《お》われ寧日《ねいじつ》なし。	使い方 鮮明《せんめい》な映像《えいぞう》を見《み》る。
3級	4級	準2級	4級

*はここに出《で》てきた読《よ》み。

69	70	70	70	70
爽 ＊ソウ ＊さわやか	竜 ＊リュウ たつ	仙 ＊セン	悠 ＊ユウ	滴 ＊テキ しずく（したたる）
こう 11画	りゅう 10画	にんべん 5画	こころ 11画	さんずい 14画
意味 さわやか。すがすがしい。	意味 りゅう。たつ。水《みず》の神《かみ》。	意味 ①せんにん。②詩歌《しいか》に抜群《ばつぐん》の才能《さいのう》がある人《ひと》。	意味 ①はるか。遠《とお》い。②ゆったりした様子《ようす》。	意味 したたる。しずく。しずくの数《かず》を数《かぞ》える言葉《ことば》。
言葉 爽快《そうかい》・爽《さわ》やかな流《なが》れ	言葉 竜巻《たつまき》・竜宮《りゅうぐう》・恐竜《きょうりゅう》・登竜門《とうりゅうもん》	言葉 ①仙人《せんにん》 ②歌仙《かせん》・詩仙《しせん》 ③水仙《すいせん》	言葉 ①悠久《ゆうきゅう》 ②悠然《ゆうぜん》・悠長《ゆうちょう》・悠々《ゆうゆう》	言葉 滴下《てきか》・一滴《いってき》・水滴《すいてき》・点滴《てんてき》
使い方 爽快《そうかい》な気分《きぶん》だ。	使い方 浦島太郎《うらしまたろう》は竜宮城《りゅうぐうじょう》に案内《あんない》された。	使い方 山《やま》で仙人《せんにん》のような生活《せいかつ》を送《おく》る。	使い方 祖父《そふ》は悠々自適《ゆうゆうじてき》の暮《く》らしをしている。	使い方 雨《あめ》が降《ふ》って、傘《かさ》から水滴《すいてき》が落《お》ちる。
2級	準2級	準2級	準2級	4級

新出音訓

68 丁寧（テイネイ）

69 牧（まき）

69 優しさ（やさしさ）

70 我が物顔（わがものがお）

70 優れる（すぐれる）

重要語句のチェック

＊はここでの意味《いみ》。

68ページ

口《くち》ずさむ 思《おも》い浮《う》かんだ詩《し》や歌《うた》などを、小《ちい》さな声《こえ》で言《い》ったり歌《うた》ったりする。文 校歌《こうか》を**口《くち》ずさむ**。

託《たく》す ①頼《たの》んで、代《か》わりにしてもらう。託《たく》する。文 友達《ともだち》に先生《せんせい》への手紙《てがみ》を**託《たく》す**。＊②気持《きも》ちなどを、他《ほか》のもので表《あらわ》す。託《たく》する。文 今《いま》の喜《よろこ》びを詩《し》に**託《たく》す**。

みずみずしい 新鮮《しんせん》である。生《い》き生《い》きして、若々《わかわか》しい。文 **みずみずしい**ナシ／**みずみずしい**青葉《あおば》。

69ページ

臨場感《りんじょうかん》 その場所《ばしょ》に臨《のぞ》んでいるような感《かん》じ。文 **臨場感《りんじょうかん》**にあふれた描写《びょうしゃ》に感心《かんしん》した。

賛歌《さんか》 ある物事《ものごと》をたたえる歌《うた》。文 この小説《しょうせつ》は生命《せいめい》の**賛歌《さんか》**として読《よ》むこともできる。

70ページ

我《わ》が物顔《ものがお》 自分《じぶん》だけのものであるかのように、思《おも》いどおりに振《ふ》る舞《ま》うこと。文 **我《わ》が物顔《ものがお》**に歩《ある》き回《まわ》る。

ここがポイント!

教科書《きょうかしょ》の「学習《がくしゅう》」の答《こた》えと考《かんが》え方《かた》

教科書 71ページ

捉《とら》える❶

歌《うた》われている情景《じょうけい》を想像《そうぞう》しながら、短歌《たんか》を声《こえ》に出《だ》して読《よ》もう。

考え方 本文中《ほんもんちゅう》の筆者《ひっしゃ》の解説文《かいせつぶん》を参考《さんこう》にして、それぞれの短歌《たんか》で表現《ひょうげん》されている情景《じょうけい》を思《おも》い浮かべよう。

読《よ》み深《ふか》める❷

本文《ほんもん》を読《よ》み、短歌《たんか》についてまとめよう。

① どのような形式《けいしき》の詩《し》で、いつ頃《ごろ》から歌《うた》い継《つ》がれてきたものか簡《かん》潔《けつ》にまとめよう。

答えの例 五《ご》・七《しち》・五《ご》・七《しち》・七《しち》の三十一音《さんじゅういちおん》から成《な》る詩《し》で、千三百年《せんさんびゃくねん》以上《いじょう》も前《まえ》から歌《うた》い継《つ》がれてきたものである。

② 本文中《ほんもんちゅう》から、筆者《ひっしゃ》のものの見方《みかた》や感《かん》じ方《かた》がよく表《あらわ》れている表現《ひょうげん》を抜《ぬ》き出《だ》そう。

答えの例

・言葉《ことば》の背後《はいご》から生命《せいめい》への賛歌《さんか》が聞《き》こえてくる（P69・8）

・一滴《いってき》の時間《じかん》（P70・7）

・口語《こうご》の息遣《いきづか》いには、すぐ近《ちか》くから呼《よ》びかけてくるような温《あたた》かさがあり（P70・14）

考え方 定《さだ》まった正解《せいかい》があるわけではない。本文《ほんもん》を読《よ》んで「こんな見方《みかた》や感《かん》じ方《かた》があったのか」と感《かん》じたところを抜《ぬ》き出《だ》せばよい。

③ 好《す》きな一首《いっしゅ》を選《えら》び、自分《じぶん》の知識《ちしき》や経験《けいけん》と結《むす》び付《つ》けて感想《かんそう》を書《か》こう。

答えの例 私《わたし》は、「夏《なつ》のかぜ……」の歌《うた》を読《よ》んで、去年《きょねん》の夏《なつ》、家族《かぞく》で熊本県《くまもとけん》の阿蘇山《あそさん》に旅行《りょこう》したことを思《おも》い出《だ》した。阿蘇山《あそさん》にも牧場《ぼくじょう》があり、涼《すず》しい風《かぜ》が吹《ふ》いていた。この歌《うた》では「山《やま》よりきたり」で、風《かぜ》を山《やま》から吹《ふ》いてきたものと表現《ひょうげん》しているが、そのときの私《わたし》の実感《じっかん》にぴったりと合《あ》っている。広々《ひろびろ》とした草《くさ》の原《はら》を吹《ふ》き渡《わた》る風《かぜ》の爽《さわ》やかさが感《かん》じられる。

考え方 好《す》きな歌《うた》を選《えら》び、それに関係《かんけい》のある自分《じぶん》の知識《ちしき》や経験《けいけん》を思《おも》い出《だ》してみる。そして、その知識《ちしき》や経験《けいけん》を織《お》り交《ま》ぜて、感想《かんそう》を書《か》いてみよう。

テスト直前《ちょくぜん》にチェック!

短《たん》歌《か》に親《した》しむ

教科書 68~71ページ

X　夏のかぜ山よりきたり三百の牧の若馬耳ふかれけり　与謝野晶子《よさのあきこ》

こちらも季節感が生き生きと伝わってくる歌です。牧場の若い馬たちが気持ちよさそうに風に吹かれています。「三百」は、たくさんという意味で使われていますが、「たくさんの牧の若馬」よりも「三百の牧の若馬」と表現したほうが鮮やかな印象を残します。数量や順序を示す語を「数詞」といいますが、ここでは①数詞を生かすことで情景に臨場感が備わっているといえるでしょう。遠い山に向けられていた視線が、やがて牧場へとくだり、最後には目の前の若馬の耳に移っていきます。②こうした動きが歌の中に爽やかな流れを作り、言葉の背後から生命への賛歌が聞こえてくるようです。

Y　死に近き母に添寝《そひね（イ）》の③しんしんと遠田《とほだ（オ）》のかは（ワ）づ（ズ）天に聞ゆる　斎藤茂吉《さいとうもきち》

生きる喜びを歌った晶子の歌に対し、茂吉のこの歌では死にゆく母を見つめています。一九一三（大正二）年五月、母危篤の知らせを受け、作者は東京から実家のある山形県に帰りました。④母の看病をしていると、遠くの田から蛙の声が聞こえてきます。その声は、まるで天まで届くように感じられたのでした。「しんしんと」は夜がふけてゆく状況とともに、蛙の声が空に響く様子を表しています。母の死と

1　——線①「数詞を生かすこと」とありますが、Xの歌の場合、具体的にどうすることですか。次の□に当てはまる言葉をAは四字、Bは二字で文章中から書き抜きなさい。

「A」という意味で「B」という数詞を使ったこと。

A □□□□

B □□

2　——線②「こうした動き」とありますが、何を指していますか。文章中の言葉を使って、簡潔に書きなさい。

（　　　　）

3　——線③「しんしんと」とありますが、何を表していますか。文章中から二つ、それぞれ十字以内で書き抜きなさい。

解くコツ　「動き」という言葉に着目して、前の部分をまとめよう。

□□□□□□□□□□

□□□□□□□□□□

4　——線④「母の看病をしている」とありますが、このことを暗示している言葉を、Yの歌の中から二字で書き抜きなさい。

□□

向き合う悲しみを、ふるさとの大きな自然が包み込んでいます。

では、ここからは、今日《こんにち》の短歌を読んでみましょう。

Z　鯨の世紀恐竜の世紀いづ《（ズ）》れにも戻れぬ地球の水仙の白　　馬場《ばば》あき子《こ》

二十世紀から二十一世紀へ時代が移るときに作られた歌です。地球上に人類が誕生するよりもはるか前に、鯨や恐竜が栄えている時代がありました。人間は今、我が物顔で新しい世紀へ歩み出していますが、それでよいのだろうか。遠い昔の地球は、もっと安らかで悠然としていたのではないか。⑤そんな問いかけが聞こえます。そして、⑥この歌の優れた点は、「水仙の白」と歌い収めたところです。鯨の世紀、恐竜の世紀といった、とてつもなく長い時間が「水仙の白」という一滴の時間の中に、すっと回収されていきます。大きな時間と小さな時間が、一首の中でダイナミックに溶け合っているのがわかって、思わずため息が出ます。短歌は短い詩ですが、このように壮大《そうだい》なことを表現することもできるのです。

栗木京子「短歌に親しむ」（光村図書『国語二年』69～70ページ）

5 よく出る！ Yの歌の主題は何ですか。次から一つ選び、記号に○を付けなさい。

ア　人の命のはかなさと永遠に続いていく自然との対比。
イ　大自然の中で育まれた家族の強いきずなと愛情。
ウ　肉親を失うことの悲しみとそれを包みこむ自然。
エ　肉親の死さえ忘れさせるほどの圧倒的な自然の美。

6 ――線⑤「そんな問いかけ」とありますが、どんな問いかけですか。文章中から連続した二文で探し、初めと終わりの五字を書き抜きなさい。（句読点も含む）

□□□□□ ～ □□□□□

7 ――線⑥「この歌の優れた点」とありますが、これはどのようなことですか。「歌い収めた」「長い」「一滴」という言葉を使って、簡潔に書きなさい。

（　　　　　　　　　　）

8 よく出る！ Zの歌に使われている表現技法を次から二つ選び、記号に○を付けなさい。

ア　倒置　　イ　体言止め　　ウ　対句
エ　字余り　　オ　字足らず

◀答えは165ページ

3 言葉《ことば》と向《む》き合《あ》う 短《たん》歌《か》を味《あじ》わう

教科書 72~73ページ

●「白鳥《しらとり》は…」　（若山牧水《わかやまぼくすい》）

〈解説《かいせつ》〉「かなしからずや」で切《き》った二句切《にくぎ》れの歌《うた》。白鳥《しらとり》はかなしくないのだろうか、と、まず白鳥《しらとり》に共感《きょうかん》する気持《きも》ちを表《あらわ》し、三句目以《さんくめい》降《こう》で、空《そら》の青《あお》さにも海《うみ》の青《あお》さにも染《そ》まらずに一羽《いちわ》さみしく海《うみ》を漂《ただよ》う白鳥《しらとり》の姿《すがた》を描《えが》いている。

●「不来方《こずかた》の…」　（石川啄木《いしかわたくぼく》）

〈解説《かいせつ》〉十五歳《じゅうごさい》の頃《ころ》を回想《かいそう》した歌《うた》。不来方《こずかた》の城跡《しろあと》の草《くさ》に寝《ね》ころんで作者《さくしゃ》は空《そら》を見《み》ている。そのとき、自分《じぶん》も空《そら》に溶《と》けこんでどこまでも広《ひろ》がっていく気《き》がしたのである。その空《そら》は少年《しょうねん》の日《ひ》に見《み》た夢《ゆめ》の広《ひろ》がりでもあるのだろう。「十五《じゅうご》の心《こころ》」に強《つよ》い思《おも》いが託《たく》されている。

●「のぼり坂《ざか》の…」　（佐佐木幸綱《ささきゆきつな》）

〈解説《かいせつ》〉作者《さくしゃ》は、自転車《じてんしゃ》の練習《れんしゅう》をしている我《わ》が子《こ》を見守《みまも》っている。子供《こども》は、ペダルを踏《ふ》みながら「まっすぐ?」と叫《さけ》ぶ。それに答《こた》えて「そうだ、どんどんのぼれ」と、作者《さくしゃ》は答《こた》えるのである。その励《はげ》ましは、人生《じんせい》の「のぼり坂《ざか》」にも重《かさ》なっていくかもしれない。

解説《かいせつ》を読《よ》んだ後《あと》で、もう一度《いちど》それぞれの短歌《たんか》を見直《みなお》すと、使《つか》われている表現《ひょうげん》についての理《り》解《かい》が深《ふか》まるよ。

●「ぽぽぽぽと…」　（河野裕子《かわのゆうこ》）

〈解説《かいせつ》〉空《そら》に雲《くも》が浮《う》いている、ある秋《あき》の一日《いちにち》。子供《こども》たちはどこか遠《とお》くに遊《あそ》びに行《い》ってしまって、ここにはいない、というのである。雲《くも》の浮《う》いている様子《ようす》を「ぽぽぽぽと」という独特《どくとく》の擬態語《ぎたいご》で表現《ひょうげん》している。どこかユーモラスな、童話《どうわ》のようなイメージが膨《ふく》らむ。

●「観覧車《かんらんしゃ》…」　（栗木京子《くりききょうこ》）

〈解説《かいせつ》〉観覧車《かんらんしゃ》に向《む》かって「回《まわ》れよ回《まわ》れ」と呼《よ》びかけている二句切《にくぎ》れの歌《うた》。かつて「君《きみ》」と二人《ふたり》で観覧車《かんらんしゃ》に乗《の》った日《ひ》のことを思《おも》い出《だ》しているのであろう。「一日《ひとひ》」と「一生《ひとよ》」とを対比《たいひ》させて、同《おな》じ時間《じかん》を分《わ》かち合《あ》ったはずの二人《ふたり》の思《おも》いの違《ちが》いをきわ立《だ》たせている。

●「ゼラチンの…」　（穂村《ほむら》　弘《ひろし》）

〈解説《かいせつ》〉ゼラチンの菓子《かし》をスプーンですくいとった、その今《いま》という瞬間《しゅんかん》を詠《よ》んだ歌《うた》。作者《さくしゃ》は、雨《あめ》の匂《にお》いに包《つつ》まれて一人《ひとり》いることの孤独《こどく》を感《かん》じている。字余《じあま》りで体言止《たいげんど》めの「包《つつ》まれてひとり」は、スローモーションのような静《しず》かな余韻《よいん》を感《かん》じさせる。

「いま満《み》ちる」は、そこで句切《くぎ》れずに、「雨《あめ》の匂《にお》い」に係《かか》っていくんだね。

3 言葉《ことば》と向《む》き合《あ》う

言葉《ことば》の力《ちから》

大岡《おおおか》 信《まこと》

教科書 74~77ページ

およその内容

単独《たんどく》にそれだけで美《うつく》しいと決《き》まっている言葉《ことば》、正《ただ》しいと決《き》まっている言葉《ことば》はない。

着物《きもの》の美《うつく》しい桜色《さくらいろ》が「桜《さくら》から取《と》り出《だ》した」ものだと聞《き》いたとき、筆者《ひっしゃ》は桜《さくら》の花《はな》びらを煮詰《につ》めて色《いろ》を取《と》り出《だ》したのだと思《おも》ったが、実《じつ》は、桜《さくら》の花《はな》が咲《さ》く直前《ちょくぜん》の頃《ころ》の山《やま》の桜《さくら》の皮《かわ》からとったのだった。不思議《ふしぎ》な感《かん》じだが、考《かんが》えてみれば、木全体《きぜんたい》の活動《かつどう》の精髄《せいずい》が、春《はる》という時節《じせつ》に桜《さくら》の花《はな》びらという一《ひと》つの現象《げんしょう》になるにすぎないのだ。

これは言葉《ことば》の世界《せかい》での出来事《できごと》と同《おな》じではないか。花《はな》びらが木全体《きぜんたい》を背負《せお》っているのと同《おな》じように、言葉《ことば》はそれを発《はっ》する人全体《ひとぜんたい》を背負《せお》っている。それを念頭《ねんとう》において言葉《ことば》というものを考《かんが》えれば、美《うつく》しい言《こと》葉《ば》、正《ただ》しい言葉《ことば》というのも身近《みぢか》なものになろう。

桜《さくら》の花《はな》の色《いろ》のことを例《れい》に挙《あ》げて、言葉《ことば》について語《かた》っているよ。

構成

1. 言葉《ことば》というものの本質《ほんしつ》（初《はじ》め~P74・7）
2. ピンク色《いろ》を桜《さくら》の木《き》の皮《かわ》から取《と》ること（P74・9~P75・17）
3. 人間全体《にんげんぜんたい》の世界《せかい》を背負《せお》っている言葉《ことば》（P75・19~終《お》わり）

❷で述《の》べた桜《さくら》の木《き》と花《はな》びらのピンクとの関《かん》係《けい》が、人《ひと》と言葉《ことば》との関係《かんけい》と同《おな》じことだと、筆《ひっ》者《しゃ》は言《い》っているんだね。

漢字のチェック

新出漢字

*はここに出《で》てきた読《よ》み。

74 彙［彚］
*イ
けいがしら 13画
意味：集《あつ》める。集《あつ》まり。
言葉：語彙《ごい》・辞彙《じい》・彙報《いほう》
使い方：彼《かれ》は語彙《ごい》が豊富《ほうふ》だ。
2級

74 淡
タン *あわい
さんずい 11画
意味：①色《いろ》や味《あじ》などが薄《うす》い。②さっぱりしている。
言葉：①淡雪《あわゆき》・濃淡《のうたん》 ②淡々《たんたん》・淡白《たんぱく》・冷淡《れいたん》
使い方：色《いろ》の濃淡《のうたん》をつける。
4級

74 華
カ （ケ） *はな
くさかんむり 10画
意味：①花《はな》。②はなやか。③中国《ちゅうごく》のこと。
言葉：①華道《かどう》 ②華美《かび》・栄華《えいが》・豪華《ごうか》 ③華《はな》やか
使い方：華麗《かれい》な演技《えんぎ》に魅了《みりょう》される。
3級

75 煮
（シャ） *にる にえる にやす
れんが 12画
意味：にる。にえる。
言葉：煮物《にもの》・煮干《にぼ》し・雑煮《ぞうに》
使い方：野菜《やさい》の煮物《にもの》を作《つく》る。
4級

75 髄
*ズイ
ほねへん 19画
意味：①骨《ほね》の中《なか》のやわらかい所《ところ》。②物事《ものごと》の中心《ちゅうしん》。
言葉：①骨髄《こつずい》・脳髄《のうずい》 ②真髄《しんずい》・神髄《しんずい》
使い方：芸術《げいじゅつ》の神髄《しんずい》について考《かんが》える。
3級

「髄」の書《か》き順《じゅん》と総画数《そうかくすう》は間違《まちが》いやすいよ。注意《ちゅうい》しよう。

新出音訓

74 秘める（ひめる）

75 脳裏（ノウリ）

重要語句のチェック

*はここでの意味《いみ》。

74ページ

本質《ほんしつ》 そのものを作《つく》り上《あ》げている中心的《ちゅうしんてき》な性質《せいしつ》。本当《ほんとう》の性質《せいしつ》。文 物事《ものごと》の本質《ほんしつ》を見極《みきわ》める。

いやおうなしに 無理《むり》やりに。文 いやおうなしに歌《うた》わされた。

秘《ひ》める そっと隠《かく》している。文 内《うち》に秘《ひ》めた情熱《じょうねつ》。

75ページ

えもいわれぬ なんとも言《い》い表《あらわ》せない（ほどいい）。文 えもいわれぬいい香《かお》りがする。

脳裏《のうり》 頭《あたま》の中《なか》。心《こころ》の中《なか》。文 脳裏《のうり》によいアイデアがひらめいた。

尖端《せんたん》 *①とがった端《はし》。文 針《はり》の尖端《せんたん》。②時代《じだい》や流行《りゅうこう》の先頭《せんとう》。

「えもいわれぬ」は、文語的表現《ぶんごてきひょうげん》だね。ほとんどの場合《ばあい》、ほめ言葉《ことば》として使《つか》われるよ。

ここがポイント！ 教科書《きょうかしょ》の「学習《がくしゅう》」の答《こた》えと考《かんが》え方《かた》

教科書 77ページ

読《よ》み深《ふか》める ❶ 文章《ぶんしょう》を要約《ようやく》し、内容《ないよう》を捉《とら》えよう。

この文章《ぶんしょう》は三《みっ》つのまとまりに分《わ》かれている。それぞれのまとまりの内容《ないよう》を要約《ようやく》してみよう。

答えの例

●第一《だいいち》のまとまり（初《はじ》め～P74・7）

単独《たんどく》にそれだけで美《うつく》しいと決《き》まっている言葉《ことば》、正《ただ》しいと決《き》まっている言葉《ことば》はない。それは、言葉《ことば》というものの本質《ほんしつ》が、それを発《はっ》している人間全体《にんげんぜんたい》の世界《せかい》をいやおうなしに背負《せお》ってしまうところにあるからである。

●第二《だいに》のまとまり（P74・9～P75・17）

染織家《せんしょくか》の志村《しむら》ふくみさんから美《うつく》しい桜色《さくらいろ》の着物《きもの》を見《み》せてもらい、それが桜《さくら》から取《と》り出《だ》した色《いろ》だと聞《き》いたとき、筆者《ひっしゃ》は花《はな》びらを煮出《にだ》したのかと思《おも》ったが、実《じつ》は桜《さくら》の皮《かわ》から取《と》り出《だ》したものだった。考《かんが》えてみれば、木全体《きぜんたい》の活動《かつどう》の精髄《せいずい》が、花《はな》びらという一《ひと》つの現象《げんしょう》になるにすぎないのだが、われわれの限《かぎ》られた視野《しや》の中《なか》では、花《はな》びらのピンクしか見《み》えないのだ。

●第三《だいさん》のまとまり（P75・19～終《お》わり）

言葉《ことば》の一語一語《いちごいちご》も、大《おお》きな幹《みき》と桜《さくら》の花《はな》びらの関係《かんけい》と同《おな》じで、それを発《はっ》する人間全体《にんげんぜんたい》を背後《はいご》に背負《せお》っている。そういうことを念頭《ねんとう》において考《かんが》えてこそ、美《うつく》しい言葉《ことば》というものも身近《みぢか》なものになるだろう。

考え方

文章《ぶんしょう》を要約《ようやく》するときは、まとまりごとにキーワードとキーセンテンス（大切《たいせつ》な文《ぶん》）を捉《とら》えて、それを中心《ちゅうしん》にまとめる。

〈第一《だいいち》のまとまり〉

●キーワード…美《うつく》しい言葉《ことば》・正《ただ》しい言葉《ことば》・本質《ほんしつ》

●キーセンテンス…それは、言葉《ことば》というものの本質《ほんしつ》が、口先《くちさき》だけのもの、語彙《ごい》だけのものではなくて、それを発《はっ》している人間全《にんげんぜん》体《たい》の世界《せかい》をいやおうなしに背負《せお》ってしまうところにあるからである。人間全体《にんげんぜんたい》が、ささやかな言葉《ことば》の一《ひと》つ一《ひと》つに反映《はんえい》してしまうからである。（P74・4）

〈第二《だいに》のまとまり〉

●キーワード…活動《かつどう》の精髄《せいずい》

●キーセンテンス…考《かんが》えてみればこれはまさにそのとおりで、木《き》全体《ぜんたい》の一刻《いっこく》も休《やす》むことない活動《かつどう》の精髄《せいずい》が、春《はる》という時節《じせつ》に桜《さくら》の花《はな》びらという一《ひと》つの現象《げんしょう》になるにすぎないのだった。（P75・14）

〈第三《だいさん》のまとまり〉

●キーワード…大《おお》きな幹《みき》

●キーセンテンス…一見《いっけん》したところ全然別《ぜんぜんべつ》の色《いろ》をしているが、しかし本当《ほんとう》は全身《ぜんしん》でその花《はな》びらの色《いろ》を生《う》み出《だ》している大《おお》きな幹《みき》、それを、その一語一語《いちごいちご》の花《はな》びらが背後《はいご》に背負《せお》っているのである。（P75・20）

キーセンテンスを基《もと》にして、省略《しょうりゃく》したり付《つ》け加《くわ》えたりしてまとめよう。

第一《だいいち》のまとまりと第二《だいに》のまとまりには、筆者《ひっしゃ》の考《かんが》えが書《か》かれているね。

第二《だいに》のまとまりには、筆者《ひっしゃ》の考《かんが》えの根拠《こんきょ》となった事例《じれい》が書《か》かれているよ。

考《かんが》えをもつ❷ 筆者《ひっしゃ》の考《かんが》え方《かた》について話《はな》し合《あ》おう。

① 「言葉《ことば》の世界《せかい》での出来事《できごと》と同《おな》じこと」（75ページ19行目《ぎょうめ》）とあるが、筆者《ひっしゃ》は何《なに》と何《なに》が、どのように同《おな》じだと述《の》べているのかを考《かんが》えてみよう。

答えの例

桜《さくら》の花《はな》びら一枚一枚《いちまいいちまい》と言葉《ことば》の一語一語《いちごいちご》が、背後《はいご》にそれを生《う》み出《だ》しているもの（桜《さくら》の花《はな》びらでは大《おお》きな幹《みき》、言葉《ことば》では人間全体《にんげんぜんたい》）を背負《せお》っている点《てん》で同《おな》じだと言《い》っている。

考え方

理解《りかい》しやすいように図解《ずかい》してみると、

（背負《せお》うもの）

言葉《ことば》の一語一語《いちごいちご》 → 人間全体《にんげんぜんたい》の世界《せかい》

＝　　　　　＝

桜《さくら》の一枚一枚《いちまいいちまい》 → 大《おお》きな幹《みき》

という形《かたち》になるだろう。筆者《ひっしゃ》は、ピンクの色《いろ》と桜《さくら》の木《き》のことを例《れい》として、言葉《ことば》とそれを話《はな》す人間《にんげん》について語《かた》っているのである。

「言葉《ことば》の一語一語《いちごいちご》」も、「桜《さくら》の花《はな》びら一枚一枚《いちまいいちまい》」も、背後《はいご》により大《おお》きな世界《せかい》を背負《せお》っているんだ。

桜《さくら》の花《はな》びらが木全体《きぜんたい》の活動《かつどう》を反映《はんえい》しているように、言葉《ことば》は、その言葉《ことば》を発《はっ》する人間全体《にんげんぜんたい》を反映《はんえい》しているということだね。

② 美《うつく》しい言葉《ことば》、正《ただ》しい言葉《ことば》に対《たい》する筆者《ひっしゃ》の考《かんが》え方《かた》について、自分《じぶん》はどのように考《かんが》えるか、話《はな》し合《あ》ってみよう。

答えの例

筆者《ひっしゃ》は、「単独《たんどく》にそれだけで美《うつく》しいと決《き》まっている言葉《ことば》、正《ただ》しいと決まっている言葉《ことば》はない」としたうえで、言葉《ことば》はそれを発《はっ》している人間全体《にんげんぜんたい》を反映《はんえい》しているものであり、そのことを念頭《ねんとう》におきながら言葉《ことば》について考《かんが》える必要《ひつよう》があると言《い》っている。

つまり、美《うつく》しい言葉《ことば》、正《ただ》しい言葉《ことば》は、背後《はいご》の人間全体《にんげんぜんたい》を映《うつ》して美《うつく》しいのであり、正《ただ》しいのである。確《たし》かにそうである。どんなに美《うつく》しい言葉《ことば》を口《くち》にしても、心《こころ》がこもっていなければそれは美《うつく》しくは響《ひび》かないだろう。心《こころ》はきっと言葉《ことば》のどこかに反映《はんえい》されてしまう。私《わたし》は言葉《ことば》について学《まな》ぶと同時《どうじ》に、自分自身《じぶんじしん》を磨《みが》いていって、本当《ほんとう》の美《うつく》しい言葉《ことば》、正《ただ》しい言葉《ことば》を話《はな》せる人《ひと》になりたいと思《おも》う。

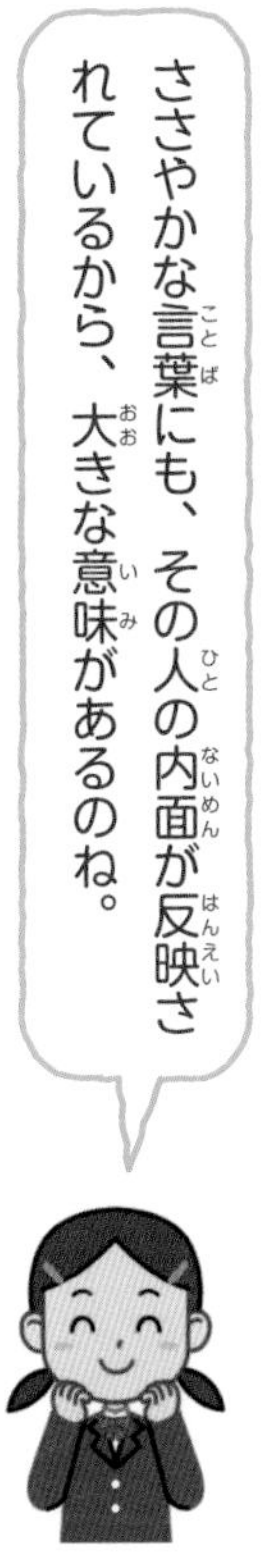

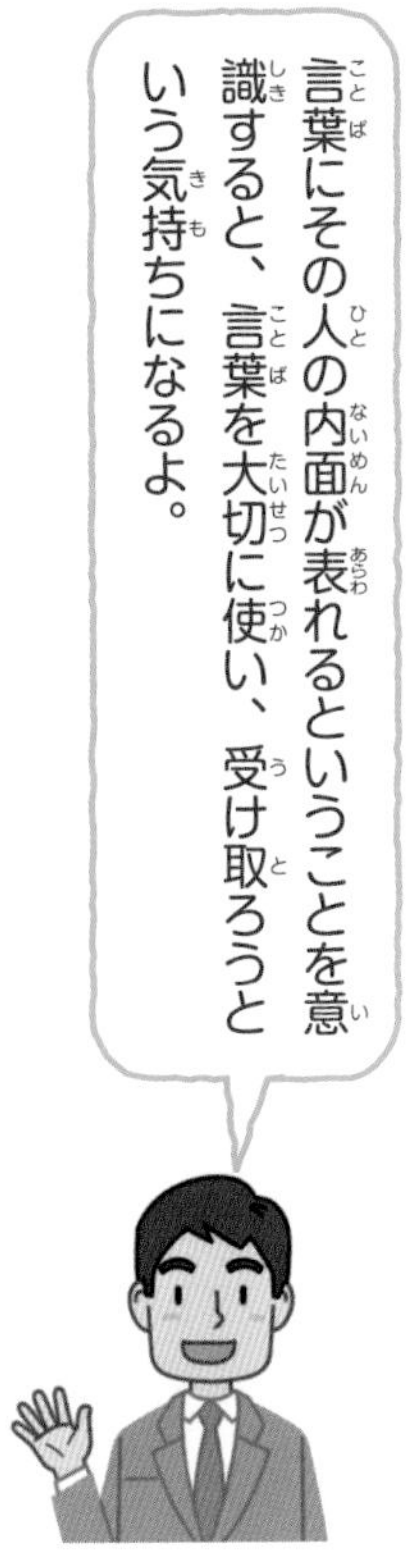

考え方

美《うつく》しい言葉《ことば》、正《ただ》しい言葉《ことば》についての筆者《ひっしゃ》の考《かんが》えは、第一《だいいち》のまとまりと第三《だいさん》のまとまりにまとめられている。

「一見《いっけん》したところ全然別《ぜんぜんべつ》の色《いろ》をしているが、しかし本当《ほんとう》は全身《ぜんしん》でその花《はな》びらの色《いろ》を生《う》み出《だ》している大《おお》きな幹《みき》、それを、その一語一語《いちごいちご》の花《はな》びらが背後《はいご》に背負《せお》っているのである。」（P75・20）＝「それは、言葉《ことば》というものの本質《ほんしつ》が、口先《くちさき》だけのもの、語彙《ごい》だけのものではなくて、それを発《はっ》している人間全体《にんげんぜんたい》の世界《せかい》をいやおうなしに背負《せお》ってしまうところにあるからである。」（P74・4）というのが筆者《ひっしゃ》の考《かんが》えである。そういうことを念頭《ねんとう》において、言葉《ことば》を使《つか》っていくべきだと言《い》うのである。この筆者《ひっしゃ》の考《かんが》えに対《たい》してどう思《おも》ったかを話《はな》せばよい。

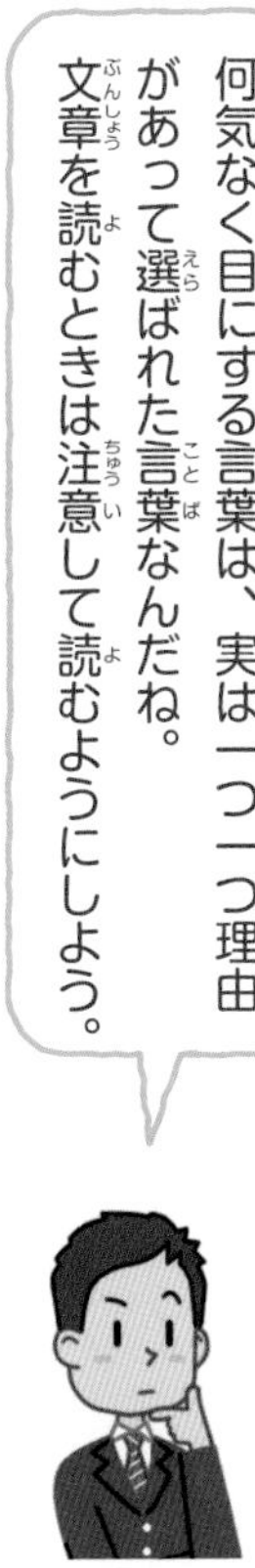

テスト直前《ちょくぜん》にチェック！

言葉《ことば》の力《ちから》

教科書 74～77ページ

京都の嵯峨《さが》に住む染織《せんしょく》家志村《しむら》ふくみさんの仕事場で話していたおり、志村さんが①なんとも美しい桜色に染まった糸で織った着物を見せてくれた。そのピンクは、淡いようでいて、しかも燃えるような強さを内に秘め、華やかでしかも深く落ち着いている色だった。その美しさは目と心を吸い込むように感じられた。

「この色は何から取り出したんですか。」

「桜からです。」

と志村さんは答えた。素人《しろうと》の気安さで、私はすぐに桜の花びらを煮詰めて色を取り出したものだろうと思った。実際はこれは桜の皮から取り出した色なのだった。あの黒っぽいごつごつした桜の皮からこの美しいピンクの色がとれるのだという。志村さんは続けてこう教えてくれた。この桜色は、一年中どの季節でもとれるわけではない。桜の花が咲く直前の頃、山の桜の皮をもらってきて染めると、こんな、上気したような、えもいわれぬ色が取り出せるのだ、と。

私はその話を聞いて、②体が一瞬揺らぐような不思議な感じに襲われた。春先、もうまもなく花となって咲き出《い》でようとしている桜の木が、花びらだけでなく、木全体で懸命になって最上のピンクの色になろうとしている姿が、私の

1

――線①「なんとも美しい桜色」について答えなさい。

(1) この桜色を、筆者はどのように表現していますか。「……色」で終わる部分を文章中から二つ、四十二字と十五字で探し、それぞれ初めと終わりの五字を書き抜きなさい。（句読点も含む）

□□□□□～□□□□□

□□□□□～□□□□□

(2) 筆者はこの色を、何から取り出したと思いましたか。文章中から五字で書き抜きなさい。

□□□□□

(3) 志村さんがこの色を出すために使った材料は何ですか。文章中の言葉を使って十五字以内で書きなさい。

□□□□□□□□□□□□□□□

2

――線②「体が一瞬揺らぐような不思議な感じ」とありますが、筆者はどのように感じたのですか。次から一つ選び、記号に○を付けなさい。

ア　最上のピンク色を作り出す植物の仕組みの巧妙さに感動した。

イ　全身で最上のピンク色になろうとする木の生命力に驚いた。

ウ　最上の色を作り出すための志村さんの努力に敬服した。

エ　黒っぽい木の皮から最上のピンク色を取り出す技術に感心した。

脳裏に揺らめいたからである。③花びらのピンクは、幹のピンクであり、樹皮のピンクであり、樹液のピンクであった。桜は全身で春のピンクに色づいていて、花びらはいわばそれらのピンクが、ほんの尖端《せんたん》だけ姿を出したものにすぎなかった。

考えてみればこれはまさにそのとおりで、木全体の一刻も休むことない活動の精髄が、春という時節に桜の花びらという一つの現象になるにすぎないのだった。しかしわれわれの限られた視野の中では、桜の花びらに現れ出たピンクしか見えない。たまたま志村さんのような人が④それを樹木全身の色として見せてくれると、はっと驚く。

このように見てくれば、⑤これは言葉の世界での出来事と同じことではないかという気がする。言葉の一語一語は、桜の花びら一枚一枚だといっていい。一見したところ全然別の色をしているが、しかし本当は全身でその花びらの色を生み出している大きな幹、それを、その一語一語の花びらが背後に背負っているのである。そういうことを念頭におきながら、言葉というものを考える必要があるのではなかろうか。そういう態度をもって言葉の中で生きていこうとするとき、一語一語のささやかな言葉の、ささやかさそのものの大きな意味が実感されてくるのではなかろうか。⑥美しい言葉、正しい言葉というものも、そのとき初めて私たちの身近なものになるだろう。

大岡 信「言葉の力」（光村図書『国語二年』74～76ページ）

3 よく出る！

――線③「花びらのピンク」は、桜の木のどんな営みの表れですか。文章中から十八字で書き抜きなさい。

4

――線④「それ」とは、何を指していますか。文章中から十三字で書き抜きなさい。

5 よく出る！

――線⑤「これは言葉の世界での出来事と同じことではないか」とありますが、何と何が、どんな点で同じなのですか。

（　　　　　　　　）

解くコツ 対応関係をつかんでまとめる。

6

――線⑥「美しい言葉、……身近なものになるだろう。」とありますが、美しい言葉や正しい言葉を身近なものにするためには、どうしたらよいのですか。次から一つ選び、記号に○を付けなさい。

ア 言葉どうしのよい組み合わせを考えながら言葉を使っていく。
イ まず常に正しい言葉遣いをするように気をつける。
ウ 言葉は人の内面が表れることを意識しながら使うようにする。
エ 他人の評価を気にしないで言葉を使っていくようにする。

◀答えは165ページ

漢字のチェック

*はここに出《で》てきた読《よ》み。

新出漢字

78 裂　レツ　*さく　さける
ころも　12画
- 意味　さく。ばらばらになる。割《わ》れ目《め》。
- 言葉　裂傷《れっしょう》・決裂《けつれつ》・破裂《はれつ》
- 使い方　売買《ばいばい》についての交渉《こうしょう》が決裂《けつれつ》する。

3級

78 傘　（サン）　*かさ
ひとやね　12画
- 意味　かさ。また、かさのように上《うえ》から覆《おお》うもの。
- 言葉　雨傘《あまがさ》・日傘《ひがさ》
- 使い方　母《はは》はいつも折《お》り畳《たた》みの傘《かさ》を持《も》ち歩《ある》いている。

準2級

79 鈴　レイ　*リン　すず
かねへん　13画
- 意味　すず。ベル。
- 言葉　鈴《すず》の音《ね》・電鈴《でんれい》・風鈴《ふうりん》
- 使い方　授業《じゅぎょう》の予鈴《よれい》が鳴《な》る。

準2級

79 豚　トン　*ぶた
ぶた　11画
- 意味　ブタ。家畜《かちく》の一《ひと》つ。
- 言葉　豚肉《ぶたにく》・豚舎《とんしゃ》・養豚《ようとん》
- 使い方　近《ちか》くの養豚場《ようとんじょう》を見学《けんがく》に行《い》く。

3級

79 購　*コウ
かいへん　17画
- 意味　お金《かね》をはらって物《もの》を手《て》に入《い》れる。買《か》い入《い》れる。
- 言葉　購読《こうどく》・購買《こうばい》・購入《こうにゅう》
- 使い方　新聞《しんぶん》を購読《こうどく》する。

準2級

79 廉　*レン
まだれ　13画
- 意味　①いさぎよい。欲《よく》やけがれがない。②値段《ねだん》が安《やす》い。
- 言葉　①廉潔《れんけつ》・清廉《せいれん》　②廉価《れんか》・廉売《れんばい》・低廉《ていれん》
- 使い方　廉価《れんか》な品物《しなもの》を選《えら》んで買《か》う。

3級

79 摯　*シ
て　15画
- 意味　手厚《てあつ》い。真面目《まじめ》な。
- 言葉　真摯《しんし》
- 使い方　彼《かれ》の真摯《しんし》な態度《たいど》に好感《こうかん》をもつ。

2級

79 践　*セン
あしへん　13画
- 意味　ふみおこなう。実際《じっさい》に行《おこな》う。
- 言葉　実践《じっせん》
- 使い方　新《あたら》しい練習法《れんしゅうほう》を実践《じっせん》する。

準2級

79 慎　*シン　つつしむ
りっしんべん　13画
- 意味　つつしむ。ひかえめにする。
- 言葉　慎《つつし》み深《ぶか》い・慎重《しんちょう》・謹慎《きんしん》
- 使い方　慎重《しんちょう》な行動《こうどう》を心《こころ》がける。

4級

新出音訓

79　軽率（ケイソツ）

解説

類義語《るいぎご》・対義語《たいぎご》・多義語《たぎご》を知《し》ると、表現《ひょうげん》の幅《はば》が広《ひろ》がる。

- 類義語《るいぎご》…例 思《おも》う—考《かんが》える　楽《たの》しい—うれしい　苦《くる》しい—つらい
- 対義語《たいぎご》…例 楽《たの》しい↔苦《くる》しい　うれしい↔悲《かな》しい　屋外《おくがい》↔屋内《おくない》
- 多義語《たぎご》…例 うまい
  - （技術《ぎじゅつ》）類 上手《じょうず》　対 下手《へた》
  - （味《あじ》）類 おいしい・美味《びみ》　対 まずい

3 言葉《ことば》と向《む》き合《あ》う

言葉《ことば》を比《くら》べよう

教科書 80~81ページ

新出漢字 漢字のチェック

＊はここに出《で》てきた読《よ》み。

概 80
＊ガイ
きへん 14画
意味 ①おおよそ。だいたい。②様子《ようす》。趣《おもむき》。
言葉 ①概略《がいりゃく》・概念《がいねん》 ②気概《きがい》
使い方 明確《めいかく》な概念《がいねん》を抱《いだ》く。
3級

菊 80
＊キク
くさかんむり 11画
意味 キク。秋《あき》に香《かお》りのよい花《はな》を咲《さ》かせる草花《くさばな》。
言葉 菊人形《きくにんぎょう》・残菊《ざんぎく》・野菊《のぎく》
使い方 峠道《とうげみち》に野菊《のぎく》が咲《さ》いている。
3級

鍋 80
＊なべ
かねへん 17画
意味 食物《しょくもつ》を加熱調理《かねつちょうり》する器《うつわ》。
言葉 鍋底《なべぞこ》・鍋料理《なべりょうり》
使い方 鍋底《なべぞこ》に穴《あな》が空《あ》く。
2級

鉛 80
＊エン
なまり
かねへん 13画
意味 なまり。金属《きんぞく》の一《ひと》つ。
言葉 鉛色《なまりいろ》・鉛管《えんかん》・鉛筆《えんぴつ》・亜鉛《あえん》
使い方 鉛筆《えんぴつ》を削《けず》る。
4級

需 81
＊ジュ
あめかんむり 14画
意味 求《もと》める。必要《ひつよう》とする。
言葉 需要《じゅよう》・需給《じゅきゅう》・特需《とくじゅ》
使い方 需給《じゅきゅう》の均衡《きんこう》を保《たも》つ。
4級

答え

1 分類《ぶんるい》しよう
- 具体的《ぐたいてき》な物《もの》や事柄《ことがら》…りんご・菊《きく》・氷《こおり》・鍋《なべ》・太陽《たいよう》・ボール・鉛筆《えんぴつ》
- 抽象的《ちゅうしょうてき》な概念《がいねん》……自由《じゆう》・理想《りそう》・目的《もくてき》・模範《もはん》・基準《きじゅん》・本質《ほんしつ》・覚《かく》悟《ご》・予想《よそう》

2 類義語《るいぎご》を集《あつ》めよう
- 抽象的《ちゅうしょうてき》な概念《がいねん》を表《あらわ》す言葉《ことば》…例 本質《ほんしつ》

類義語《るいぎご》 例 本体《ほんたい》・実質《じっしつ》

3 言葉《ことば》を比《くら》べよう
- 結果《けっか》は ア したとおりだった。
- 明日《あす》の天気《てんき》を イ する。
- ウ せぬ事態《じたい》にとまどう。

㋐ 予想《よそう》・予期《よき》 ㋑ 予想《よそう》 ㋒ 予期《よき》

●例「本質《ほんしつ》」と「本体《ほんたい》」を使《つか》った文《ぶん》
問題《もんだい》の本質《ほんしつ》にせまる。
パソコンの本体《ほんたい》が故障《こしょう》する。
相手《あいて》の本質《ほんしつ》（本体《ほんたい》）が見《み》えない。

〈わかったこと〉
例「本質《ほんしつ》」と「本体《ほんたい》」は「そのものの本来《ほんらい》の姿《すがた》・性質《せいしつ》」という点《てん》では同《おな》じだが、「本体《ほんたい》」には、「機械《きかい》などの中心《ちゅうしん》となる部分《ぶぶん》」という意味《いみ》もある。そのため、「パソコンの本体《ほんたい》」とはいえても、「パソコンの本質《ほんしつ》」とはいえない。

類義語《るいぎご》であっても、微妙《びみょう》なニュアンスの違《ちが》いがあるよ。

教科書の課題

●対義語《たいぎご》を考《かんが》える
●対義語《たいぎご》を考《かんが》えることで、抽象的《ちゅうしょうてき》な概念《がいねん》を表《あらわ》す言葉《ことば》の意味《いみ》がよりはっきりしてくることがある。□に入《はい》る――線部《せんぶ》の対義語《たいぎご》を考《かんが》えてみよう。

答えの例

①現実《げんじつ》　②義務《ぎむ》　③内容《ないよう》　④供給《きょうきゅう》

読書生活《どくしょせいかつ》を豊《ゆた》かに
翻訳作品《ほんやくさくひん》を読《よ》み比《くら》べよう

教科書 84～85ページ

漢字のチェック

*はここに出《で》てきた読《よ》み。

新出漢字

84

翻
*ホン
（ひるがえる）
（ひるがえす）

はね
18画

意味　①引《ひ》っくり返《かえ》す。②作《つく》りかえる。
言葉　①翻意《ほんい》　②翻案《ほんあん》・翻訳《ほんやく》
使い方　高度《こうど》なテクニックで敵《てき》を翻弄《ほんろう》する。

3級

教科書の課題

翻訳《ほんやく》の違《ちが》いによって、作品《さくひん》の印象《いんしょう》はどう変《か》わるだろうか。人物《じんぶつ》の言動《げんどう》や様子《ようす》が描《えが》かれた表現《ひょうげん》を比《くら》べ、人柄《ひとがら》や心情《しんじょう》の違《ちが》いを考《かんが》えてみよう。

答えの例

内藤濯《ないとうあろう》の翻訳《ほんやく》と比《くら》べると、池澤夏樹《いけざわなつき》のほうが全体《ぜんたい》としてきびきびした感《かん》じを受《う》ける。王子《おうじ》さまの様子《ようす》に着目《ちゃくもく》すると、内藤濯《ないとうあろう》の翻訳《ほんやく》では「たいそうかわいらしい声《こえ》で笑《わら》いました」となっている部分《ぶぶん》が、池澤夏樹《いけざわなつき》の翻訳《ほんやく》では「けらけらと笑《わら》ったので」となっている。こうした表現《ひょうげん》の違《ちが》いから、王子《おうじ》さまの人柄《ひとがら》や心情《しんじょう》に関《かん》しては、内藤濯《ないとうあろう》の翻訳《ほんやく》では穏《おだ》やかで優《やさ》しい印象《いんしょう》が感《かん》じられ、池澤夏樹《いけざわなつき》の翻訳《ほんやく》では元気《げんき》でわんぱくな印象《いんしょう》が感《かん》じられる。

4 人間《にんげん》のきずな

盆土産《ぼんみやげ》

三浦哲郎《みうらてつお》

教科書 92~105ページ

あらすじ

東京《とうきょう》に働《はたら》きに出《で》ている父親《ちちおや》から、盆《ぼん》には帰《かえ》るという急《きゅう》な連絡《れんらく》が入《はい》った。土産《みやげ》はえびフライだという。えびフライを知《し》らない少年《しょうねん》と姉《あね》、祖母《そぼ》は、想像《そうぞう》をふくらませながら期待《きたい》して待《ま》った。

父親《ちちおや》が帰《かえ》ってきた。少年《しょうねん》は初《はじ》めて食《た》べるえびフライがおいしくて、しっぽまで残《のこ》さず食《た》べた。一家《いっか》は楽《たの》しく、幸《しあわ》せな一夜《いちや》を過《す》ごした。

だが翌日《よくじつ》、父親《ちちおや》が夜行《やこう》で東京《とうきょう》へ戻《もど》ることがわかり、一家《いっか》は死《し》んだ母親《ははおや》と祖父《そふ》の墓参《はかまい》りに出《で》かけた。少年《しょうねん》は、母親《ははおや》がえびフライのようなうまいものは一度《いちど》も食《く》わずに死《し》んだのだろうと思《おも》い、墓《はか》を上目《うわめ》でしか見《み》られなかった。バスに乗《の》り込《こ》む父親《ちちおや》を見送《みおく》る少年《しょうねん》は、別《わか》れの寂《さび》しさで頭《あたま》が混乱《こんらん》し、さようならと言《い》うところを、うっかり「えんびフライ」と言《い》ってしまったのだった。

「えびフライ」が象徴《しょうちょう》するものは何《なん》だろう。

構成

1 えびフライについて想像《そうぞう》を広《ひろ》げながら、帰《かえ》ってくる父親《ちちおや》のために雑魚《ざこ》釣《つ》りをする少年《しょうねん》（初《はじ》め～P96・6）

- えびフライについての一家《いっか》の会話《かいわ》。

2 父親《ちちおや》の帰宅《きたく》と、えびフライの夕食《ゆうしょく》（P96・8～P100・19）

- 帰《かえ》ってきた父《ちち》。
- えびフライをめぐる一家《いっか》の会話《かいわ》。
- 喜作《きさく》とのやりとり。
- 一家《いっか》の幸《しあわ》せな夕食風景《ゆうしょくふうけい》。

3 母親《ははおや》と祖父《そふ》の墓参《はかまい》りと、父親《ちちおや》との別《わか》れ（P101・1～終《お》わり）

- 東京《とうきょう》に戻《もど》るという父《ちち》。
- 母親《ははおや》の墓《はか》を前《まえ》にしての思《おも》い。
- 停留所《ていりゅうじょ》でのやりとり。

新出漢字

漢字のチェック

＊はここに出《で》てきた読《よ》み。

92 盆
＊ボン
さら　9画
意味　①浅《あさ》くて平《ひら》たい器《うつわ》。②「盂蘭盆《うらぼん》」の略《りゃく》。
言葉　①盆栽《ぼんさい》　②盆踊《ぼんおど》り・旧盆《きゅうぼん》
使い方　奈良盆地《ならぼんち》を旅行《りょこう》する。
4級

92 漬
＊つける　つかる
さんずい　14画
意味　液体《えきたい》や塩《しお》、みそなどの中《なか》につける。
言葉　漬《つ》け物《もの》・塩漬《しおづ》け・茶漬《ちゃづ》け
使い方　なすがおいしく漬《つ》かる。
準2級

92 敏
＊ビン
ぼくにょう　10画
意味　頭《あたま》の働《はたら》きや体《からだ》の動《うご》きがすばやい。
言葉　敏感《びんかん》・鋭敏《えいびん》・過敏《かびん》
使い方　彼女《かのじょ》は神経《しんけい》が過敏《かびん》だ。
4級

92 唐
＊トウ　から
くち　10画
意味　①突然《とつぜん》。だしぬけ。②外国《がいこく》、主《おも》に中国《ちゅうごく》。
言葉　①唐突《とうとつ》　②唐詩《とうし》・唐人《とうじん》
使い方　唐突《とうとつ》に質問《しつもん》されて、返事《へんじ》に詰《つ》まった。
4級

92 訂
＊テイ
ごんべん　9画
意味　間違《まちが》いや食《く》い違《ちが》いを直《なお》す。
言葉　訂正《ていせい》・改訂《かいてい》・校訂《こうてい》
使い方　国語辞典《こくごじてん》の改訂版《かいていばん》を買《か》う。
3級

92 釣
（チョウ）　＊つる
かねへん　11画
意味　①魚《さかな》をつる。おびき出《だ》す。②おつり。
言葉　①夜釣《よづ》り　②釣《つ》り銭《せん》
使い方　ボートで海釣《うみづ》りに行《い》く。
準2級

93 炉
＊ロ
ひへん　8画
意味　火《ひ》を燃《も》やす所《ところ》。いろり・かまどなど。
言葉　炉端《ろばた》・炉辺《ろへん》・香炉《こうろ》
使い方　炉端《ろばた》で祖母《そぼ》から昔話《むかしばなし》を聞《き》く。
3級

93 串
＊くし
ぼう　7画
意味　物《もの》を貫《つらぬ》き通《とお》すのに用《もち》いる先《さき》のとがった細《ほそ》い棒《ぼう》。
言葉　串柿《くしがき》・串焼《くしや》き
使い方　肉《にく》を串《くし》に刺《さ》して焼《や》く。
2級

93 濁
ダク　＊にごる　にごす
さんずい　16画
意味　①にごって汚《きたな》くなる。②濁音《だくおん》のこと。
言葉　①汚濁《おだく》・清濁《せいだく》　②濁点《だくてん》・連濁《れんだく》
使い方　清濁《せいだく》あわせのむことのできる政治家《せいじか》。
4級

94 吉
キチ　＊キツ
くち　6画
意味　よい。めでたい。
言葉　吉日《きちじつ》・吉凶《きっきょう》・不吉《ふきつ》
使い方　易者《えきしゃ》に吉凶《きっきょう》を占《うらな》ってもらう。
3級

94 沼
（ショウ）　＊ぬま
さんずい　8画
意味　浅《あさ》く、底《そこ》がどろどろしている水域《すいいき》。
言葉　沼地《ぬまち》
使い方　湖《みずうみ》や沼《ぬま》の多《おお》い土地《とち》。
4級

94 揚
ヨウ　＊あげる　あがる
てへん　12画
意味　①高《たか》くあげる。②あらわす。③油《あぶら》で料理《りょうり》する。
言葉　①掲揚《けいよう》・浮揚《ふよう》　②称揚《しょうよう》・宣揚《せんよう》　③かき揚《あ》げ
使い方　抑揚《よくよう》のない声《こえ》で話《はな》す。
3級

94 潰
カイ　＊つぶす　つぶれる
さんずい　15画
意味　①崩《くず》れる。つぶれる。②やぶれる。③ただれ、崩《くず》れる。
言葉　①潰滅《かいめつ》・倒潰《とうかい》　②潰走《かいそう》・潰乱《かいらん》　③潰瘍《かいよう》
使い方　空《あ》き缶《かん》を潰《つぶ》して捨《す》てる。
2級

95 砕
*サイ くだく くだける
いしへん 9画
意味 ①くだく。②打《う》ち解《と》ける。
言葉 ①砕氷《さいひょう》・粉砕《ふんさい》 ②砕《くだ》けた話《はなし》
使い方 岩石《がんせき》を粉砕《ふんさい》する大型機械《おおがたきかい》。
準2級

95 唾
*ダ つば
くちへん 11画
意味 つば。つばき。
言葉 唾液《だえき》・唾腺《だせん》
使い方 唾《つば》を飲《の》み込《こ》んで、成《な》り行《ゆ》きを見守《みまも》る。
2級

95 湾
*ワン
さんずい 12画
意味 ①入《い》り海《うみ》。入《い》り江《え》。②弓《ゆみ》なりに曲《ま》がる。
言葉 ①港湾《こうわん》 ②湾曲《わんきょく》・湾入《わんにゅう》
使い方 湾岸道路《わんがんどうろ》をドライブする。
3級

96 粒
*リュウ つぶ
こめへん 11画
意味 ①つぶ。米《こめ》つぶ。②つぶ状《じょう》のものを数《かぞ》える言葉《ことば》。
言葉 ①小粒《こつぶ》・飯粒《めしつぶ》・粒子《りゅうし》 ②一粒《ひとつぶ》
使い方 悲《かな》しい物語《ものがたり》に大粒《おおつぶ》の涙《なみだ》を流《なが》す。
4級

96 跳
*チョウ はねる とぶ
あしへん 13画
意味 はねる。飛《と》び上《あ》がる。
言葉 跳《と》び箱《ばこ》・跳馬《ちょうば》・跳躍《ちょうやく》
使い方 カンガルーは跳躍力《ちょうやくりょく》が優《すぐ》れている。
4級

96 柵
*サク
きへん 9画
意味 ①竹《たけ》や木《き》などを立《た》てて並《なら》べた囲《かこ》い。②垣《かき》を構《かま》えたとりで。
言葉 ①竹柵《ちくさく》・鉄柵《てっさく》 ②柵門《さくもん》・城柵《じょうさく》
使い方 家《いえ》の周囲《しゅうい》に柵《さく》を巡《めぐ》らす。
2級

97 塊
*カイ かたまり
つちへん 13画
意味 かたまり。
言葉 金塊《きんかい》・山塊《さんかい》・土塊《どかい》
使い方 土中《どちゅう》から金塊《きんかい》の詰《つ》まったつぼを掘《ほ》り当《あ》てた。
3級

97 蓋
*ガイ ふた
くさかんむり 13画
意味 おおい。ふた。
言葉 頭蓋骨《ずがいこつ》・天蓋《てんがい》
使い方 鍋《なべ》の蓋《ふた》を開《あ》ける。
2級

97 凍
*トウ こおる こごえる
にすい 10画
意味 ①こおる。こおりついて、かたくなる。②こごえる。
言葉 ①凍結《とうけつ》・冷凍《れいとう》・凍土《とうど》 ②凍死《とうし》・凍傷《とうしょう》
使い方 寒波《かんぱ》で道路《どうろ》が凍結《とうけつ》する。
3級

98 偉
*イ えらい
にんべん 12画
意味 大《おお》きくて立派《りっぱ》である。
言葉 偉業《いぎょう》・偉人《いじん》・偉容《いよう》
使い方 故人《こじん》の偉業《いぎょう》をたたえる。
4級

99 焦
*ショウ こげる こがす こがれる（あせる）
れんが 12画
意味 ①焼《や》けて黒《くろ》くなる。②いらいらする。
言葉 ①黒焦《くろこ》げ・焦土《しょうど》 ②焦慮《しょうりょ》
使い方 激《はげ》しい焦燥感《しょうそうかん》にさいなまれる。
3級

100 緻
*チ
いとへん 16画
意味 行《ゆ》き届《とど》いて詳《くわ》しい。きめが細《こま》かい。
言葉 緻密《ちみつ》・精緻《せいち》・巧緻《こうち》
使い方 緻密《ちみつ》な仕事《しごと》ぶりを評価《ひょうか》される。
2級

101 瞭
*リョウ
めへん 17画
意味 あきらか。
言葉 明瞭《めいりょう》・瞭然《りょうぜん》
使い方 不明瞭《ふめいりょう》な発音《はつおん》を直《なお》す。
2級

101 卓
*タク
じゅう 8画
意味 ①抜《ぬ》きんでる。②机《つくえ》。テーブル。
言葉 ①卓越《たくえつ》・卓見《たっけん》 ②卓上《たくじょう》・卓球《たっきゅう》・食卓《しょくたく》
使い方 卓抜《たくばつ》な意見《いけん》が出《だ》される。
3級

102	103
崖 ガイ ＊がけ	掌 ＊ショウ
やま 11画	て 12画
崖崖崖崖崖崖崖崖崖崖崖	掌掌掌掌掌掌掌掌掌掌掌掌
意味 川岸《かわぎし》や山腹《さんぷく》などの険《けわ》しく切《き》り立《た》った所《ところ》。	意味 ①手《て》のひら。②受《う》け持《も》つ。
言葉 断崖《だんがい》・崖下《がけした》・崖崩《がけくず》れ	言葉 ①掌中《しょうちゅう》・合掌《がっしょう》 ②車掌《しゃしょう》
使い方 大雨《おおあめ》の後《あと》は、崖崩《がけくず》れに注意《ちゅうい》しなければならない。	使い方 組織内《そしきない》の権力《けんりょく》を掌握《しょうあく》する。
2級	3級

新出音訓

93 生そば（きそば）

94 著しい（いちじるしい）

96 病む（やむ）

100 精進（ショウジン）

重要語句のチェック

＊はここでの意味《いみ》。

92ページ

舌《した》が回《まわ》る すらすらとしゃべること。発音《はつおん》や発声《はっせい》が滑《なめ》らかなこと。

造作《ぞうさ》もない わけはない。たやすい。文 あのチームが相手《あいて》なら造《ぞう》**作《さ》もなく**勝《か》てる。

93ページ

存外《ぞんがい》 思《おも》いのほか。案外《あんがい》。文 **存外《ぞんがい》**うまくいった。

唐突《とうとつ》 突然《とつぜん》で思《おも》いがけない様子《ようす》。文 **唐突《とうとつ》**な発言《はつげん》に驚《おどろ》く。

面《めん》くらう 不意《ふい》のことにぶつかって、慌《あわ》てる。まごつく。文 急《きゅう》に指名《しめい》されて**面《めん》くらった**。

気《き》が気《き》でない 気《き》にかかって落《お》ち着《つ》かない。文 いつ時間切《じかんぎ》れになるか**気《き》が気《き》でなかった**。

94ページ

著《いちじる》しい 大変《たいへん》はっきりしている。甚《はなは》だしい。文 彼《かれ》は試合《しあい》で**著《いちじる》しい**進歩《しんぽ》を見《み》せた。

心《こころ》もとない 頼《たよ》りなく、不安《ふあん》な様子《ようす》。文 護衛《ごえい》の兵士《へいし》が一人《ひとり》だけは**心《こころ》もとない**。

95ページ

とびきり ずば抜《ぬ》けていること。文 **とびきり**のごちそう。

要領《ようりょう》 ①物事《ものごと》の最《もっと》も大切《たいせつ》な点《てん》。要点《ようてん》。文 **要領《ようりょう》**を得《え》ない話《はなし》だ。＊②物事《ものごと》をうまくやるための方法《ほうほう》。こつ。文 まき割《わ》りの要領《ようりょう》がやっとわかってきた。

すこぶる 非常《ひじょう》に。大変《たいへん》。文 父《ちち》は**すこぶる**元気《げんき》だ。

あばた 天然痘《てんねんとう》が治《なお》った後《あと》、顔《かお》に残《のこ》るあと。また、それに似《に》たもの。文 **あばた**もえくぼ。

湾曲《わんきょく》 弓《ゆみ》のように曲《ま》がること。文 海岸線《かいがんせん》が**湾曲《わんきょく》**している。

96ページ

生白《なまじろ》い なんとなく白《しろ》い。いやに白《しろ》い。文 **生白《なまじろ》い**顔《かお》の文学青年《ぶんがくせいねん》。

流儀《りゅうぎ》 ①芸事《げいごと》の古《ふる》くから伝《つた》わるやり方《かた》。文 生《い》け花《ばな》の**流儀《りゅうぎ》**。＊②その人独特《ひとどくとく》のやり方《かた》。文 自分《じぶん》の**流儀《りゅうぎ》**で絵《え》を描《えが》く。

97ページ

はずみ その拍子《ひょうし》。その途端《とたん》。文 転《ころ》んだ**はずみ**に足《あし》をくじいた。

せっかち　気《き》が短《みじか》い様子《ようす》。性急《せいきゅう》。文**せっかち**な人《ひと》は失敗《しっぱい》が多《おお》いものだ。

跡形《あとかた》もない　何《なに》かのあった印《しるし》が全《まった》くない。文**跡形《あとかた》もな**く壊《こわ》される。

小出《こだ》し　少《すこ》しずつ出《だ》すこと。文貯金《ちょきん》を**小出《こだ》し**に使《つか》う。

鮮度《せんど》　生《なま》の食品《しょくひん》の新《あたら》しさの程度《ていど》。文**鮮度《せんど》**を保《たも》つために冷凍《れいとう》にする。

98ページ

寸断《すんだん》　ずたずたに切《き》ること。文雪《ゆき》で道路《どうろ》が**寸断《すんだん》**される。

目《め》をみはる　驚《おどろ》いたり、感心《かんしん》したりして、目《め》を大《おお》きく開《ひら》く。文彼《かの》女《じょ》の進歩《しんぽ》にはみんなが**目《め》をみは**った。

毛《け》ずね　毛《け》の多《おお》く生《は》えたすね。文**毛《け》ずね**をむき出《だ》しにして座《すわ》る。

すくめる　一瞬《いっしゅん》、体《からだ》の一部《いちぶ》を縮《ちぢ》める。困《こま》ったり恐《おそ》れ入《い》ったりしたときにする、おどけたしぐさ。文失敗《しっぱい》に首《くび》を**すくめ**た。

よどみ　水《みず》などがたまったまま、流《なが》れないでいる所《ところ》。文川《かわ》の**よどみ**に釣《つ》り糸《いと》を垂《た》れる。

ぎごちない　言葉《ことば》つきや動作《どうさ》が滑《なめ》らかでない。たどたどしい。文緊張《きんちょう》して**ぎごちない**話《はな》し方《かた》になる。

99ページ

気勢《きせい》をそぐ　何《なに》かやろうと意気込《いきご》んだ気持《きも》ちをくじく。文大雨《おおあめ》に出発《しゅっぱつ》の**気勢《きせい》をそ**がれた。

明快《めいかい》　物事《ものごと》の筋道《すじみち》がはっきりして、よくわかること。文**明快《めいかい》**な説《せつ》明《めい》を受《う》ける。類明確《めいかく》

はらはらする　最後《さいご》にどうなるかと心配《しんぱい》する。文小《ちい》さい子《こ》が歩《ある》くのを**はらはらし**ながら見守《みまも》る。

100ページ

緻密《ちみつ》　＊①きめが細《こま》かいこと。文仕上《しあ》がりが**緻密《ちみつ》**だ。類精密《せいみつ》　②行《ゆ》き届《とど》いて、落《お》ち度《ど》がないこと。文**緻密《ちみつ》**な計算《けいさん》。類綿密《めんみつ》

きしむ　物《もの》がこすれ合《あ》ってギシギシと音《おと》を立《た》てる。文歩《ある》くと床《ゆか》が**きしむ**。

えもいわれない　なんとも言《い》い表《あらわ》せない（くらいよい）。文眼下《がんか》の眺《なが》めは**えもいわれない**美《うつく》しさだ。

同調《どうちょう》　人《ひと》の意見《いけん》に合《あ》わせること。文彼《かれ》の意見《いけん》に**同調《どうちょう》**する。

案《あん》の定《じょう》　思《おも》っていたとおり。やはり。文朝寝坊《あさねぼう》の彼《かれ》は、**案《あん》の定《じょう》**遅刻《ちこく》した。

あらかた　ほとんど全部《ぜんぶ》。大体《だいたい》。文仕事《しごと》は**あらかた**片《かた》づいた。

101ページ

尋常《じんじょう》　＊①普通《ふつう》。あたりまえ。文**尋常《じんじょう》**ではないやり方《かた》。②いさぎよい様子《ようす》。文**尋常《じんじょう》**に勝負《しょうぶ》しろ。

くべる　火《ひ》の中《なか》に入《い》れて燃《も》やす。文まきを**くべる**。

不明瞭《ふめいりょう》　はっきりしていない様子《ようす》。文方針《ほうしん》が**不明瞭《ふめいりょう》**な会議《かいぎ》。

102ページ

かげる　＊①月《つき》や日《ひ》の光《ひかり》などが弱《よわ》くなる。文日《ひ》が**かげる**。②暗《くら》い雰囲気《ふんいき》になる。文母《はは》の顔《かお》がふと**かげ**った。

とって付《つ》けたよう　無理《むり》に付《つ》け加《くわ》えたようにわざとらしい様子《ようす》。文**とって付《つ》けたよう**な笑顔《えがお》で応《こた》える。

しゃくり上《あ》げる　息《いき》を喉《のど》のほうに吸《す》い込《こ》むようにして泣《な》く。文弟《おとうと》はしかられて**しゃくり上《あ》げ**ている。

とっさに　ごく短《みじか》い時間《じかん》。その途端《とたん》。文**とっさに**よけたので助《たす》かった。

ここがポイント!

教科書《きょうかしょ》の「学習《がくしゅう》」の答《こた》えと考《かんが》え方《かた》

教科書 104~105ページ

捉《とら》える❶ 作品《さくひん》の構成《こうせい》を捉《とら》えよう。

この作品《さくひん》は、一行空《いちぎょうあ》きで三《みっ》つに分《わ》けて構成《こうせい》されている。それぞれの場面《ばめん》にどのような内容《ないよう》が描《えが》かれているか、次《つぎ》のことに気《き》をつけて整理《せいり》しよう。

・時《とき》　・場所《ばしょ》　・出来事《できごと》

答えの例

場面《ばめん》	時《とき》	場所《ばしょ》	出来事《できごと》
1	盆《ぼん》入《い》りの前日《ぜんじつ》	川岸《かわぎし》の釣《つ》り場《ば》	少年《しょうねん》が盆《ぼん》に帰《かえ》ってくる父親《ちちおや》の好《す》きな生《き》そばのだしをとるための雑魚《ざこ》釣《つ》りをしている。父《ちち》が土産《みやげ》に持《も》ってくるという「えびフライ」について考《かんが》えている。
2	盆《ぼん》入《い》りの前日《ぜんじつ》	家《いえ》	父親《ちちおや》が帰《かえ》ってきた。土産《みやげ》のえびフライの大《おお》きさに、少年《しょうねん》と姉《あね》は目《め》をみはった。家族《かぞく》で食《た》べたえびフライは、えもいわれないうまさだった。
3	盆《ぼん》入《い》りの日《ひ》	家《いえ》 共同墓地《きょうどうぼち》 停留所《ていりゅうじょ》	午後《ごご》からみんなで墓参《はかまい》りに出《で》かけた。死《し》んだ母親《ははおや》のことを考《かんが》えた。夕方《ゆうがた》、父親《ちちおや》との別《わか》れぎわ、さいなら、と言《い》うつもりで、「えんびフライ」と言《い》ってしまった。

考え方

「えびフライ」が父親《ちちおや》の愛情《あいじょう》や、家族《かぞく》のきずなを象徴《しょうちょう》していることに留意《りゅうい》して、出来事《できごと》をまとめよう。

読《よ》み深《ふか》める❷ 登場人物《とうじょうじんぶつ》の言動《げんどう》の意味《いみ》を考《かんが》えよう。

① 人物《じんぶつ》の言動《げんどう》や様子《ようす》が描《えが》かれている表現《ひょうげん》を幾《いく》つか抜《ぬ》き出《だ》し、そこから読《よ》み取《と》れる人柄《ひとがら》や心情《しんじょう》について考《かんが》えよう。

答えの例

◆少年《しょうねん》

〈言動《げんどう》や様子《ようす》〉

- ビールは三本《さんぼん》あるから、はらはらして、「あんまり食《け》えば、そばのだしがなくならえ。」（P99・17）
- 二尾《にび》も一度《いちど》に食《く》ってしまうのは惜《お》しいような気《き》がしたが、……二尾目《にびめ》になると、それも忘《わす》れてしまった。（P100・5）
- あんなにうまい土産《みやげ》をもらったのだから、……釣《つ》り直《なお》してこなければなるまいと思《おも》っていた（P101・1）
- まだ田畑《たはた》を作《つく》っている頃《ころ》に早死《はやじ》にした母親《ははおや》は、……なんとなく

墓《はか》を上目《うわめ》でしか見《み》られなくなった。（P101・18）

●すると、なぜだか不意《ふい》にしゃくり上《あ》げそうになって（P102・6）

●それが、いつもより少《すこ》し手荒《てあら》くて、……うっかり、「えんびフライ。」と言《い》ってしまった。（P103・2）

〈人柄《ひとがら》や心情《しんじょう》〉

父親思《ちちおやおも》いで生真面目《きまじめ》だが、無邪気《むじゃき》なところもあり、寂《さび》しがり屋《や》である。

◆姉《あね》

〈言動《げんどう》や様子《ようす》〉

●もう中学生《ちゅうがくせい》だから、分校《ぶんこう》の子供《こども》に物《もの》を教《おそ》わるのはおもしろくないとみえて、……「そったらごと、とうの昔《むかし》から覚《おぼ》えでら。」（P93・2）

●姉《あね》は、にこりともせずにそう言《い》って、あとは黙《だま》って自分《じぶん》の鼻《はな》の頭《あたま》でも眺《なが》めるような目《め》つきをしていた。（P94・12）

●「あ、もったいない。」と姉《あね》が言《い》う（P97・5）

●普段《ふだん》、おかずの支度《したく》は全《すべ》て姉《あね》がしている（P99・11）

〈人柄《ひとがら》や心情《しんじょう》〉

しっかりしていて家族思《かぞくおも》いだが、負《ま》けず嫌《ぎら》いで見栄《みえ》っ張《ぱ》りなところもある。

◆祖母《そぼ》

〈言動《げんどう》や様子《ようす》〉

●祖母《そぼ》は、そうだともそうではないとも言《い》わずに、ただ、「……うめもんせ。」とだけ言《い》った。（P94・19）

●祖母《そぼ》の『なまん、だあうち』の合間《あいま》に、……祖父《そふ》と母親《ははおや》に報告《ほうこく》しているのだろうかと思《おも》った。（P101・11）

〈人柄《ひとがら》や心情《しんじょう》〉

信心深《しんじんぶか》く、家族思《かぞくおも》いである。

◆父親《ちちおや》

〈言動《げんどう》や様子《ようす》〉

●父親《ちちおや》は家《いえ》へ帰《かえ》り着《つ》くまでに鮮度《せんど》が怪《あや》しくなったらいけないと思《おも》い、……眠《ねむ》りを寸断《すんだん》して冷《ひ》やし続《つづ》けながら帰《かえ》ってきたのだ。（P97・20）

●父親《ちちおや》は右手《みぎて》でこちらの頭《あたま》をわしづかみにして、……揺《ゆ》さぶった。（P102・12）

●父親《ちちおや》は、まだ何《なに》か言《い》いたげだった（P103・9）

〈人柄《ひとがら》や心情《しんじょう》〉

表現《ひょうげん》は不器用《ぶきよう》だが、家族思《かぞくおも》いで愛情深《あいじょうぶか》く、短《みじか》い帰省《きせい》の間《あいだ》、少《すこ》しでも長《なが》く家族《かぞく》といっしょにいたいと願《ねが》っている。

考え方

家族《かぞく》が離《はな》れ離《ばな》れに暮《く》らしていても、つましく明《あか》るく幸《しあわ》せに生活《せいかつ》している一家《いっか》であるから、愛情深《あいじょうぶか》く温《あたた》かい性格《せいかく》は家族全員《かぞくぜんいん》に当《あ》てはまるだろう。

「えんびフライ」や「ジャッコ」という言葉《ことば》のなまりや「えびフライ」の正体《しょうたい》をめぐるやりとりの中《なか》で、姉《あね》や祖母《そぼ》が見《み》せる「見栄《みえ》」や「知《し》ったかぶり」も、年長者《ねんちょうしゃ》のプライドが根底《こんてい》にはあるが、ささやかでむしろほほ笑《え》ましいものだといえる。

② 作品中《さくひんちゅう》には、「えびフライ」「えんびフライ」という語《ご》が繰《く》り返《かえ》し出《で》てくる。それぞれ話《はな》し手《て》のどのような心情《しんじょう》が込《こ》められているか発表《はっぴょう》しよう。

答えの例

- 少年《しょうねん》が川《かわ》へ釣《つ》りに行《い》く場面《ばめん》でつぶやく「えびフライ」には、えびフライとはいったいどんなものだろうという期待《きたい》と好奇心《こうきしん》が込《こ》められている。
- 少年《しょうねん》が隣《となり》の喜作《きさく》に対《たい》して言《い》った「えびフライ」には、偉《えら》そうな喜作《きさく》に対《たい》して、土産《みやげ》のえびフライを自慢《じまん》したい気持《きも》ちが込《こ》められている。
- 祖母《そぼ》が墓《はか》の前《まえ》で言《い》った「えんびフライ」には、おいしいえびフライを食《た》べられた喜《よろこ》びを、少年《しょうねん》の母親《ははおや》や祖父《そふ》の墓前《ぼぜん》で報告《ほうこく》し、できることなら共《とも》に分《わ》かち合《あ》いたかったという気持《きも》ちが込《こ》められている。
- 少年《しょうねん》が父親《ちちおや》を見送《みおく》る停留所《ていりゅうじょ》で言《い》ってしまった「えんびフライ」には、えびフライに父親《ちちおや》の愛情《あいじょう》を感《かん》じている気持《きも》ちや、また早《はや》く帰《かえ》ってきてほしいという気持《きも》ちが込《こ》められている。

考え方

この作品《さくひん》は、「えびフライ」を軸《じく》にして、登場人物《とうじょうじんぶつ》の人物像《じんぶつぞう》やそれぞれの思《おも》い、互《たが》いの愛情《あいじょう》などを描《えが》き出《だ》している。

「えびフライ」を実際《じっさい》に食《た》べるまで、どのようなものかいろいろな想像《そうぞう》をしているね。

考《かんが》えをもつ ③

自分《じぶん》が捉《とら》えた作品《さくひん》の印象《いんしょう》を伝《つた》え合《あ》おう。

優《やさ》しさや温《あたた》かさ、悲《かな》しさや寂《さび》しさなど、作品《さくひん》から受《う》けた印象《いんしょう》や特徴《とくちょう》について挙《あ》げてみよう。なぜそう捉《とら》えたのか、具体的《ぐたいてき》な場面《ばめん》や描写《びょうしゃ》を基《もと》に、述《の》べてみよう。

答えの例

この作品《さくひん》には、家族《かぞく》が互《たが》いに深《ふか》い愛情《あいじょう》で結《むす》ばれていることから感《かん》じられる温《あたた》かさが流《なが》れている。例《たと》えば、少年《しょうねん》と姉《あね》がえびの大《おお》きさに目《め》をみはり、その様子《ようす》を見《み》て父親《ちちおや》が海《うみ》のえびについて話《はな》す場面《ばめん》では、家族《かぞく》みんなが幸福《こうふく》を感《かん》じている温《あたた》かさが伝《つた》わってくる。初《はじ》めて見《み》る車《くるま》えびの大《おお》きさに驚《おどろ》く少年《しょうねん》と姉《あね》の様子《ようす》はほほ笑《え》ましい。その様子《ようす》を見《み》た父親《ちちおや》も、土産《みやげ》にえびフライを選《えら》んだことが正解《せいかい》だったと思《おも》い、上機嫌《じょうきげん》になっている。少年《しょうねん》は父親《ちちおや》の言葉《ことば》を冗談《じょうだん》だと勘違《かんちが》いしているが、父親《ちちおや》の満足《まんぞく》げな様子《ようす》が伝《つた》わっているからこそ、そのように思《おも》えたのだろう。互《たが》いに対《たい》する愛情《あいじょう》があふれ、またごちそうに違《ちが》いない夕食《ゆうしょく》への期待感《きたいかん》が、家族全員《かぞくぜんいん》をこの上《うえ》なく幸福《こうふく》な気持《きも》ちにさせている。その温《あたた》かな雰囲気《ふんいき》が伝《つた》わって、読《よ》んでいるこちらまで幸《しあわ》せな気持《きも》ちになれた。

考え方

もちろん、作品《さくひん》から受《う》ける印象《いんしょう》やその理由《りゆう》はそれぞれ違《ちが》っていいのだが、作品《さくひん》として重要《じゅうよう》な場面《ばめん》は、やはり一家《いっか》の夕食《ゆうしょく》の場面《ばめん》と、物語《ものがたり》の最後《さいご》の、別《わか》れの場面《ばめん》などだろう。

言葉を広げる

● この作品《さくひん》では、方言《ほうげん》が多《おお》く使《つか》われている。方言《ほうげん》が作品《さくひん》に与《あた》える効果《こうか》について考《かんが》えてみよう。

答えの例

方言《ほうげん》は、その土地《とち》の人《ひと》どうしで話《はな》すときには、最《もっと》も心《こころ》を通《かよ》わせることができる言葉《ことば》である。家族《かぞく》どうしであればなおさらである。この作品《さくひん》の方言《ほうげん》による会話《かいわ》は、家族間《かぞくかん》の愛情《あいじょう》を鮮明《せんめい》に表《あらわ》している。

考え方

例《たと》えば、別《わか》れぎわの父親《ちちおや》の「こんだ正月《しょうがつ》に帰《かえ》るすけ、もっとゆっくり。」（P102・5）という言葉《ことば》では、少年《しょうねん》と父親《ちちおや》の心理的《しんりてき》な距離《きょり》の近《ちか》さを表《あらわ》すのに、方言《ほうげん》が一役買《ひとやくか》っている。だからこそ、この言葉《ことば》を聞《き》いた少年《しょうねん》はしゃくり上《あ》げそうになったのである。

方言《ほうげん》が使《つか》われていることで、文章《ぶんしょう》から独特《どくとく》のリズムや温《あたた》かみを感《かん》じることができるね。

振り返る

● 登場人物《とうじょうじんぶつ》の言動《げんどう》の意味《いみ》に着目《ちゃくもく》することで、どんなことが読《よ》み取《と》れたか挙《あ》げてみよう。

答えの例

喜助《きすけ》から父親《ちちおや》の土産《みやげ》は何《なに》かときかれる前《まえ》に、「えびフライ」と言《い》ったことから、少年《しょうねん》が父親《ちちおや》の持《も》ってきたえびフライをとても自慢《じまん》に思《おも》っているということが伝《つた》わった。このように、登場人物《とうじょうじんぶつ》の言動《げんどう》に着目《ちゃくもく》することでそれぞれの人柄《ひとがら》や心情《しんじょう》を読《よ》み取《と》ることができる。また、作品全体《さくひんぜんたい》の印象《いんしょう》が、登場人物《とうじょうじんぶつ》の言動《げんどう》をもとに作《つく》られていることがわかった。

● 印象《いんしょう》に残《のこ》っている物語《ものがたり》や小説《しょうせつ》を一《ひと》つ取《と》り上《あ》げ、自分《じぶん》なりの印象《いんしょう》を、次《つぎ》のような形《かたち》で短《みじか》くまとめてみよう。

⇩ 「『□□』という作品《さくひん》の○○は、……からきているのではないか。」

答えの例

『トム・ソーヤーの冒険《ぼうけん》』という作品《さくひん》の明《あか》るさは、主人公《しゅじんこう》のトムの元気《げんき》のよさからきているのではないか。

テスト直前《ちょくぜん》にチェック！

盆土産《ぼんみやげ》

教科書 92〜105ページ

　祖母は昨夜の食卓の様子を（えびのしっぽが喉につかえたことは抜きにして）祖父と母親に報告しているのだろうかと思った。そういえば、祖父や母親は生きているうちに、えびのフライなど食ったことがあったろうか。祖父のことは知らないが、まだ田畑を作っている頃に早死にした母親は、あんなにうまいものは一度も食わずに死んだのではなかろうか——そんなことを考えているうちに、なんとなく①墓を上目でしか見られなくなった。父親は、少し離れた崖っぷちに腰を下ろして、黙ってたばこをふかしていた。

　父親が夕方の終バスで町へ出るので、独りで停留所まで送っていった。谷間はすでに日がかげって、雑魚《ざこ》を釣った川原では早くも河鹿《かじか》が鳴き始めていた。村外れのつり橋を渡り終えると、父親は②とって付けたように、

「こんだ正月に帰るすけ、もっとゆっくり。」

と言った。すると、なぜだか③不意にしゃくり上げそうになって、とっさに、

「冬だら、ドライアイスもいらねべな。」

と言った。

「いや、そうでもなかべおん。」と、父親は首を横に振りながら言った。「冬は汽車のスチームがききすぎて、汗こ出るくらい暑いすけ。ドライアイスだら、夏どこでなくいるべおん。」

　それからまた、停留所まで黙って歩いた。

　バスが来ると、父親は右手でこちらの頭をわしづかみにして、

1 ——線①「墓を上目でしか見られなくなった。」とありますが、それはなぜですか。次から一つ選び、記号に○を付けなさい。

ア　うまいものを我慢した人達を尊敬する思いがわいたから。
イ　今よりずっとうまいものを食べた昔の人がねたましいから。
ウ　うまいものを知らずに死んだ人を遠い存在に感じたから。
エ　自分たちだけうまいものを食べたことが申し訳ないから。

2 よく出る！ 情景描写から上の文章の場面の一部が夕方であることがわかる一文を探して、初めの五字を書き抜きなさい。

3 ——線②「とって付けたように」とありますが、この言葉から父親のどんな気持ちがわかりますか。次から一つ選び、記号に○を付けなさい。

ア　一晩泊まっただけで帰るのは気が引けるという気持ち。
イ　自分も別れがつらいのだが、うまく言葉にできない気持ち。
ウ　何も言いたくないのだが、何か言わなくてはという気持ち。
エ　次に帰る時期を伝えるのを今思い出したという気持ち。

解くコツ　父親の人柄を捉え、合うものを選ぶ。

4 ——線③「不意にしゃくり上げそうになって」とありますが、それはなぜですか。次から一つ選び、記号に○を付けなさい。

ア　父親の優しさに感激して、胸がいっぱいになったから。
イ　当分はえびフライを食べることはできないと思ったから。
ウ　父親のとって付けたような言い方が冷たく聞こえたから。
エ　父親の言葉で別れの悲しみが込み上げてきたから。

「んだら、ちゃんと留守してれな。」

と揺さぶった。それが、いつもより少し手荒くて、それで頭が混乱した。んだら、さいなら、と言うつもりで、うっかり、

「えんびフライ。」

と言ってしまった。

　バスの乗り口の方へ歩きかけていた父親は、ちょっと驚いたように立ち止まって、④苦笑いした。

「わかってらぁに。また買ってくるすけ……。」

　父親は、まだ何か言いたげだったが、男車掌が降りてきて道端に痰《たん》をはいてから、

「はい、お早くう。」

と言った。

　父親は、何も言わずに、片手でハンチングを上から押さえてバスの中へ駆け込んでいった。

「はい、発車あ。」

と、野太い声で車掌が言った。


三浦哲郎「盆土産」（光村図書『国語二年』101〜103ページ）

5 父親の少年に対する愛情が表れている動作があります。それはどんな動作ですか。

（　　　　）

6 よく出る！ ——線④「苦笑いした。」とありますが、このときの父親の気持ちとして適切なものを次から一つ選び、記号に○を付けなさい。

ア　自分との別れよりも食べ物のほうがより大事なのかと、とても残念に思った。
イ　それほどまでに自分の土産を喜んでくれたと知って、心底からうれしく思った。
ウ　土産が気に入られたことはうれしいが、何も別れぎわでなくてもと思い、おかしかった。
エ　別れの悲しみを忘れるために少年が別のことを言いだしたと思い、つらく感じた。

解くコツ　「苦笑い」には複雑な気持ちがこもる点を考慮する。

7 よく出る！ 「えびフライ」は、家族にとって何の象徴だと考えられますか。「……象徴。」に続くように書きなさい。

（　　　　）象徴。

解くコツ　えびフライをねだっていることから考える。

▶答えは166ページ

4 人間《にんげん》のきずな

字《じ》のない葉書《はがき》

向田邦子《むこうだくにこ》

教科書 106~111ページ

およその内容

「私《わたし》」が女学校一年《じょがっこういちねん》で初《はじ》めて親元《おやもと》を離《はな》れたとき、父《ちち》は「向田邦子《むこうだくにこ》殿《どの》」と表書《おもてが》きを書《か》いた手紙《てがみ》を、三日《みっか》にあげずよこした。「私《わたし》」のことを「貴女《あなた》」とよび、折《お》り目正《めただ》しい時候《じこう》の挨拶《あいさつ》に始《はじ》まり、近況報告《きんきょうほうこく》から訓戒《くんかい》まで書《か》かれた手紙《てがみ》には、日頃《ひごろ》の暴君《ぼうくん》であった父《ちち》ではなく、威厳《いげん》と愛情《あいじょう》にあふれた非《ひ》の打《う》ちどころのない父親《ちちおや》がいた。

「私《わたし》」の最《もっと》も心《こころ》に残《のこ》る手紙《てがみ》といえば、学童疎開《がくどうそかい》する妹《いもうと》に父《ちち》が持《も》たせた葉書《はがき》である。妹《いもうと》はまだ字《じ》が書《か》けなかったので、父《ちち》が宛名《あてな》を書《か》き、元気《げんき》な日《ひ》はマルを書《か》いて出《だ》せと言《い》って渡《わた》したのだ。最初《さいしょ》は大《おお》マルだった葉書《はがき》のマルは急激《きゅうげき》に小《ちい》さくなり、ついにバツに変《か》わり、まもなくそれも来《こ》なくなった。その妹《いもうと》が帰《かえ》ってきた日《ひ》、父《ちち》ははだしで表《おもて》へ飛《と》び出《だ》し、妹《いもうと》の肩《かた》を抱《だ》いて声《こえ》を上《あ》げて泣《な》いた。

二《ふた》つの思《おも》い出《で》が書《か》かれているよ。どちらもお父《とう》さんについての話《はなし》だね。

構成

1 「私《わたし》」が女学校《じょがっこう》のときの父《ちち》からの手紙《てがみ》
（初《はじ》め～P107・12）

● 父《ちち》の手紙《てがみ》の表書《おもてが》きや文面《ぶんめん》。
・「向田邦子殿《むこうだくにこどの》」と書《か》かれた表書《おもてが》き。

● 手紙《てがみ》から「私《わたし》」が父《ちち》について考《かんが》えたこと。
・威厳《いげん》と愛情《あいじょう》にあふれた非《ひ》の打《う》ちどころのない父親《ちちおや》。
・日頃気恥《ひごろきは》ずかしくて演《えん》じられない父親《ちちおや》。

2 疎開《そかい》する妹《いもうと》に父《ちち》が持《も》たせた葉書《はがき》
（P107・14～終《お》わり）

● 父《ちち》が妹《いもうと》に持《も》たせた葉書《はがき》。

● 葉書《はがき》の文面《ぶんめん》の変化《へんか》。
・上《うえ》の妹《いもうと》の訪問《ほうもん》。

● 妹《いもうと》の帰宅《きたく》。
・家庭菜園《かていさいえん》のかぼちゃ。
・声《こえ》を立《た》てて泣《な》いた父《ちち》。

漢字のチェック

新出漢字

*はここに出《で》てきた読《よ》み。

106 殿
*デン テン *との *どの

るまた 13画

意味 ①大《おお》きくて立派《りっぱ》な建物《たてもの》。②尊敬《そんけい》していう言葉《ことば》。

言葉 ①殿堂《でんどう》・御殿《ごてん》 ②殿方《とのがた》・殿下《でんか》・貴殿《きでん》

使い方 昔《むかし》の殿様《とのさま》の御殿《ごてん》が博物館《はくぶつかん》になっている。

4級

106 挨
*アイ

てへん 10画

意味 せまる。接近《せっきん》する。

言葉 挨拶《あいさつ》

使い方 朝《あさ》の挨拶《あいさつ》を交《か》わす。

2級

106 拶
*サツ

てへん 9画

意味 せまる。

言葉 挨拶《あいさつ》

使い方 先生《せんせい》に挨拶《あいさつ》する。

2級

107 儀
*ギ

にんべん 15画

意味 ①作法《さほう》。手本《てほん》。②かたどったもの。③事柄《ことがら》。

言葉 ①儀式《ぎしき》・行儀《ぎょうぎ》・礼儀《れいぎ》 ②地球儀《ちきゅうぎ》 ③私儀《わたくしぎ》

使い方 なんでも自分《じぶん》の流儀《りゅうぎ》でやる。

4級

107 肌
*はだ

にくづき 6画

意味 ①皮膚《ひふ》の表面《ひょうめん》。②ものの表面《ひょうめん》。③気質《きしつ》。気性《きしょう》。

言葉 ①肌着《はだぎ》・肌身《はだみ》 ②山肌《やまはだ》 ③肌《はだ》が合《あ》う・学者肌《がくしゃはだ》

使い方 彼《かれ》とはなんとなく肌《はだ》が合《あ》う。

準2級

107 縫
*ホウ *ぬう

いとへん 16画

意味 ぬう。ぬい合《あ》わせる。ぬい目《め》。

言葉 縫合《ほうごう》・縫製《ほうせい》・裁縫《さいほう》・天衣無縫《てんいむほう》

使い方 母《はは》から裁縫《さいほう》を習《なら》う。

3級

新出音訓

108 炊
*スイ たく

ひへん 8画

意味 ご飯《はん》をたく。食事《しょくじ》の支度《したく》をする。

言葉 炊《た》き込《こ》みご飯《はん》・炊事《すいじ》・自炊《じすい》・雑炊《ぞうすい》

使い方 炊飯器《すいはんき》でご飯《はん》を炊《た》く。

3級

108 餅
ヘイ *もち

しょくへん 14画

意味 もち米《ごめ》などを蒸《む》してついた食物《しょくもつ》。

言葉 草餅《くさもち》・煎餅《せんべい》

使い方 正月《しょうがつ》用《よう》の鏡餅《かがみもち》を飾《かざ》る。

2級

108 吐
ト *はく

くちへん 6画

意味 ①はく。はき出《だ》す。②口《くち》に出《だ》して言《い》う。

言葉 ①吐《は》き気《け》・吐息《といき》 ②弱音《よわね》を吐《は》く・吐露《とろ》

使い方 真情《しんじょう》を吐露《とろ》する。

4級

108 叱[𠮟]
シツ *しかる

くちへん 5画

意味 相手《あいて》の良《よ》くない言動《げんどう》をとがめて責《せ》める。

言葉 叱責《しっせき》・叱咤《しった》

使い方 子供《こども》を叱《しか》る。

2級

109 叫
キョウ *さけぶ

くちへん 6画

意味 さけぶ。大声《おおごえ》を出《だ》す。

言葉 愛《あい》を叫《さけ》ぶ・叫喚《きょうかん》・絶叫《ぜっきょう》

使い方 「助《たす》けてくれ。」と絶叫《ぜっきょう》した。

4級

107
照れ性（てれ｜ショウ）

重要語句のチェック

＊はここでの意味《いみ》。

106ページ

筆《ふで》まめ　手紙《てがみ》や文章《ぶんしょう》を、面倒《めんどう》がらずに書《か》くこと。また、そういう人《ひと》。【文】**筆《ふで》まめ**な祖母《そぼ》を見習《みなら》う。【対】筆無精《ふでぶしょう》

三日《みっか》にあげず　間《ま》をあけず。たびたび。【文】**三日《みっか》にあげず**書店《しょてん》に通《かよ》う。

一点一画《いってんいっかく》　漢字《かんじ》を作《つく》っている一《ひと》つの点《てん》と一《ひと》つの線《せん》。

おろそか　しなければならないことを、いいかげんにする様子《ようす》。【文】勉強《べんきょう》を**おろそか**にするな。【類】なおざり・いいかげん

大《おお》ぶり　①大《おお》きく振《ふ》ること。【文】バットを**大《おお》ぶり**する。＊②大《おお》きさが大《おお》きめである様子《ようす》。【文】**大《おお》ぶり**の魚《さかな》を料理《りょうり》する。

表書《おもてが》き　封筒《ふうとう》や葉書《はがき》の表側《おもてがわ》に書《か》かれた、住所《じゅうしょ》や氏名《しめい》。

罵声《ばせい》　大声《おおごえ》でののしる声《こえ》。どなりつける声《こえ》。【文】**罵声《ばせい》**を浴《あ》びせる。

こそばゆい　①くすぐったい。【文】羽根《はね》でなでられると、こそばゆい。＊②照《て》れくさい。【文】ほめられて**こそばゆい**。

晴《は》れがましい　人《ひと》の目《め》について、華《はな》やかな様子《ようす》。【文】娘《むすめ》の**晴《は》れがましい**姿《すがた》に感動《かんどう》する。

折《お》り目正《めただ》しい　礼儀正《れいぎただ》しく、けじめがきちんとしていること。【文】**折《お》り目正《めただ》しい**人《ひと》。

訓戒《くんかい》　諭《さと》し、いましめること。また、その言葉《ことば》。【文】部下《ぶか》に対《たい》して**訓戒《くんかい》**を垂《た》れる。

107ページ

威厳《いげん》　立派《りっぱ》で、重々《おもおも》しいこと。【文】校長先生《こうちょうせんせい》は**威厳《いげん》**がある。

非《ひ》の打《う》ちどころのない　優《すぐ》れていて、欠点《けってん》が何《なに》もない。【文】**非《ひ》の打《う》ちどころのない**態度《たいど》。

暴君《ぼうくん》　①乱暴《らんぼう》な君主《くんしゅ》。【文】ローマ帝国《ていこく》の暴君《ぼうくん》。＊②わがままを押《お》し通《とお》す、乱暴《らんぼう》な人《ひと》。

照《て》れ性《しょう》　すぐに照《て》れる性質《せいしつ》。【文】兄《あに》は**照《て》れ性《しょう》**で人前《ひとまえ》に立《た》つのが苦手《にがて》だ。

他人行儀《たにんぎょうぎ》　親《した》しい間柄《あいだがら》なのに、他人《たにん》のように遠慮《えんりょ》したり、よそよそしくしたりすること。【文】**他人行儀《たにんぎょうぎ》**な振《ふ》る舞《ま》い。

気恥《きは》ずかしい　なんとなく恥《は》ずかしい。【文】ほめられて**気恥《きは》ずかしい**。

かれこれ　①あれやこれや。【文】**かれこれ**するうちに一年《いちねん》が過《す》ぎた。＊②おおよそ。【文】**かれこれ**半年《はんとし》がたつ。

あまりに　普通《ふつう》よりもずっと。【文】**あまりに**ひどい仕打《しう》ちだ。

不憫《ふびん》　かわいそうなこと。【文】**不憫《ふびん》**な捨《す》て猫《ねこ》。

命《いのち》からがら　どうにか命《いのち》だけは助《たす》かる様子《ようす》。【文】火事《かじ》に遭《あ》って、**命《いのち》からがら**逃《に》げた。

おびただしい　数《かず》や量《りょう》が非常《ひじょう》に多《おお》い。【文】**おびただしい**数《かず》の自動車《じどうしゃ》が並《なら》ぶ。

きちょうめん　真面目《まじめ》で、何事《なにごと》にもきちんとしている様子《ようす》。【文】**きちょうめん**な性格《せいかく》。

108ページ

かさ高《だか》　かさばる様子《ようす》。容量《ようりょう》が大《おお》きいさま。【文】**かさ高《だか》**な荷物《にもつ》を宅配便《たくはいびん》で送《おく》る。

はしゃぐ　うれしくて騒《さわ》ぐ。【文】海《うみ》では**はしゃぐ**子供《こども》たち。

威勢《いせい》のいい　元気《げんき》がいい。勢《いきお》いがある。【文】**威勢《いせい》のいい**声《こえ》。

ここがポイント！

教科書《きょうかしょ》の「学習《がくしゅう》」の答《こた》えと考《かんが》え方《かた》

教科書 110~111ページ

捉《とら》える ❶ 二《ふた》つの思《おも》い出《で》を整理《せいり》しよう。

① この文章《ぶんしょう》は、筆者《ひっしゃ》の二《ふた》つの思《おも》い出《で》を中心《ちゅうしん》に構成《こうせい》された随筆《ずいひつ》である。それぞれの内容《ないよう》を整理《せいり》しよう。

前半《ぜんはん》 筆者《ひっしゃ》が親元《おやもと》を離《はな》れていたとき

後半《こうはん》 終戦《しゅうせん》の年《とし》

答えの例

前半《ぜんはん》の思《おも》い出《で》…「私《わたし》」が女学校一年《じょがっこういちねん》で初《はじ》めて親元《おやもと》を離《はな》れたとき、父《ちち》は三日《みっか》にあげず手紙《てがみ》をよこした。手紙《てがみ》の中《なか》の父《ちち》は、日頃《ひごろ》の暴君《ぼうくん》のような父《ちち》ではなく、威厳《いげん》と愛情《あいじょう》にあふれた非《ひ》の打《う》ちどころのない父《ちち》親《おや》だった。

後半《こうはん》の思《おも》い出《で》…終戦《しゅうせん》の年《とし》の四月《しがつ》、末《すえ》の妹《いもうと》が学童疎開《がくどうそかい》をすることになった。妹《いもうと》はまだ字《じ》が書《か》けなかったので、元気《げんき》な日《ひ》はマルを書《か》いて出《だ》すようにと、父《ちち》が宛名《あてな》を書《か》いた葉書《はがき》を持《も》たせたのだ。その妹《いもうと》がやせおとろえて帰《かえ》ってきた日《ひ》、父《ちち》ははだしで表《おもて》へ飛《と》び出《だ》し、妹《いもうと》の肩《かた》を抱《だ》きながら声《こえ》を上《あ》げて泣《な》いた。

考え方

前半《ぜんはん》は、「私《わたし》」が初《はじ》めて親元《おやもと》を離《はな》れたときに父《ちち》から届《とど》いた手紙《てがみ》にまつわる思《おも》い出《で》である。手紙《てがみ》の中《なか》の父《ちち》の姿《すがた》が普段《ふだん》とは違《ちが》っていたことが思《おも》い出《で》深《ぶか》かったのである。後半《こうはん》は、末《すえ》の妹《いもうと》の疎開《そかい》に関《かん》する、三《さん》十一年《じゅういちねん》たった今《いま》でも忘《わす》れられない思《おも》い出《で》が語《かた》られている。

② 筆者《ひっしゃ》がこの随筆《ずいひつ》を書《か》いているのはいつの時点《じてん》だろう。そのことがわかる部分《ぶぶん》を挙《あ》げてみよう。

答えの例

・筆者《ひっしゃ》がこの随筆《ずいひつ》を書《か》いている時点《じてん》…終戦《しゅうせん》の年《とし》から三十一年後《さんじゅういちねんご》

・それがわかる部分《ぶぶん》……「終戦《しゅうせん》の年《とし》」（P107・14）、「あれから三十《さんじゅう》一年《いちねん》。」（P109・6）

考え方

年月《ねんげつ》を表《あらわ》す言葉《ことば》に注意《ちゅうい》する。

読《よ》み深《ふか》める ❷ 表現《ひょうげん》に着目《ちゃくもく》して、人柄《ひとがら》や心情《しんじょう》について読《よ》み取《と》ろう。

① 前半《ぜんはん》の思《おも》い出《で》から想像《そうぞう》される父親《ちちおや》の人柄《ひとがら》を、文章中《ぶんしょうちゅう》の表現《ひょうげん》を踏《ふ》まえて簡潔《かんけつ》にまとめよう。

答えの例

普段《ふだん》、家《いえ》の中《なか》では「おい、邦子《くにこ》！」や「ばかやろう！」と、暴君《ぼうくん》のように振《ふ》る舞《ま》っているが、それは照《て》れ性《しょう》で本心《ほんしん》を表《あらわ》すことを気恥《きは》ずかしく思《おも》っているせいである。本当《ほんとう》は「やせた妹《いもうと》の肩《かた》を抱《だ》き、声《こえ》を上《あ》げて」泣《な》くような家族《かぞく》の身《み》を案《あん》じる、愛情深《あいじょうぶか》い人柄《ひとがら》である。

考え方

「私《わたし》」がいっしょに暮《く》らしていた頃《ころ》の暴君《ぼうくん》である父《ちち》と、手紙《てがみ》の中《なか》の威厳《いげん》と愛情《あいじょう》にあふれた非《ひ》の打《う》ちどころのない父親《ちちおや》との間《あいだ》には、大《おお》きなギャップがある。筆者自身《ひっしゃじしん》の、「もしかしたら、日頃《ひごろ》気恥《きは》ずかしくて演《えん》じられない父親《ちちおや》を、手紙《てがみ》の中《なか》でやってみたのかもしれない。」（P107・5）という分析《ぶんせき》をもとに、父親《ちちおや》の人柄《ひとがら》を考《かんが》えてみよう。

② 疎開《そかい》をしている妹《いもうと》に対《たい》する家族《かぞく》の心情《しんじょう》を、妹《いもうと》の行動《こうどう》や様子《ようす》の変《へん》化《か》に着目《ちゃくもく》して想像《そうぞう》してみよう。

答えの例

妹《いもうと》は、疎開《そかい》してから初《はじ》めての葉書《はがき》に、「紙《かみ》いっぱいはみ出《だ》すほどの、威勢《いせい》のいい赤鉛筆《あかえんぴつ》の大《おお》マル」（P108・5）を書《か》いて出《だ》した。この葉《は》書《がき》と、付《つ》き添《そ》って行《い》った人《ひと》の話《はなし》を総合《そうごう》して、家族《かぞく》は、妹《いもうと》が疎開先《そかいさき》で歓迎《かんげい》されて喜《よろこ》んでいるのだろうと思《おも》い、ほっとしたことだろう。だが、次《つぎ》の日《ひ》から、葉書《はがき》のマルは、急激《きゅうげき》に小《ちい》さくなっていき、ついにはバツになってしまった。家族《かぞく》は、妹《いもうと》が心細《こころぼそ》い思《おも》いをしているのではないかと心配《しんぱい》しただろう。だから、上《うえ》の妹《いもうと》に様子《ようす》を見《み》に行《い》かせたのかもしれない。まもなくバツの葉書《はがき》さえ来《こ》なくなると、家族《かぞく》は不《ふ》安《あん》でたまらず、母《はは》が迎《むか》えに行《い》くことになったのだと思《おも》う。

考え方

家族《かぞく》は、疎開《そかい》している妹《いもうと》の様子《ようす》を、妹《いもうと》から届《とど》く葉書《はがき》からしか知《し》ることができない。だから、ただのマルを、その大《おお》きさや勢《いきお》いにいたる細部《さいぶ》まで、観察《かんさつ》したのだろう。

③ なくなった父親《ちちおや》に対《たい》して、今《いま》の「私《わたし》」がどんな思《おも》いを抱《いだ》いているか、表現《ひょうげん》に即《そく》して考《かんが》えよう。

答えの例

前半《ぜんはん》では、「暴君《ぼうくん》ではあったが、反面照《はんめんて》れ性《しょう》でもあった」（P107・4）や「この手紙《てがみ》もなつかしい」（P107・11）のように、父親《ちちおや》の人《ひと》柄《がら》や筆者《ひっしゃ》の思《おも》いを直接的《ちょくせつてき》に表現《ひょうげん》している。後半《こうはん》では、「はだしで表《おもて》へ飛《と》び出《だ》した」（P109・1）のように、行動《こうどう》や様子《ようす》を描《えが》くことで父《ちち》親《おや》の人柄《ひとがら》や心情《しんじょう》を間接的《かんせつてき》に表現《ひょうげん》している。これらの表現《ひょうげん》から、暴君《ぼうくん》ではあったが、心《こころ》の中《なか》には家族《かぞく》を思《おも》う優《やさ》しさをもっていた父親《ちちおや》に対《たい》して、「私《わたし》」がなつかしさを抱《いだ》いていることがわかる。

考え方

前半《ぜんはん》では父親《ちちおや》の人柄《ひとがら》や「私《わたし》」の心情《しんじょう》を直接的《ちょくせつてき》に表現《ひょうげん》しているのに対《たい》して、後半《こうはん》では人物《じんぶつ》の行動《こうどう》や様子《ようす》を描写《びょうしゃ》することで、人柄《ひとがら》や心情《しんじょう》を間接的《かんせつてき》に表現《ひょうげん》している。

考《かんが》えをもつ 3 父親《ちちおや》に対《たい》する「私《わたし》」の思《おも》いについて考《かんが》えよう。

父親《ちちおや》に対《たい》する「私《わたし》」の思《おも》いについて、自分《じぶん》が共感《きょうかん》できることや、共感《きょうかん》しにくいと思《おも》うことを発表《はっぴょう》してみよう。

答えの例

●共感《きょうかん》できること

「私《わたし》」は、末《すえ》の妹《いもうと》が疎開先《そかいさき》から帰《かえ》ってきたときの、はだしで飛《と》び出《だ》して泣《な》いた父《ちち》の姿《すがた》に感動《かんどう》している。このときの父親《ちちおや》は照《て》れも何《なに》もかなぐり捨《す》てて人間的《にんげんてき》であり、感動《かんどう》したという「私《わたし》」の思《おも》いに強《つよ》く共感《きょうかん》できる。

●共感《きょうかん》しにくいと思《おも》うこと

「私《わたし》」は、照《て》れ性《しょう》だった父親《ちちおや》が手紙《てがみ》の中《なか》で日頃《ひごろ》気恥《きは》ずかしくて演《えん》じられない父親《ちちおや》をやってみたのではないかと、父親《ちちおや》のやり方《かた》を肯定《こうてい》的《てき》に書《か》いている。だが、そもそも普段《ふだん》から本当《ほんとう》の気持《きも》ちを見《み》せられるのが大人《おとな》というものではないだろうか。この父親《ちちおや》のやり方《かた》はあまりにも自分勝手《じぶんかって》だと思《おも》うし、それを肯定《こうてい》する「私《わたし》」の思《おも》いにも、あまり共感《きょうかん》することはできない。

考え方

「私《わたし》」の父親《ちちおや》に対《たい》する肯定的《こうていてき》な描《えが》き方《かた》に共感《きょうかん》できるかどうかがポイントである。

言葉を広げる

●「筆《ふて》まめ」「大《おお》ぶりの筆《ふて》」「きちょうめんな筆《ふて》」の「筆《ふて》」が表《あらわ》す意《い》味《み》を調《しら》べ、読《よ》み取《と》れる父親《ちちおや》の人柄《ひとがら》を考《かんが》えよう。

答えの例

●「筆《ふて》」の意味《いみ》

「筆《ふて》まめ」の「筆《ふて》」は文章《ぶんしょう》を書《か》くこと。「大《おお》ぶりの筆《ふて》」「きちょうめんな筆《ふて》」の「筆《ふて》」は筆《ふて》で書《か》いたもの、筆跡《ひっせき》という意味《いみ》。

●父親《ちちおや》の人柄《ひとがら》

きちょうめんで、真面目《まじめ》な人柄《ひとがら》。

振り返る

●前半《ぜんはん》と後半《こうはん》で、表現《ひょうげん》のしかたにどんな違《ちが》いがあったか、自分《じぶん》の言《こと》葉《ば》でまとめてみよう。

答えの例

前半《ぜんはん》では、登場人物《とうじょうじんぶつ》の人柄《ひとがら》や心情《しんじょう》を直接的《ちょくせつてき》に表現《ひょうげん》しているが、後《こう》半《はん》では行動《こうどう》から人柄《ひとがら》や心情《しんじょう》を想像《そうぞう》させるような間接的《かんせつてき》な表現《ひょうげん》をしている。

●随筆《ずいひつ》をより深《ふか》く味《あじ》わうためには、どんな点《てん》に着目《ちゃくもく》して読《よ》むとよいだろうか。友達《ともだち》と考《かんが》えを交流《こうりゅう》しよう。

答えの例

私《わたし》は、筆者《ひっしゃ》が出来事《できごと》などを簡潔《かんけつ》に述《の》べているか、詳細《しょうさい》に述《の》べているかといった、「述《の》べ方《かた》」に着目《ちゃくもく》するとよいと思《おも》う。

考え方

他《ほか》に「表現技法《ひょうげんぎほう》」「文体《ぶんたい》」などに着目《ちゃくもく》するのもよい。

テスト直前《ちょくぜん》にチェック！

字《じ》のない葉書《はがき》

教科書 106~111ページ

死んだ父は筆まめな人であった。

私が女学校一年で初めて親元を離れたときも、①三日にあげず手紙をよこした。当時保険会社の支店長をしていたが、②一点一画もおろそかにしない大ぶりの筆で、

「向田邦子殿」

と書かれた表書きを初めて見たときは、ひどくびっくりした。父が娘宛ての手紙に「殿」を使うのは当然なのだが、つい四、五日前まで、

「おい、邦子！」

と呼び捨てにされ、「ばかやろう！」の罵声やげんこつは日常のことであったから、突然の変わりように、③こそばゆいような晴れがましいような気分になったのであろう。

文面も、折り目正しい時候の挨拶に始まり、新しい東京の社宅の間取りから、庭の植木の種類まで書いてあった。文中、私を貴女《あなた》とよび、

「貴女の学力では難しい漢字もあるが、勉強になるからまめに字引を引くように。」

という訓戒も添えられていた。

ふんどし一つで家中を歩き回り、大酒を飲み、かんしゃくを起こして母や子供たちに手を上げる父の姿はどこにもなく、威厳と愛情にあふれた非の打ちどころのない父親が④そこにあった。

暴君ではあったが、反面照れ性でもあった父は、他人行儀という形でしか十三歳の娘に手紙が書けなかったのであろう。もしかしたら、⑤日頃気恥ずかしくて演じられない父親を、手紙の中でやってみたの

1 よく出る！ ――線①「三日にあげず手紙をよこした。」とありますが、そんな父の性質を、筆者はなんといっていますか。文章中から三字で書き抜きなさい。

□□□

2 よく出る！ ――線②「一点一画もおろそかにしない」ことからわかる父の性格として適切なものを次から一つ選び、記号に○を付けなさい。

ア こり性　イ 気難しい
ウ きちょうめん　エ 世話好き

3 よく出る！ ――線③「こそばゆいような晴れがましいような気分」とありますが、「私」がそのような気分になったのはなぜですか。次から一つ選び、記号に○を付けなさい。

ア 父の本心が全くわからず、なんだかばかにされたような気がしたから。
イ 父の突然の変わりように驚《おどろ》いたものの、自分が大人扱いされている気がしたから。
ウ 父の突然の変わりように、今までの自分の言動への反省を感じたから。
エ 普段の父が遠いものに思われ、ようやく父から自由になれたと感じたから。

解くコツ 父がどう変わったのかをつかみ「私」の心情を考える。

4 ――線④「そこ」は、何を指していますか。

（　　　　）

かもしれない。

　手紙は一日に二通来ることもあり、一学期の別居期間にかなりの数になった。私は輪ゴムで束ね、しばらく保存していたのだが、いつとはなしにどこかへいってしまった。父は六十四歳でなくなったから、この手紙のあと、かれこれ三十年付き合ったことになるが、優しい父の姿を見せたのは、この手紙の中だけである。

　この手紙もなつかしいが、最も心に残るものをといわれれば、父が宛名を書き、妹が「文面」を書いた、あの葉書ということになろう。

　終戦の年の四月、小学校一年の⑥末の妹が甲府《こうふ》に学童疎開をすることになった。すでに前の年の秋、同じ小学校に通っていた上の妹は疎開をしていたが、下の妹はあまりに幼く不憫《ふびん》だというので、両親が手放さなかったのである。ところが、三月十日の東京大空襲で、家こそ焼け残ったものの命からがらのめに遭い、このまま一家全滅《ぜんめつ》するよりは、と心を決めたらしい。

　妹の出発が決まると、暗幕を垂らした暗い電灯の下で、母は当時貴重品になっていたキャラコで肌着を縫って名札を付け、父はおびただしい葉書にきちょうめんな筆で自分宛ての宛名を書いた。

「⑦元気な日はマルを書いて、毎日一枚ずつポストに入れなさい。」

と言ってきかせた。妹は、まだ字が書けなかった。


向田邦子「字のない葉書」（光村図書『国語二年』106～108ページ）

5 よく出る！ 普段の父の姿が描かれている部分を「文面も……」以降から探し、「父の姿。」に続くように初めと終わりの五字を書き抜きなさい。

□□□□□ ～ □□□□□ 父の姿。

6 ――線⑤「日頃気恥ずかしくて演じられない父親」とは、どのような父親ですか。文章中から探し、初めの五字を書き抜きなさい。

□□□□□

7 ――線⑥「末の妹が甲府に学童疎開をすることになった。」とありますが、両親が末の妹の学童疎開を決めたのはなぜですか。理由がわかる一文を文章中から探し、初めの五字を書き抜きなさい。（句読点も含む）

□□□□□

8 ――線⑦「元気な日はマルを書いて、毎日一枚ずつポストに入れなさい。」とありますが、まだ字が書けない末の妹に父がこのようにさせたいのはなぜですか。

（　　　　　　　　）

解くコツ　父が何を知りたいのかを考える。

9 よく出る！ 「私」や「末の妹」への態度から読み取れる父親像として適切なものを次から一つ選び、記号に○を付けなさい。

ア　不人情な人　　イ　意気地のない人
ウ　打算的な人　　エ　家族を愛する人

◀答えは166ページ

4 人間《にんげん》のきずな
聞《き》き上手《じょうず》になろう

教科書 112～113ページ

解説

聞《き》き上手《じょうず》な人《ひと》は、相手《あいて》の話《はなし》を受《う》け止《と》め、質問《しつもん》を的確《てきかく》に返《かえ》すことで、相手《あいて》の思《おも》いや考《かんが》えに迫《せま》ることができる。ここでは友達《ともだち》にインタビューをすることを通《つう》じて、質問《しつもん》で思《おも》いや考《かんが》えを引《ひ》き出《だ》す工夫《くふう》を学《まな》ぶ。

[1] インタビューの準備《じゅんび》をしよう。

三《さん》、四人《よにん》で一組《ひとくみ》になり、話《はな》し手《て》、聞《き》き手《て》、聴衆《ちょうしゅう》を決《き》めて、順《じゅん》に交代《こうたい》する。一人《ひとり》のインタビューの時間《じかん》は五分程度《ごふんていど》とする。

●話《はな》し手《て》としての準備《じゅんび》

どんなことを話《はな》すか決《き》め、聞《き》き手《て》となる人《ひと》に話題《わだい》を伝《つた》える。

●聞《き》き手《て》としての準備《じゅんび》

インタビューの相手《あいて》（話《はな》し手《て》）から話題《わだい》を聞《き》いたら、主《おも》にききたい内容《ないよう》（柱《はしら》となる質問《しつもん》）を、次《つぎ》の観点《かんてん》から考《かんが》える。

・話《はな》し手《て》が話《はな》したいのは、どんな思《おも》いやエピソードなのか。
・自分自身《じぶんじしん》は、どんなことを聞《き》きたいのか。聴衆《ちょうしゅう》はどうか。

[2] インタビューを行《おこな》おう。

話《はな》し手《て》が気持《きも》ちよく話《はな》せるよう、聞《き》き手《て》と聴衆《ちょうしゅう》は和《なご》やかな雰囲気《ふんいき》を作《つく》るようにする。聞《き》き手《て》は、次《つぎ》の四点《よんてん》に注意《ちゅうい》して、相手《あいて》の話《はなし》を受《う》けて返《かえ》す質問《しつもん》をするよう心《こころ》がける。

・言《い》い換《か》えを促《うなが》す。　・理由《りゆう》を尋《たず》ねる。
・具体化《ぐたいか》を促《うなが》す。　・思《おも》いや考《かんが》えをきく。

また、次《つぎ》のようなことにも注意《ちゅうい》する。

●思《おも》いや考《かんが》えを引《ひ》き出《だ》す質問《しつもん》をするための工夫《くふう》

・相手《あいて》の話《はなし》を誠実《せいじつ》な態度《たいど》で聞《き》く。
・それぞれの情報《じょうほう》の結《むす》び付《つ》きに注意《ちゅうい》し、話《はなし》の要点《ようてん》や全体像《ぜんたいぞう》を考《かんが》えながら聞《き》く。
・相手《あいて》が答《こた》えやすい具体的《ぐたいてき》で明確《めいかく》な質問《しつもん》をするよう心《こころ》がける。
・相手《あいて》の話《はなし》を受《う》けて、話《はなし》を広《ひろ》げたり深《ふか》めたりする質問《しつもん》をする。
・用意《ようい》した質問《しつもん》をすることだけにとらわれず、相手《あいて》の話《はなし》を聞《き》くことで生《う》まれた疑問《ぎもん》や感想《かんそう》を大切《たいせつ》にして、それに基《もと》づいた質問《しつもん》をする。

[3] 学習《がくしゅう》を振《ふ》り返《かえ》ろう。

インタビューを終《お》えたら、気《き》づいたことや考《かんが》えたことを出《だ》し合《あ》おう。

話《はな》し手《て》、聞《き》き手《て》、聴衆《ちょうしゅう》のそれぞれの立場《たちば》から、気《き》づいたことや考《かんが》えたことを意見《いけん》として出《だ》してみよう。

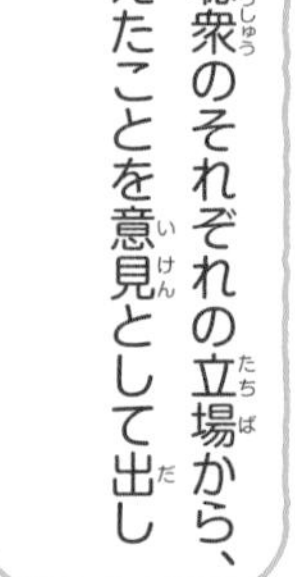

4 人間《にんげん》のきずな 表現《ひょうげん》を工夫《くふう》して書《か》こう／［推敲《すいこう》］表現《ひょうげん》の効果《こうか》を考《かんが》える

教科書 114~116ページ

◆表現《ひょうげん》を工夫《くふう》して書こう

解説

1 **手紙《てがみ》と電子《でんし》メールを比較《ひかく》し、活用場面《かつようばめん》を考《かんが》えよう。**

	手紙《てがみ》	電子《でんし》メール
届《とど》くまでの速《はや》さ	例 数日《すうじつ》かかる	例 すぐに届《とど》く
やり取《と》りのしやすさ	例 手間《てま》がかかる	例 しやすい
相手《あいて》に与《あた》える印象《いんしょう》	例 丁寧《ていねい》・改《あらた》まった印象《いんしょう》	例 手軽《てがる》・事務的《じむてき》
形式《けいしき》	例 頭語《とうご》と結語《けつご》を付《つ》ける	例 短《みじか》い件名《けんめい》を付《つ》ける
活用場面《かつようばめん》	例 お礼《れい》	例 取材《しゅざい》のお願《ねが》い

2 **伝《つた》えたい内容《ないよう》を決《き》め、通信手段《つうしんしゅだん》を選《えら》ぼう。**
通信手段《つうしんしゅだん》を選《えら》ぶときには、相手《あいて》や目的《もくてき》も考慮《こうりょ》する。

3 **手紙《てがみ》や電子《でんし》メールを書《か》こう。**
敬語《けいご》を適切《てきせつ》に用《もち》いて書《か》く。また、伝《つた》えたいことを明確《めいかく》にし、具《ぐ》体例《たいれい》を入《い》れたり表現《ひょうげん》を工夫《くふう》したりして書《か》く。

4 **学習《がくしゅう》を振《ふ》り返《かえ》ろう。**

◆表現《ひょうげん》の効果《こうか》を考《かんが》える

教科書の課題

1 **次《つぎ》の観点《かんてん》を参考《さんこう》に、教科書《きょうかしょ》116ページ上段《じょうだん》の――線部《せんぶ》①～⑪を書《か》き改《あらた》めよう。**

例
① 観賞《かんしょう》→鑑賞《かんしょう》　② 会《あ》った→お目《め》にかかった
③ 見《み》て→拝見《はいけん》して　④ 全然《ぜんぜん》→とても
⑤ 勤《つと》める→務《つと》める　⑥ 気《き》が置《お》ける→気《き》が置《お》けない
⑦ 私《わたし》の目標《もくひょう》は……入賞《にゅうしょう》したいです。→私《わたし》の目標《もくひょう》は、このメンバーで来春《らいしゅん》のコンクールに入賞《にゅうしょう》することです。
⑧ さて、一《ひと》つ……成功《せいこう》させたいです。→さて、一《ひと》つお知《し》らせがあります。私《わたし》たちの部《ぶ》では、毎年十月《まいとしじゅうがつ》に定期演奏会《ていきえんそうかい》を行《おこな》っています。私《わたし》は、そこで、一曲《いっきょく》、独奏《どくそう》をすることになっています。今《いま》から緊張《きんちょう》していますが、必《かなら》ず成功《せいこう》させたいと思《おも》います。
⑨ 少《すこ》しづつ→少《すこ》しずつ　⑩ 帯《おび》て→帯《お》びて
⑪ 来《き》て→おいで

2 **教科書《きょうかしょ》116ページ上段《じょうだん》の……線部《せんぶ》㋐㋑について、より効果的《こうかてき》な表現《ひょうげん》を考《かんが》えよう。**

例
㋐ すごく緊張《きんちょう》しています。→身《み》の［引《ひ》き締《し》まる］思《おも》いです。
㋑ Bに「日々上達《ひびじょうたつ》しているのを感《かん》じられるので」など、練習《れんしゅう》が「楽《たの》しい」と感《かん》じられることの理由《りゆう》を補《おぎな》うと、わかりやすくなる。

新出漢字

漢字のチェック

*はここに出《で》てきた読《よ》み。

伺
117
*(シ) *うかがう
にんべん 7画
意味 「聞《き》く・問《と》う・訪問《ほうもん》する」の謙遜《けんそん》した言《い》い方《かた》。
言葉 注文《ちゅうもん》を伺《うかが》う・お宅《たく》へ伺《うかが》う
使い方 ぜひお話《はなし》を伺《うかが》いたい。
4級

賓
118
*ヒン
かい 15画
意味 大切《たいせつ》な客《きゃく》。
言葉 賓客《ひんきゃく》・貴賓《きひん》・国賓《こくひん》・来賓《らいひん》
使い方 主賓《しゅひん》から挨拶《あいさつ》をいただく。
準2級

為
118
*イ
れんが 9画
意味 なす。する。行《おこな》う。
言葉 為政者《いせいしゃ》・行為《こうい》・作為《さくい》・無為《むい》
使い方 人為的《じんいてき》なミスから事故《じこ》が起《お》きた。
4級

謙
118
*ケン
ごんべん 17画
意味 へりくだる。控《ひか》えめにする。
言葉 謙虚《けんきょ》・謙譲《けんじょう》・謙遜《けんそん》
使い方 謙虚《けんきょ》に人《ひと》の意見《いけん》を聞《き》くことも必要《ひつよう》だ。
準2級

譲
118
*ジョウ ゆずる
ごんべん 20画
意味 ①授《さず》ける。②へりくだる。
言葉 ①親譲《おやゆず》り・譲渡《じょうと》 ②譲歩《じょうほ》・謙譲《けんじょう》
使い方 分譲《ぶんじょう》マンションが販売《はんばい》される。
3級

芳
118
*ホウ (かんばしい)
くさかんむり 7画
意味 ①かんばしい。②尊敬《そんけい》の気持《きも》ちを表《あらわ》す言葉《ことば》。
言葉 ①芳香《ほうこう》 ②芳志《ほうし》・芳名《ほうめい》
使い方 ご芳名《ほうめい》を伺《うかが》う。
3級

御
118
*ギョ *ゴ *おん
ぎょうにんべん 12画
意味 ①あやつる。②丁寧《ていねい》・尊敬《そんけい》を表《あらわ》す。
言葉 ①御者《ぎょしゃ》・制御《せいぎょ》 ②御礼《おんれい》・御飯《ごはん》
使い方 何《なに》か御用《ごよう》はありませんか。
4級

愚
118
*グ おろか
こころ 13画
意味 ①おろか。②謙遜《けんそん》していう言葉《ことば》。
言葉 ①愚問《ぐもん》・愚劣《ぐれつ》 ②愚見《ぐけん》・愚息《ぐそく》
使い方 彼《かれ》の愚行《ぐこう》の尻拭《しりぬぐ》いはできない。
3級

弊
118
*ヘイ
にじゅうあし 15画
意味 ①くたびれる。②よくないこと。③謙遜《けんそん》の意味《いみ》。
言葉 ①疲弊《ひへい》 ②弊害《へいがい》 ③弊社《へいしゃ》
使い方 失敗《しっぱい》と言《い》うと語弊《ごへい》があるかもしれませんが。
準2級

拙
118
*セツ つたない
てへん 8画
意味 ①まずい。つたない。②謙遜《けんそん》する言葉《ことば》。
言葉 ①拙速《せっそく》・拙劣《せつれつ》・稚拙《ちせつ》 ②拙著《せっちょ》
使い方 ぜひ拙宅《せったく》をお訪《たず》ねください。
準2級

粗
118
*ソ あらい
こめへん 11画
意味 ①おおまか。②へりくだった気持《きも》ちを表《あらわ》す。
言葉 ①粗筋《あらすじ》・粗悪《そあく》・粗雑《そざつ》 ②粗品《そしな》・粗茶《そちゃ》
使い方 食《た》べ物《もの》を粗末《そまつ》にしてはいけない。
3級

119

呂

*ロ

くち

7画

呂呂呂呂呂呂呂

意味　言葉《ことば》の調子《ちょうし》。音楽《おんがく》の音階《おんかい》を表《あらわ》す意味《いみ》もある。

言葉　風呂《ふろ》・風呂敷《ふろしき》

使い方　ゆっくりと風呂《ふろ》に入《はい》って、疲《つか》れをとる。

2級

119

諧

*カイ

ごんべん

16画

諧諧諧諧諧諧諧諧諧

意味　①調和《ちょうわ》する。②冗談《じょうだん》。ユーモア。

言葉　①諧調《かいちょう》・諧声《かいせい》　②俳諧《はいかい》

使い方　俳諧《はいかい》の道《みち》を究《きわ》める。

2級

解説

◆敬語《けいご》の種類《しゅるい》

●丁寧語《ていねいご》…話《はな》し手《て》（書《か》き手《て》）が聞《き》き手《て》（読《よ》み手《て》）に対《たい》して丁寧《ていねい》さを表《あらわ》す敬語《けいご》。

●……です　例私《わたし》は中学生《ちゅうがくせい》です。

●……ます　例山田《やまだ》さんが話《はな》します。

●……（で）ございます　例これが新製品《しんせいひん》でございます。

●尊敬語《そんけいご》…話題《わだい》の中《なか》の動作《どうさ》・行為《こうい》をする人《ひと》に対《たい》して敬意《けいい》を表《あらわ》す敬語《けいご》。

●お（ご）～になる　例先生《せんせい》がお話《はな》しになる。

●～れる・られる　例市長《しちょう》が来《こ》られる。

●特定《とくてい》の形《かたち》に変化《へんか》する動詞《どうし》

例先生《せんせい》がいらっしゃる。お客様《きゃくさま》が召《め》しあがる。絵《え》をご覧《らん》になる。

●名詞《めいし》に付《つ》く形《かたち》　例（先生《せんせい》からの）お話《はなし》・御社《おんしゃ》・貴校《きこう》

●謙譲語《けんじょうご》…動作《どうさ》・行為《こうい》が向《む》かう先《さき》に対《たい》して敬意《けいい》を表《あらわ》す敬語《けいご》。

●お（ご）～する　例私《わたし》からご説明《せつめい》する。

●特定《とくてい》の形《かたち》に変化《へんか》する動詞《どうし》

例先生《せんせい》のお宅《たく》に伺《うかが》う。私《わたし》から申《もう》しあげる。本《ほん》をいただく。

●名詞《めいし》に付《つ》く形《かたち》　例（先生《せんせい》への）お手紙《てがみ》・弊社《へいしゃ》・拙著《せっちょ》・粗品《そしな》

*丁重語《ていちょうご》…謙譲語《けんじょうご》の中《なか》で、敬意《けいい》を表《あらわ》すべき動作《どうさ》・行為《こうい》が向《む》かう先《さき》を必要《ひつよう》とせず、聞《き》き手《て》（読《よ》み手《て》）への敬意を表す。

例明日《あす》、大阪《おおさか》へ参《まい》ります。一人《ひとり》で家《いえ》におります。

*美化語《びかご》…話《はな》し手《て》（書《か》き手《て》）が、自分自身《じぶんじしん》の言葉《ことば》を美《うつく》しく表現《ひょうげん》するもの。

例お風呂《ふろ》・お水《みず》・おみそ汁《しる》

生活《せいかつ》に生《い》かす　敬語《けいご》を使《つか》うときは適切《てきせつ》に

敬語《けいご》には、自分《じぶん》と、相手《あいて》や話題《わだい》の中《なか》の人物《じんぶつ》との関係《かんけい》を示《しめ》す働《はたら》きがある。使《つか》い方《かた》を誤《あやま》ると、失礼《しつれい》になるので注意《ちゅうい》しよう。

●尊敬語《そんけいご》と謙譲語《けんじょうご》を間違《まちが》えない。

×先生《せんせい》が給食《きゅうしょく》をいただく。

○先生《せんせい》が給食《きゅうしょく》を召《め》しあがる。

×お客様《きゃくさま》がお話《はな》しする。

○お客様《きゃくさま》がお話《はな》しになる。

●自分自身《じぶんじしん》や身内《みうち》に尊敬語《そんけいご》を使《つか》わない。

×お父《とう》さんがおっしゃっていました。

○父《ちち》が申《もう》しておりました。

●敬語《けいご》を重《かさ》ねすぎない。

×お客様《きゃくさま》が手《て》をお洗《あら》いになっていらっしゃる。

○お客様《きゃくさま》が手《て》をお洗《あら》いになっている。

漢字《かんじ》2 同《おな》じ訓《くん》・同《おな》じ音《おん》をもつ漢字《かんじ》／漢字《かんじ》に親《した》しもう3

教科書 120~122ページ

新出漢字

漢字のチェック

*はここに出《で》てきた読《よ》み。

診（120）

*シン　みる

ごんべん　12画

- 意味：病気《びょうき》やけがの様子《ようす》を調《しら》べる。
- 言葉：診察《しんさつ》・診断《しんだん》・往診《おうしん》
- 使い方：委員長《いいんちょう》への就任《しゅうにん》を打診《だしん》される。

準2級

陳（120）

*チン

こざとへん　11画

- 意味：①並《なら》べる。②述《の》べる。③古《ふる》い。
- 言葉：①陳列《ちんれつ》②陳述《ちんじゅつ》・陳謝《ちんしゃ》③陳腐《ちんぷ》
- 使い方：公園《こうえん》の建設《けんせつ》を市長《しちょう》に陳情《ちんじょう》する。

3級

酪（121）

*ラク

ひよみのとり　13画

- 意味：牛《うし》や馬《うま》などの乳《ちち》から作《つく》った食品《しょくひん》。
- 言葉：酪農《らくのう》・乳酪《にゅうらく》
- 使い方：将来《しょうらい》は酪農家《らくのうか》になりたい。

準2級

慨（121）

*ガイ

りっしんべん　13画

- 意味：嘆《なげ》く。いきどおる。
- 言葉：慨嘆《がいたん》・憤慨《ふんがい》
- 使い方：年月《としつき》の流《なが》れに感慨《かんがい》を覚《おぼ》える。

3級

紳（121）

*シン

いとへん　11画

- 意味：地位《ちい》や教養《きょうよう》などが備《そな》わった人《ひと》。
- 言葉：紳士《しんし》・紳士服《しんしふく》
- 使い方：紳士服《しんしふく》の売《う》り場《ば》に行《い》く。

準2級

祉（121）

*シ

しめすへん　8画

- 意味：幸《さいわ》い。恵《めぐ》み。
- 言葉：福祉《ふくし》
- 使い方：祖父《そふ》は社会福祉《しゃかいふくし》に貢献《こうけん》した。

3級

倫（121）

*リン

にんべん　10画

- 意味：人間《にんげん》として守《まも》るべき決《き》まり。
- 言葉：倫理《りんり》・人倫《じんりん》・不倫《ふりん》
- 使い方：人倫《じんりん》にもとる行為《こうい》を許《ゆる》さない。

準2級

諮（121）

シ　*はかる

ごんべん　16画

- 意味：上《うえ》の立場《たちば》の者《もの》が下《した》の立場《たちば》の者《もの》に相談《そうだん》する。
- 言葉：会議《かいぎ》に諮《はか》る・諮問《しもん》
- 使い方：公害問題《こうがいもんだい》について有識者《ゆうしきしゃ》に諮問《しもん》する。

3級

執（121）

シツ　シュウ　*とる

つち　11画

- 意味：①しっかりとり行《おこな》う。②物事《ものごと》にこだわる。
- 言葉：①執行《しっこう》・執務《しつむ》②執心《しゅうしん》・執念《しゅうねん》・固執《こしつ》
- 使い方：会報《かいほう》に載《の》せるエッセイを執筆《しっぴつ》する。

4級

鐘（121）

ショウ　*かね

かねへん　20画

- 意味：かね。つりがね。
- 言葉：除夜《じょや》の鐘《かね》・警鐘《けいしょう》・半鐘《はんしょう》
- 使い方：心臓《しんぞう》が早鐘《はやがね》を打《う》つ。

3級

鋳（121）

チュウ　*いる

かねへん　15画

- 意味：いる。金属《きんぞく》を溶《と》かして型《かた》に流《なが》し込《こ》み、物《もの》を作《つく》る。
- 言葉：鋳型《いがた》・鋳物《いもの》・鋳造《ちゅうぞう》
- 使い方：大仏《だいぶつ》を鋳造《ちゅうぞう》する。

3級

121 浸

*シン ひたす ひたる

さんずい 10画

意味 ①しみる。②ひたす。水《みず》につかる。

言葉 ①浸食《しんしょく》・浸透《しんとう》 ②浸水《しんすい》

使い方 川《かわ》があふれて、水《みず》が床下《ゆかした》に浸入《しんにゅう》した。

4級

121 汁

*ジュウ しる

さんずい 5画

意味 しる。液体《えきたい》。つゆ。

言葉 苦汁《くじゅう》・墨汁《ぼくじゅう》・みそ汁《しる》・汁粉《しるこ》

使い方 果汁《かじゅう》をしぼる。

準2級

121 渋

*ジュウ しぶ しぶい しぶる

さんずい 11画

意味 ①しぶる。事《こと》がうまく運《はこ》ばない。②しぶい。

言葉 ①渋滞《じゅうたい》・難渋《なんじゅう》 ②渋茶《しぶちゃ》・渋味《しぶみ》

使い方 嫌《いや》な仕事《しごと》を押《お》しつけられて渋面《じゅうめん》を作《つく》る。

準2級

121 渉

*ショウ

さんずい 11画

意味 ①関《かか》わる。②広《ひろ》く見《み》たり聞《き》いたりする。

言葉 ①渉外《しょうがい》・交渉《こうしょう》 ②渉猟《しょうりょう》

使い方 他国《たこく》の政治《せいじ》に干渉《かんしょう》する。

準2級

121 衡

*コウ

ぎょうがまえ 16画

意味 ①はかり。②釣《つ》り合《あ》いがとれている。

言葉 ①度量衡《どりょうこう》 ②均衡《きんこう》・平衡《へいこう》

使い方 二《ふた》つの勢力《せいりょく》の均衡《きんこう》が破《やぶ》れる。

準2級

121 享

*キョウ

なべぶた 8画

意味 受《う》ける。受《う》け入《い》れる。

言葉 享受《きょうじゅ》・享年《きょうねん》

使い方 享楽的《きょうらくてき》な生活《せいかつ》を改《あらた》める。

準2級

121 軌

*キ

くるまへん 9画

意味 ①車《くるま》が通《とお》った跡《あと》。②決《き》まった道《みち》。③守《まも》るべき道《みち》。

言葉 ①広軌《こうき》 ②軌道《きどう》・軌跡《きせき》 ③常軌《じょうき》

使い方 新製品《しんせいひん》の生産《せいさん》が軌道《きどう》に乗《の》る。

3級

122 膳

*ゼン

にくづき 16画

意味 調《ととの》えられた料理《りょうり》や食事《しょくじ》。

言葉 一膳《いちぜん》・食膳《しょくぜん》・配膳《はいぜん》

使い方 配膳《はいぜん》のお手伝《てつだ》いをする。

2級

122 藻

*ソウ も

くさかんむり 19画

意味 も。広《ひろ》く、水中《すいちゅう》で生育《せいいく》する植物《しょくぶつ》をいう。

言葉 海藻《かいそう》・藻類《そうるい》・藻《も》くず

使い方 海藻《かいそう》でサラダを作《つく》る。

準2級

122 摂

*セツ

てへん 13画

意味 取《と》り入《い》れる。

言葉 摂氏《せっし》・摂取《せっしゅ》・摂生《せっせい》・摂理《せつり》

使い方 新《あたら》しい知識《ちしき》を摂取《せっしゅ》する。

3級

122 醸

*ジョウ (かもす)

ひよみのとり 20画

意味 かもす。酒《さけ》やしょう油《ゆ》などを作《つく》る。

言葉 醸成《じょうせい》・醸造《じょうぞう》

使い方 清酒《せいしゅ》の醸造所《じょうぞうしょ》を見学《けんがく》する。

準2級

122 蜜

*ミツ

むし 14画

意味 ①甘《あま》い液《えき》。蜂蜜《はちみつ》。②蜂蜜《はちみつ》のように甘《あま》いこと。

言葉 ①蜂蜜《はちみつ》 ②蜜月《みつげつ》

使い方 働《はたら》き蜂《ばち》が蜜《みつ》を集《あつ》める。

2級

122 麺

*メン

むぎ 16画

意味 小麦粉《こむぎこ》などで作《つく》ったうどんやそばなど。

言葉 麺類《めんるい》

使い方 昼食《ちゅうしょく》に麺類《めんるい》を食《た》べる。

2級

122 煎 [煎]

*セン いる

れんが 13画

意味 いる。あぶる。

言葉 煎茶《せんちゃ》・豆《まめ》を煎《い》る。

使い方 煎《い》った豆《まめ》を食《た》べる。

2級

122 充 *ジュウ （あてる）

にんにょう　6画

意味　①満《み》ちる。②足《た》りないところを補《おぎな》う。

言葉　①充実《じゅうじつ》・充満《じゅうまん》　②充填《じゅうてん》・補充《ほじゅう》

使い方　携帯電話《けいたいでんわ》を充電《じゅうでん》する。

準2級

122 填［塡］ *テン

つちへん　13画

意味　埋《う》める。詰《つ》める。

言葉　充填《じゅうてん》・補填《ほてん》

使い方　弾丸《だんがん》を装填《そうてん》する。

2級

122 佳 *カ

にんべん　8画

意味　①よい。優《すぐ》れている。②顔《かお》かたちが美《うつく》しい。

言葉　①佳作《かさく》　②佳人《かじん》

使い方　話《はなし》が佳境《かきょう》に入《はい》る。

3級

122 凹 *オウ

かんにょう　5画

意味　へこむ。くぼみ。

言葉　凹凸《おうとつ》・凹面鏡《おうめんきょう》

使い方　板《いた》の表面《ひょうめん》を凹凸《おうとつ》のないように磨《みが》く。

準2級

122 凸 *トツ

かんにょう　5画

意味　突《つ》き出《で》る。突《つ》き出《で》た部分《ぶぶん》。

言葉　凸《とつ》レンズ・凹凸《おうとつ》

使い方　虫眼鏡《むしめがね》は凸《とつ》レンズでできている。

準2級

122 募 *ボ つのる

ちから　12画

意味　①お金《かね》や人《ひと》を集《あつ》める。②ますます激《はげ》しくなる。

言葉　①募集《ぼしゅう》・応募《おうぼ》・募金《ぼきん》　②思《おも》いが募《つの》る

使い方　新《あら》たに部員《ぶいん》を募集《ぼしゅう》する。

3級

122 剰 *ジョウ

りっとう　11画

意味　余分《よぶん》にある。余《あま》る。余《あま》り。

言葉　剰員《じょういん》・余剰《よじょう》・過剰《かじょう》

使い方　会費《かいひ》の余剰金《よじょうきん》を返金《へんきん》する。

準2級

122 剤 *ザイ

りっとう　10画

意味　くすり。薬《くすり》を混《ま》ぜ合《あ》わせる。

言葉　薬剤《やくざい》・調剤《ちょうざい》・洗剤《せんざい》・清涼剤《せいりょうざい》

使い方　洗剤《せんざい》で衣服《いふく》を洗《あら》う。

4級

新出音訓

121 図る（はかる）

122 省みる（かえりみる）

122 推す（おす）

122 断つ（たつ）

122 映える（はえる）

122 著す（あらわす）

122 裁つ（たつ）

ここがポイント！ 教科書《きょうかしょ》の「練習問題《れんしゅうもんだい》」の答《こた》えと考《かんが》え方《かた》

教科書 121ページ

1 次《つぎ》の文《ぶん》の――線部《せんぶ》に合《あ》う言葉《ことば》を〈 〉から選《えら》ぼう。また、もう一方《いっぽう》の言葉《ことば》を使《つか》って短文《たんぶん》を作《つく》ろう。

① 法案《ほうあん》を倫理委員会《りんりいいんかい》にはかる。〈図《はか》る　諮《はか》る〉

② サッカーチームの指揮《しき》をとる。〈捕《と》る　執《と》る〉

③ 青銅《せいどう》で鐘《かね》をいる。〈射《い》る　鋳《い》る〉

④ 台風《たいふう》で建物《たてもの》がしんすいする。 〈浸水《しんすい》 親水《しんすい》〉
⑤ 二酸化炭素《にさんかたんそ》をはいしゅつする。 〈排出《はいしゅつ》 輩出《はいしゅつ》〉
⑥ くじゅうの選択《せんたく》を迫《せま》られる。 〈苦汁《くじゅう》 苦渋《くじゅう》〉
⑦ 核兵器《かくへいき》のきょういを訴《うった》える。 〈驚異《きょうい》 脅威《きょうい》〉
⑧ 他人《たにん》の行動《こうどう》にかんしょうしない。 〈干渉《かんしょう》 感傷《かんしょう》〉
⑨ へいこう感覚《かんかく》を失《うしな》って転《ころ》ぶ。 〈並行《へいこう》 平衡《へいこう》〉
⑩ 市民《しみん》が自由《じゆう》をきょうじゅする。 〈教授《きょうじゅ》 享受《きょうじゅ》〉
⑪ 打球《だきゅう》のきせきが弧《こ》を描《えが》く。 〈奇跡《きせき》 軌跡《きせき》〉

答えの例

① 諮《はか》る 〈短文《たんぶん》〉他校《たこう》の生徒《せいと》と交流《こうりゅう》を図《はか》る。
② 執《と》る 〈短文《たんぶん》〉森《もり》でカブトムシを捕《と》る。
③ 鋳《い》る 〈短文《たんぶん》〉弓矢《ゆみや》で的《まと》を射《い》る。
④ 浸水《しんすい》 〈短文《たんぶん》〉親水性《しんすいせい》のインクを使《つか》う。
⑤ 排出《はいしゅつ》 〈短文《たんぶん》〉優《すぐ》れた科学者《かがくしゃ》を輩出《はいしゅつ》する。
⑥ 苦渋《くじゅう》 〈短文《たんぶん》〉長《なが》い間《あいだ》苦汁《くじゅう》をなめさせられた。
⑦ 脅威《きょうい》 〈短文《たんぶん》〉驚異的《きょういてき》な記録《きろく》で優勝《ゆうしょう》する。
⑧ 干渉《かんしょう》 〈短文《たんぶん》〉失恋《しつれん》して感傷《かんしょう》にふける。
⑨ 平衡《へいこう》 〈短文《たんぶん》〉線路《せんろ》と並行《へいこう》して道路《どうろ》が走《はし》る。
⑩ 享受《きょうじゅ》 〈短文《たんぶん》〉論文《ろんぶん》の書《か》き方《かた》を教授《きょうじゅ》する。
⑪ 軌跡《きせき》 〈短文《たんぶん》〉奇跡《きせき》を信《しん》じて挑戦《ちょうせん》する。

考え方

① 「諮《はか》る」は「人《ひと》の意見《いけん》をきく」、「図《はか》る」は「とりはからう」。
② 「執《と》る」は「それをする」、「捕《と》る」は「つかまえる」。
③ 「鋳《い》る」は「金属《きんぞく》を溶《と》かして型《かた》に流《なが》し込《こ》み、器《うつわ》を作《つく》る」、「射《い》る」は「狙《ねら》った物《もの》にまっすぐ飛《と》ばす」。
④ 「浸水《しんすい》」は「水《みず》につかる」、「親水《しんすい》」は「水《みず》と結《むす》び付《つ》きやすい」。
⑤ 「排出《はいしゅつ》」は「いらないものを外《そと》に出《だ》すこと」、「輩出《はいしゅつ》」は「優《すぐ》れた人《ひと》が続《つづ》けて外《そと》に出《で》ること」。
⑥ 「苦渋《くじゅう》」は「苦《くる》しみ悩《なや》むこと」、「苦汁《くじゅう》」は「苦《にが》い経験《けいけん》」。
⑦ 「脅威《きょうい》」は「恐《おそ》れさせること」、「驚異《きょうい》」は「驚《おどろ》くほどすばらしいこと」。
⑧ 「干渉《かんしょう》」は「人《ひと》のことに口《くち》を出《だ》すこと」、「感傷《かんしょう》」は「悲《かな》しむこと」。
⑨ 「平衡《へいこう》」は「釣《つ》り合《あ》っていること」、「並行《へいこう》」は「並《なら》んで行《い》くこと」。
⑩ 「享受《きょうじゅ》」は「あるものを受《う》けて、自分《じぶん》のものにすること」、「教授《きょうじゅ》」は「大学《だいがく》などの先生《せんせい》。学問《がくもん》・技術《ぎじゅつ》などを教《おし》えること」。
⑪ 「軌跡《きせき》」は「物体《ぶったい》が通《とお》ったあと」、「奇跡《きせき》」は「普通《ふつう》ではありえないような、不思議《ふしぎ》ですばらしい出来事《できごと》」。

「漢字《かんじ》に親《した》しもう3」の答《こた》え

〈新《あたら》しく習《なら》う漢字《かんじ》〉

1 ①はいぜん ②かいそう ③せっしゅ ④じょうぞう ⑤はちみつ ⑥めんるい ⑦せんちゃ

2 ①じゅうてん・ウ ②かさく・エ ③おうとつ・ア ④ぼきん・イ

3 ①かじょう ②しげき ③さくげん ④せんざい

〈新《あたら》しく習《なら》う音訓《おんくん》〉

4 ①映《は》える ②省《かえり》みる ③著《あらわ》す ④推《お》す ⑤裁《た》つ

5 論理《ろんり》を捉《とら》えて
モアイは語《かた》る――地球《ちきゅう》の未来《みらい》

安田喜憲《やすだよしのり》

教科書 124~131ページ

およその内容

南太平洋《みなみたいへいよう》の絶海《ぜっかい》の孤島《ことう》イースター島《とう》で発見《はっけん》されているモアイは、いったい誰《だれ》が作《つく》ったのか。また、モアイを作《つく》った文明《ぶんめい》はどうなってしまったのだろうか。このことは、地球《ちきゅう》の未来《みらい》を考《かんが》えるうえで、大《おお》きな問題《もんだい》を投《な》げかけている。

最近《さいきん》の研究《けんきゅう》によると、モアイを作《つく》ったのは五世紀頃島《ごせいきごろしま》にやって来《き》たポリネシア人《じん》で、十一世紀頃《じゅういっせいきごろ》からモアイの製造《せいぞう》が始《はじ》まった。モアイの運搬《うんぱん》に使《つか》われたヤシの木《き》は、人口増加《じんこうぞうか》のため減少《げんしょう》していき、土《ど》壌《じょう》の流失《りゅうしつ》が起《お》こって、島《しま》は食料危機《しょくりょうきき》に直面《ちょくめん》した。そしてついに、文《ぶん》明《めい》も崩壊《ほうかい》してしまったのである。

現代《げんだい》の私《わたし》たちは、異常《いじょう》な人口爆発《じんこうばくはつ》の中《なか》で生《い》きている。このままでは、食料不足《しょくりょうぶそく》や資源不足《しげんぶそく》が恒常化《こうじょうか》する危険性《きけんせい》は大《おお》きい。私《わたし》たちは、有限《ゆうげん》の資源《しげん》を効率《こうりつ》よく利用《りよう》する方策《ほうさく》を考《かんが》えなければならない。

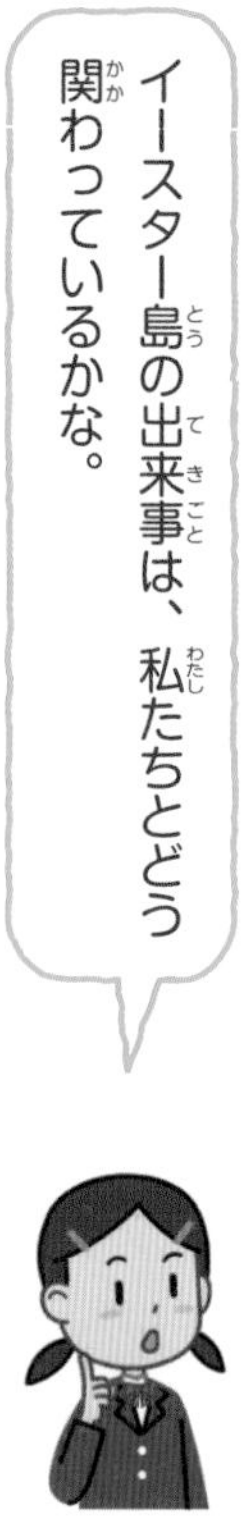

構成

1 モアイの説明《せつめい》と問題提起《もんだいていき》（初《はじ》め～P125・5）

2 イースター島《とう》の歴史《れきし》とモアイの秘密《ひみつ》（P125・6～P128・16）

- モアイは誰《だれ》が作《つく》ったのか。（P125・6～P126・10）
- モアイはどうやって運《はこ》ばれたのか。（P126・11～P127・9）
- モアイが作《つく》られなくなった理由《りゆう》。（P127・10～P127・19）
- モアイを作《つく》った文明《ぶんめい》はどうなったか。（P127・20～P128・16）

3 モアイが語《かた》る地球《ちきゅう》の未来《みらい》（P128・17～終《お》わり）

新出漢字

漢字のチェック

＊はここに出てきた読み。

124 巨

＊キョ

たくみ　5画

意味　①とても大《おお》きい。②非常《ひじょう》に多《おお》い。

言葉　①巨人《きょじん》　②巨額《きょがく》・巨万《きょまん》

使い方　橋《はし》の建設《けんせつ》に巨費《きょひ》を投《とう》じる。

4級

124 孤

＊コ

こへん　9画

意味　①ひとりぼっち。たった一《ひと》つ。②みなしご。

言葉　①孤島《ことう》・孤独《こどく》・孤立《こりつ》　②孤児《こじ》

使い方　彼《かれ》は孤高《ここう》の人《ひと》とよばれている。

3級

124 膨

＊ボウ　ふくらむ　ふくれる

にくづき　16画

意味　ふくらむ。ふくれて大《おお》きくなる。

言葉　膨大《ぼうだい》・膨張《ぼうちょう》

使い方　膨大《ぼうだい》な資料《しりょう》に当《あ》たる。

3級

125 謎

＊なぞ

ごんべん　16画

意味　よくわからないものや事柄《ことがら》。

言葉　謎解《なぞと》き・謎《なぞ》めいた

使い方　歴史《れきし》の謎《なぞ》を解《と》く。

2級

125 栽

＊サイ

き　10画

意味　①草木《くさき》を植《う》えて育《そだ》てる。②草木《くさき》を植《う》え込《こ》んだ所《ところ》。

言葉　①栽培《さいばい》・植栽《しょくさい》　②盆栽《ぼんさい》

使い方　トマトを栽培《さいばい》する。

準2級

125 培

＊バイ　(つちかう)

つちへん　11画

意味　養《やしな》い育《そだ》てる。

言葉　培養《ばいよう》・栽培《さいばい》

使い方　細菌《さいきん》を培養《ばいよう》する。

準2級

126 凝

＊ギョウ　こる　こらす

にすい　16画

意味　①こり固《かた》まる。②熱中《ねっちゅう》する。

言葉　①肩凝《かたこ》り・凝固《ぎょうこ》　②凝視《ぎょうし》

使い方　思《おも》わず友人《ゆうじん》の顔《かお》を凝視《ぎょうし》した。

3級

126 抵

＊テイ

てへん　8画

意味　①あたる。ぶつかる。②釣《つ》り合《あ》う。

言葉　①抵抗《ていこう》・抵触《ていしょく》　②抵当《ていとう》・大抵《たいてい》

使い方　法《ほう》に抵触《ていしょく》する行為《こうい》。

4級

126 搬

＊ハン

てへん　13画

意味　運《はこ》ぶ。物《もの》を動《うご》かす。

言葉　搬出《はんしゅつ》・搬入《はんにゅう》・運搬《うんぱん》

使い方　フェリーで車《くるま》を運搬《うんぱん》する。

4級

127 堆

＊タイ

つちへん　11画

意味　うずたかく積《つ》み上《あ》がる。

言葉　堆積《たいせき》・堆肥《たいひ》

使い方　堆積物《たいせきぶつ》を取《と》り除《のぞ》く作業《さぎょう》。

2級

127 徐

＊ジョ

ぎょうにんべん　10画

意味　緩《ゆる》やかに。おもむろに。

言葉　徐行《じょこう》・徐々《じょじょ》に

使い方　兄《あに》の腹痛《ふくつう》は徐々《じょじょ》に回復《かいふく》に向《む》かっている。

3級

127 薪

＊シン　たきぎ

くさかんむり　16画

意味　燃料《ねんりょう》にするための木《き》。

言葉　薪能《たきぎのう》・薪水《しんすい》・薪炭《しんたん》

使い方　薪水《しんすい》の労《ろう》をとる。

4級

127 棄

＊キ

き　13画

意味　捨《す》てる。放《ほう》り出《だ》す。

言葉　棄却《ききゃく》・棄権《きけん》・廃棄《はいき》・放棄《ほうき》

使い方　条約《じょうやく》を破棄《はき》する。

3級

侵
128
*シン　おかす
にんべん　9画
意味　おかす。よその領域《りょういき》に入《はい》り込《こ》む。
言葉　侵食《しんしょく》・侵入《しんにゅう》・侵略《しんりゃく》
使い方　人権《じんけん》の侵害《しんがい》をなくす。
4級

抗
128
*コウ
てへん　7画
意味　逆《さか》らう。手向《てむ》かう。張《は》り合《あ》う。
言葉　抗議《こうぎ》・抗戦《こうせん》・対抗《たいこう》・抵抗《ていこう》
使い方　抗議《こうぎ》の電話《でんわ》が殺到《さっとう》する。
4級

頻
128
*ヒン
おおがい　17画
意味　しきりに。しばしば。
言葉　頻出《ひんしゅつ》・頻発《ひんぱつ》・頻繁《ひんぱん》
使い方　入試《にゅうし》に頻出《ひんしゅつ》する漢字《かんじ》。
準2級

崩
128
*ホウ　くずれる　くずす
やま　11画
意味　くずれる。くずす。
言葉　崩壊《ほうかい》・崩落《ほうらく》・崩御《ほうぎょ》・がけ崩《くず》れ
使い方　山《やま》の斜面《しゃめん》が崩落《ほうらく》する。
3級

恒
129
*コウ
りっしんべん　9画
意味　いつも。いつまでも変《か》わらない。
言葉　恒久《こうきゅう》・恒常《こうじょう》・恒星《こうせい》・恒例《こうれい》
使い方　今夜《こんや》は恒例《こうれい》のキャンプファイアだ。
4級

飢
129
*キ　うえる
しょくへん　10画
意味　食《た》べ物《もの》がなくてひもじい。
言葉　飢餓《きが》・飢渇《きかつ》・飢饉《ききん》
使い方　江戸《えど》時代《じだい》にはしばしば飢饉《ききん》が起《お》きた。
準2級

餓
129
*ガ
しょくへん　15画
意味　食《た》べ物《もの》がなくてやせ細《ほそ》る。うえる。うえ。
言葉　餓死《がし》・飢餓《きが》
使い方　世界中《せかいじゅう》で飢餓《きが》に苦《くる》しむ人《ひと》がいる。
3級

新出音訓

漆
129
*シツ　うるし
さんずい　14画
意味　①うるし。②うるしのように黒《くろ》い様子《ようす》。
言葉　①漆細工《うるしざいく》・漆器《しっき》　②漆黒《しっこく》
使い方　星《ほし》もなく、外《そと》は漆黒《しっこく》の闇《やみ》だ。
準2級

獄
129
*ゴク
けものへん　14画
意味　①訴《うった》える。訴《うった》え。②刑務所《けいむしょ》。
言葉　①疑獄《ぎごく》　②獄死《ごくし》・地獄《じごく》
使い方　新路線《しんろせん》の開通《かいつう》で交通《こうつう》地獄《じごく》が緩和《かんわ》される。
3級

126
凝灰岩（ギョウカイガン）

「侵《しん》」と「浸《しん》」は、形《かたち》が似《に》ていて、どちらも「シン」という音《おん》をもっているね。でも、訓《くん》は「侵《しん》」が「おかす」、「浸《しん》」が「ひたす」だよ。

重要語句のチェック

124ページ
絶海《ぜっかい》　陸《りく》から遠《とお》く離《はな》れた海《うみ》。 文 絶海《ぜっかい》の孤島《ことう》。

*はここでの意味《いみ》。

いったい 不思議《ふしぎ》に思《おも》ったり、疑《うたが》いの気持《きも》ちを表《あらわ》したりするときの言葉《ことば》。本当《ほんとう》に。文 **いったい**彼女《かのじょ》はどうしたのだろうか。

膨大《ぼうだい》 量《りょう》が非常《ひじょう》に多《おお》い様子《ようす》。文 **膨大《ぼうだい》**な資料《しりょう》。

125ページ

判明《はんめい》 明《あき》らかになること。文 真犯人《しんはんにん》が**判明《はんめい》**した。

炭化物《たんかぶつ》 炭素《たんそ》と他《ほか》の元素《げんそ》との化合物《かごうぶつ》。文 **炭化物《たんかぶつ》**を掘《ほ》り出《だ》す。

126ページ

推定《すいてい》 何《なに》かを基《もと》に、おそらくこうだろうと決《き》めること。文 事故《じこ》の原因《げんいん》を**推定《すいてい》**する。

露出《ろしゅつ》 ＊①むき出《だ》しになること。文 **露出《ろしゅつ》**していた肌《はだ》が日《ひ》に焼《や》けた。②写真撮影《しゃしんさつえい》で、フィルムに光《ひかり》を当《あ》てること。文 **露出《ろしゅつ》**不足《ぶそく》の写真《しゃしん》。

台座《だいざ》 ＊①物《もの》を据《す》え置《お》く台《だい》。文 トロフィーを**台座《だいざ》**に置《お》く。②仏像《ぶつぞう》を安置《あんち》する台《だい》。

不可欠《ふかけつ》 なくてはならないこと。文 水《みず》は生活《せいかつ》に**不可欠《ふかけつ》**だ。

植栽《しょくさい》 ある計画《けいかく》に従《したが》って、草木《くさき》を植《う》えること。文 防風林《ぼうふうりん》として松《まつ》を**植栽《しょくさい》**する。

127ページ

堆積物《たいせきぶつ》 水《みず》や風《かぜ》に運《はこ》ばれ、積《つ》み重《かさ》なった岩石《がんせき》や土砂《どしゃ》。文 噴火《ふんか》の**堆《たい》積物《せきぶつ》**で町《まち》が埋《う》まった。

消滅《しょうめつ》 消《き》えてなくなること。文 優勝《ゆうしょう》の可能性《かのうせい》が**消滅《しょうめつ》**した。類 消失《しょうしつ》

伐採《ばっさい》 木《き》や竹《たけ》を切《き》り倒《たお》すこと。文 森林《しんりん》を**伐採《ばっさい》**する。

放棄《ほうき》 捨《す》て去《さ》ること。文 戦争《せんそう》を**放棄《ほうき》**する。

128ページ

表層《ひょうそう》 表面《ひょうめん》の層《そう》。文 **表層《ひょうそう》**なだれが起《お》きる。対 深層《しんそう》

土壌《どじょう》 土《つち》。作物《さくもつ》を育《そだ》てる土地《とち》。文 豊《ゆた》かな**土壌《どじょう》**が広《ひろ》がる。

侵食《しんしょく》 少《すこ》しずつ他《ほか》の場所《ばしょ》に入《はい》りこむこと。文 外国《がいこく》の製品《せいひん》が日本《にっぽん》の市場《しじょう》を**侵食《しんしょく》**する。

流失《りゅうしつ》 水《みず》に流《なが》されてなくなること。文 洪水《こうずい》で家屋《かおく》が**流失《りゅうしつ》**する。

困難《こんなん》 物事《ものごと》を成《な》し遂《と》げるのが難《むずか》しい様子《ようす》。文 大《おお》きな**困難《こんなん》**に打《う》ち勝《か》つ。対 容易《ようい》

ままならない 思《おも》いどおりにならない。文 **ままならない**世《よ》の中《なか》だ。

直面《ちょくめん》 ある物事《ものごと》にじかに出会《であ》うこと。まともに向《む》き合《あ》うこと。文 難問《なんもん》に**直面《ちょくめん》**する。

根本的《こんぽんてき》 物事《ものごと》の大本《おおもと》に関《かか》わっている様子《ようす》。文 **根本的《こんぽんてき》**な問題《もんだい》が未解決《みかいけつ》だ。

繁栄《はんえい》 栄《さか》えること。文 都市《とし》が**繁栄《はんえい》**する。

生命線《せいめいせん》 生《い》きるために、重大《じゅうだい》な関《かか》わりのある境界線《きょうかいせん》。文 エネルギー資源開発《しげんかいはつ》の**生命線《せいめいせん》**。

129ページ

革新《かくしん》 やり方《かた》や考《かんが》え方《かた》を変《か》えて、新《あたら》しくすること。文 通信技術《つうしんぎじゅつ》の**革新《かくしん》**。対 保守《ほしゅ》

恒常化《こうじょうか》 特《とく》に変化《へんか》のない、一定《いってい》の状態《じょうたい》になる様子《ようす》。文 渋滞《じゅうたい》が**恒常《こうじょう》化《か》**する。

枯渇《こかつ》 ①水《みず》が枯《か》れてなくなること。＊②すっかりなくなること。文 資金《しきん》が**枯渇《こかつ》**する。

有限《ゆうげん》 限《かぎ》りがある様子《ようす》。文 地球《ちきゅう》の石油資源《せきゆしげん》は**有限《ゆうげん》**だ。対 無限《むげん》

ここがポイント！

教科書《きょうかしょ》の「学習《がくしゅう》」の答《こた》えと考《かんが》え方《かた》

教科書 130〜131ページ

捉《とら》える ❶ 文章《ぶんしょう》の構成《こうせい》に着目《ちゃくもく》し、内容《ないよう》を捉《とら》えよう。

① 文章全体《ぶんしょうぜんたい》を序論《じょろん》・本論《ほんろん》・結論《けつろん》に分《わ》けてみよう。

答えの例

序論《じょろん》……初《はじ》め〜P125・5
本論《ほんろん》……P125・6〜P128・16
結論《けつろん》……P128・17〜終《お》わり

考え方

序論《じょろん》で問題《もんだい》を提起《ていき》し、本論《ほんろん》でその問題《もんだい》に答《こた》えている。結論《けつろん》では、イースター島《とう》での出来事《できごと》を踏《ふ》まえて、現在《げんざい》の地球《ちきゅう》の状況《じょうきょう》を論《ろん》じている。

② 筆者《ひっしゃ》が序論《じょろん》で示《しめ》している問《と》いと、それに対《たい》する答《こた》え、また、答《こた》えの根拠《こんきょ》として挙《あ》げられている事実《じじつ》を要約《ようやく》し、表《ひょう》にまとめよう。

答えの例

	問《と》い	答《こた》え	根拠《こんきょ》
1	モアイは誰《だれ》が作《つく》ったのか。	西方《せいほう》から島伝《しまづた》いにやって来たポリネシア人《じん》が作《つく》った。	化石人骨《かせきじんこつ》や栽培作物《さいばいさくもつ》の分析《ぶんせき》からわかった事実《じじつ》。
2	モアイをどうやって運《はこ》んだのか。	ヤシの木《き》をころとして使《つか》って運《はこ》んだ。	堆積物《たいせきぶつ》に含《ふく》まれる花《か》粉《ふん》の分析《ぶんせき》からわかった、イースター島《とう》がヤシの森《もり》に覆《おお》われていたという事実《じじつ》。
3	モアイが突然《とつぜん》作《つく》られなくなったのはなぜか。	ヤシの森《もり》が消滅《しょうめつ》したために、海岸《かいがん》までモアイを運《はこ》ぶことができなくなったから。	ヤシの花粉《かふん》の量《りょう》が七《なな》世紀頃《せいきごろ》から徐々《じょじょ》に減少《げんしょう》していったという事実《じじつ》。
4	モアイを作《つく》った文明《ぶんめい》は、どうなってしまったのか。	森《もり》の消滅《しょうめつ》によって食《しょく》料危機《りょうきき》に直面《ちょくめん》し、部《ぶ》族間《ぞくかん》の抗争《こうそう》が頻発《ひんぱつ》した結果《けっか》、文明《ぶんめい》は崩壊《ほうかい》した。	森《もり》の消滅《しょうめつ》とそれに伴《ともな》う表層土壌《ひょうそうどじょう》の流失《りゅうしつ》によって、食物《しょくもつ》の栽培《さいばい》や魚《さかな》を捕《と》るための船《ふね》の製造《せいぞう》が困難《こんなん》になったという事実《じじつ》。

考え方

序論《じょろん》では、「モアイは誰《だれ》が作《つく》ったのか」、「モアイをどうやって運《はこ》んだのか」、「モアイが突然《とつぜん》作《つく》られなくなったのはなぜか」、「モアイを作《つく》った文明《ぶんめい》は、どうなってしまったのか」という四《よっ》つの問《と》いが提《てい》起《き》されている。本論《ほんろん》は、序論《じょろん》で提起《ていき》された問《と》いに対応《たいおう》して、次《つぎ》の四《よっ》つの部分《ぶぶん》に分《わ》かれている。

・P125・6〜P126・10
・P126・11〜P127・9
・P127・10〜P127・19
・P127・20〜P128・16

序論《じょろん》で提起《ていき》された四《よっ》つの問《と》いに対《たい》して、本論《ほんろん》の四《よっ》つの部分《ぶぶん》でそれぞれ根拠《こんきょ》を示《しめ》しながら答《こた》えている。

読《よ》み深《ふか》める ❷ 論理《ろんり》の展開《てんかい》を吟味《ぎんみ》しよう。

① 筆者《ひっしゃ》が考《かんが》えるイースター島《とう》と地球《ちきゅう》との共通点《きょうつうてん》とは何《なん》だろうか。本文《ほんもん》から読《よ》み取《と》ろう。

答えの例

筆者《ひっしゃ》は、イースター島《とう》と地球《ちきゅう》との共通点《きょうつうてん》として、次《つぎ》のようなことを考《かんが》えている。文明《ぶんめい》の繁栄《はんえい》の背景《はいけい》に森林《しんりん》の存在《そんざい》があるということ、それにもかかわらず人口増加《じんこうぞうか》によって森林資源《しんりんしげん》が枯渇《こかつ》する可能性《かのうせい》があるということ、そして、森林資源《しんりんしげん》の枯渇《こかつ》によって住民《じゅうみん》が飢餓《きが》に直面《ちょくめん》したとき、どこからも食料《しょくりょう》を運《はこ》んでくることができないということである。

考え方

筆者《ひっしゃ》は本論《ほんろん》で「かつて島《しま》が豊《ゆた》かなヤシの森《もり》に覆《おお》われていた時代《じだい》には、土地《とち》も肥《こ》え、バナナやタロイモなどの食料《しょくりょう》も豊富《ほうふ》だった。」（P128・1）と述《の》べ、イースター島《とう》の文明《ぶんめい》が森《もり》に支《ささ》えられていたことを指摘《してき》している。ところが、人口《じんこう》の増加《ぞうか》によって「森《もり》が消滅《しょうめつ》するとともに、豊《ゆた》かな表層土壌《ひょうそうどじょう》が雨《あめ》によって侵食《しんしょく》され、流出《りゅうしゅつ》してしまった」（P128・3）結果《けっか》、「しだいに食料危機《しょくりょうきき》に直面《ちょくめん》していくこと」（P128・9）になり、最終的《さいしゅうてき》には「イースター島《とう》の文明《ぶんめい》は崩壊《ほうかい》してしまった」（P128・13）のである。また、「木《き》がなくなったため船《ふね》を造《つく》ることもままならなくなり、たんぱく源《げん》の魚《さかな》を捕《と》ることもできなくなった」（P128・7）と述《の》べて、森《もり》の消滅《しょうめつ》によって食料危機《しょくりょうきき》に直面《ちょくめん》した際《さい》には、他《ほか》のところから食料《しょくりょう》を調達《ちょうたつ》することができなくなったということにも言及《げんきゅう》している。

筆者《ひっしゃ》は結論《けつろん》で、こうしたイースター島《とう》の出来事《できごと》を現代《げんだい》の地球《ちきゅう》の状況《じょうきょう》に重《かさ》ね合《あ》わせている。「地球《ちきゅう》そのものが、森《もり》によって支《ささ》えられている」（P128・19）のは、かつてのイースター島《とう》と同《おな》じである。また、筆者《ひっしゃ》によれば「現代《げんだい》の私《わたし》たちは、地球始《ちきゅうはじ》まって以来《いらい》の異常《いじょう》な人口爆発《じんこうばくはつ》の中《なか》で生《い》きている。」（P129・1）のだが、それはイースター島《とう》における人口《じんこう》の増加《ぞうか》を超《こ》えるものである。筆者《ひっしゃ》は「絶海《ぜっかい》の孤島《ことう》のイースター島《とう》では、森林資源《しんりんしげん》が枯渇《こかつ》し、島《しま》の住民《じゅうみん》が飢餓《きが》に直面《ちょくめん》したとき、どこからも食料《しょくりょう》を運《はこ》んでくることができなかった。地球《ちきゅう》も同《おな》じである。」（P129・10）と述《の》べている。以上《いじょう》から、筆者《ひっしゃ》の考《かんが》える

イースター島《とう》と地球《ちきゅう》との共通点《きょうつうてん》として、

・文明《ぶんめい》の繁栄《はんえい》の背景《はいけい》に森林《しんりん》の存在《そんざい》があるということ。
・人口《じんこう》の増加《ぞうか》。
・森林《しんりん》資源《しげん》が枯渇《こかつ》する可能性《かのうせい》。
・飢餓《きが》に直面《ちょくめん》したとき、どこからも食料《しょくりょう》を運《はこ》んでくることができないということ。

などが挙《あ》げられる。

② 筆者《ひっしゃ》は、なぜイースター島《とう》の事例《じれい》を示《しめ》したのだろうか。主張《しゅちょう》との関係《かんけい》に着目《ちゃくもく》して考《かんが》えてみよう。

答えの例

森《もり》という資源《しげん》を失《うしな》ったため文明《ぶんめい》が崩壊《ほうかい》してしまったイースター島《とう》の事例《じれい》は、人類《じんるい》が生《い》き延《の》びるためには、有限《ゆうげん》の資源《しげん》をできるだけ効率《こうりつ》よく、長期《ちょうき》にわたって利用《りよう》する方策《ほうさく》を考《かんが》えなければならないという筆者《ひっしゃ》の主張《しゅちょう》を裏付《うらづ》ける根拠《こんきょ》となるから。

考え方

筆者《ひっしゃ》の主張《しゅちょう》は最後《さいご》の「私《わたし》たちは、今《いま》あるこの有限《ゆうげん》の資源《しげん》をできるだけ効率《こうりつ》よく、長期《ちょうき》にわたって利用《りよう》する方策《ほうさく》を考《かんが》えなければならない。それが、人類《じんるい》の生《い》き延《の》びる道《みち》なのである。」（P129・13）で明確《めいかく》に述《の》べられている。イースター島《とう》では、有限《ゆうげん》の資源《しげん》を失《うしな》ってしまった、つまり長期《ちょうき》にわたって利用《りよう》することができなかったために文明《ぶんめい》が崩壊《ほうかい》してしまった。したがって、イースター島《とう》の事例《じれい》は、筆者《ひっしゃ》の主張《しゅちょう》の有力《ゆうりょく》な根拠《こんきょ》となっている。

③ 「モアイの秘密《ひみつ》」（125ページ5行目《ぎょうめ》）を解《と》き、それを基《もと》に地球《ちきゅう》の未来《みらい》を語《かた》る筆者《ひっしゃ》の論理《ろんり》の展開《てんかい》についてどう考《かんが》えるか、「効果《こうか》」や「説得力《せっとくりょく》」という観点《かんてん》から話《はな》し合《あ》おう。

答えの例

初《はじ》めに疑問《ぎもん》を提示《ていじ》し、それを次々《つぎつぎ》に解《と》いていくという展開《てんかい》は、読者《どくしゃ》の興味《きょうみ》を引《ひ》き付《つ》ける効果《こうか》があると思《おも》う。また、モアイの話《はなし》から、森《もり》という有限《ゆうげん》の資源《しげん》を失《うしな》って文明《ぶんめい》が崩壊《ほうかい》してしまったイースター島《とう》の運命《うんめい》に話《はなし》を進《すす》めたことで、人類《じんるい》が生《い》き延《の》びるためには、有限《ゆうげん》の資《し》源《げん》をできるだけ効率《こうりつ》よく、長期《ちょうき》にわたって利用《りよう》する方策《ほうさく》を考《かんが》えなければならないという筆者《ひっしゃ》の主張《しゅちょう》に説得力《せっとくりょく》が生《う》まれたのではないだろうか。

考え方

次《つぎ》のような視点《してん》から考《かんが》えてみよう。

・モアイについての問《と》いを次々《つぎつぎ》に解《と》いていくことは、どのような効果《こうか》をもつか。
・イースター島《とう》の事例《じれい》を示《しめ》すことは、筆者《ひっしゃ》の主張《しゅちょう》とどのような関連《かんれん》をもっているか。

考《かんが》えをもつ ❸

筆者《ひっしゃ》の主張《しゅちょう》に対《たい》する考《かんが》えを文章《ぶんしょう》にまとめよう。

筆者《ひっしゃ》の主張《しゅちょう》について、自分《じぶん》の知識《ちしき》や体験《たいけん》と重《かさ》ねて今後《こんご》どうすべきだと考《かんが》えるか、二百字程度《にひゃくじていど》でまとめよう。

・自分《じぶん》の考《かんが》えの根拠《こんきょ》を明確《めいかく》に示《しめ》す。

・根拠《こんきょ》として挙《あ》げた事実《じじつ》の客観性《きゃっかんせい》や、意見《いけん》と根拠《こんきょ》のつながりなど、論理《ろんり》の展開《てんかい》を吟味《ぎんみ》する。

答えの例

筆者《ひっしゃ》の主張《しゅちょう》するように、有限《ゆうげん》の資源《しげん》を長期的《ちょうきてき》に利用《りよう》する方策《ほうさく》を考《かんが》える必要《ひつよう》がある。そのために急《いそ》がれるのは、環境汚染《かんきょうおせん》の防止《ぼうし》だ。私《わたし》は去年《きょねん》、海岸《かいがん》を掃除《そうじ》するボランティアに参加《さんか》したが、プラスチックやビニールのゴミが多《おお》いことに驚《おどろ》かされた。プラスチックゴミによる海洋汚染《かいようおせん》は、世界的《せかいてき》な問題《もんだい》になっている。森《もり》と同《おな》じように、海《うみ》も私《わたし》たち人間《にんげん》の文明《ぶんめい》を支《ささ》える大切《たいせつ》な資源《しげん》だ。今後《こんご》、自分自身《じぶんじしん》も含《ふく》め、皆《みな》が海《うみ》を守《まも》る活動《かつどう》に参加《さんか》することが大切《たいせつ》だ。（199字《じ》）

考え方

次《つぎ》の点《てん》に注意《ちゅうい》してまとめよう。
・筆者《ひっしゃ》の主張《しゅちょう》に対《たい》する自分《じぶん》の考《かんが》えを明確《めいかく》に述《の》べる。
・自分《じぶん》の考《かんが》えの根拠《こんきょ》を明確《めいかく》に示《しめ》す。
・根拠《こんきょ》と自分《じぶん》の意見《いけん》（考《かんが》え）のつながりなど、論理《ろんり》の展開《てんかい》がしっかりするように書《か》く。
・自分《じぶん》の知識《ちしき》か体験《たいけん》のどちらかを盛《も》り込《こ》む。

言葉を広げる

●環境問題《かんきょうもんだい》を論《ろん》じるときに使《つか》われる漢語《かんご》を本文中《ほんもんちゅう》から探《さが》し、短文《たんぶん》を作《つく》ってみよう。（例「資源《しげん》」「破壊《はかい》」「消滅《しょうめつ》」など）

答えの例

・森林《しんりん》の減少《げんしょう》は水資源《みずしげん》の枯渇《こかつ》をもたらす。
・一度《いちど》破壊《はかい》された自然《しぜん》を元《もと》に戻《もど》すのは難《むずか》しい。
・森林《しんりん》が消滅《しょうめつ》すると海洋《かいよう》にも悪影響《あくえいきょう》が生《しょう》じる。

振り返る

●「モアイ」は何《なに》を語《かた》っているのだろうか。端的《たんてき》に説明《せつめい》してみよう。「モアイ」「歴史《れきし》」「未来《みらい》」の三《みっ》つの言葉《ことば》を使《つか》って書《か》こう。

答えの例

モアイは、イースター島《とう》における文明崩壊《ぶんめいほうかい》の歴史《れきし》から、有限《ゆうげん》の資源《しげん》を守《まも》らないと人類《じんるい》の未来《みらい》が危《あや》うくなるという教訓《きょうくん》を語《かた》っている。

●論理《ろんり》の展開《てんかい》を捉《とら》えるとき、どのような点《てん》に着目《ちゃくもく》すると効果的《こうかてき》か、自分《じぶん》の言葉《ことば》で説明《せつめい》しよう。

答えの例

意見《いけん》（主張《しゅちょう》）の根拠《こんきょ》を示《しめ》しているか、またその根拠《こんきょ》は意見《いけん》（主張《しゅちょう》）を裏付《うらづ》けるものとなっているかという点《てん》に着目《ちゃくもく》すると効果《こうか》的《てき》である。

テスト直前《ちょくぜん》にチェック!

モアイは語《かた》る——地球《ちきゅう》の未来《みらい》

教科書 124~131ページ

ヤシの花粉の量は、七世紀頃から、徐々《じょじょ》に減少していき、代わってイネ科やタデ科などの草の花粉と炭片が増えてくる。このことは、ヤシの森が消滅《しょうめつ》していったことを物語っている。人口が増加する中で家屋の材料や日々の薪、それに農耕地を作るために伐採されたのだろう。さらに、モアイの製造が始まると運搬用のころや支柱としても使われるようになり、森がよりいっそう破壊されていったのだと考えられる。ラノ・ララクの石切り場からは、未完成のモアイ像が約二百六十体も発見された。なかには作りかけの二百トン近い巨像もあった。運ぶ途中で放棄されたモアイも残されている。おそらく①森が消滅した結果、海岸までモアイを運ぶことができなくなったのであろう。

　では、モアイを作った文明は、いったいどうなったのだろうか。

　かつて島が豊かなヤシの森に覆われていた時代には、土地も肥え、バナナやタロイモなどの食料も豊富だった。しかし、森が消滅するとともに、豊かな表層土壌が雨によって侵食され、流失してしまった。火山島はただでさえ岩だらけだ。その島において、表層土壌が流失してしまうと、もう主食のバナナやタロイモを栽培することは困難となる。おまけに木がなくなったため船を造ることもままならなくなり、たんぱく源の魚を捕ることもできなくなった。

　こうして、②イースター島はしだいに食料危機に直面していくことになった。その過程で、イースター島の部族間の抗争も頻発した。そのときに倒され破壊されたモアイ像も多くあったと考えられている。そのような経過をたどり、イースター島の文明は崩壊してしまった。モアイも作られることはなくなった。③文明を崩壊させた根本的原因は、森の消滅にあったのだ。千体以上のモアイの巨像を作り続けた文明は、十七世紀後半から十八世紀前半に崩壊したと推定されている。

1　――線①「森が消滅した結果、海岸までモアイを運ぶことができなくなった」とありますが、何を作れなくなったからだと考えられますか。文章中から九字で書き抜きなさい。

解くコツ　運ぶために使っていたものを押さえる。

2　――線②「イースター島はしだいに食料危機に直面していくことになった。」とありますが、島で手に入れることが困難になった食料として挙げられたものは何ですか。文章中から二つ探し、十一字と七字で書き抜きなさい。

3　よく出る!　――線③「文明を崩壊させた……消滅にあったのだ。」とありますが、そういえるのはなぜですか。次から一つ選び、記号に○を付けなさい。

ア　森の消滅で材料不足になり、モアイを作れなくなったから。
イ　森の消滅により船が造れなくなり、石を運べなくなったから。
ウ　森の消滅で食料危機になり、部族間抗争も起きて崩壊したから。
エ　森の消滅で岩だらけになり、住む場所がなくなったから。

解くコツ　直前の内容を読み取る。

④イースター島のこのような運命は、私たちにも無縁なことではない。日本列島において文明が長く繁栄してきた背景にも、国土の七十パーセント近くが森で覆われているということが深く関わっている。日本列島だけではない。地球そのものが、森によって支えられているという面もある。森林は、文明を守る生命線なのである。

現代の私たちは、地球始まって以来の異常な人口爆発の中で生きている。一九五〇年代に二十五億足らずだった地球の人口は、半世紀もたたないうちに、その二倍の五十億を突破してしまった。イースター島の急激な人口の増加は、百年に二倍の割合であったから、いかに現代という時代が異常な時代であるかが理解できよう。

⑤このまま人口の増加が続いていけば、二〇三〇年には八十億を軽く突破し、二〇五〇年には九十億を超えるだろうと予測される。しかし、地球の農耕地はどれほど耕しても二十一億ヘクタールが限界である。そして、二十一億ヘクタールの農耕地で生活できる地球の人口は、八十億がぎりぎりである。食料生産に関しての革命的な技術革新がないかぎり、地球の人口が八十億を超えたとき、食料不足や資源の不足が恒常化する危険性は大きい。

絶海の孤島のイースター島では、森林資源が枯渇《こかつ》し、島の住民が飢餓に直面したとき、どこからも食料を運んでくることができなかった。

⑥地球も同じである。広大な宇宙という漆黒の海にぽっかりと浮かぶ青い生命の島、地球。その森を破壊し尽くしたとき、その先に待っているのはイースター島と同じ飢餓地獄である。とするならば、私たちは、今あるこの有限の資源をできるだけ効率よく、長期にわたって利用する方策を考えなければならない。それが、⑦人類の生き延びる道なのである。

安田喜憲「モアイは語る」（光村図書『国語二年』127～129ページ）

4 よく出る！

——線④「イースター島の……無縁なことではない。」とありますが、それはなぜですか。

（　　　）

解くコツ 「……から。」で終わるようにまとめる。

5

——線⑤「このまま人口の増加が続いていけば」とありますが、人口の増加が続くとどうなるのですか。次から一つ選び、記号に○を付けなさい。

ア　人の住める土地が不足する可能性は極《きわ》めて大きい。
イ　森林を切り開いて農耕地をどんどん増やす必要がでてくる。
ウ　食料生産の革命的な技術革新でなんとか乗り越えるだろう。
エ　食料不足や資源の不足が恒常化する危険性は大きい。

6 よく出る！

——線⑥「地球も同じである。」とありますが、地球とイースター島はどんな点が同じなのですか。

（　　　）

解くコツ 「……点。」で終わるように整える。

7 よく出る！

——線⑦「人類の生き延びる道」とありますが、これは私たちがどうすることを指していますか。

（　　　）

◀答えは166ページ

思考《しこう》のレッスン2 根拠《こんきょ》の吟味《ぎんみ》

教科書 132~133ページ

漢字のチェック

新出漢字

132	132	133
吟（*ギン）	把（*ハ）	致（*チ・いたす）
くちへん　7画	てへん　7画	いたる　10画
意味：うたう。詩《し》や歌《うた》を口《くち》ずさむ。詩《し》や歌《うた》を作《つく》る。	意味：①手《て》で握《にぎ》る。②取《と》っ手《て》。③束《たば》ねたものを数《かぞ》える言葉《ことば》。	意味：①いたらせる。②招《まね》く。③趣《おもむき》。ありさま。
言葉：詩吟《しぎん》・吟唱《ぎんしょう》・吟味《ぎんみ》	言葉：①把握《はあく》　②把手《はしゅ》　③十把《じっぱ》ひとからげ	言葉：①致命傷《ちめいしょう》・一致《いっち》・極致《きょくち》　②招致《しょうち》・誘致《ゆうち》　③風致《ふうち》
使い方：商品《しょうひん》の品質《ひんしつ》をよく吟味《ぎんみ》する。	使い方：現在《げんざい》の状況《じょうきょう》を把握《はあく》する。	使い方：山頂《さんちょう》から見《み》た紅葉《こうよう》は美《び》の極致《きょくち》だ。
準2級	準2級	4級

*はここに出《で》てきた読《よ》み。

教科書の課題

問題《もんだい》1　次《つぎ》の文章《ぶんしょう》には、説得力《せっとくりょく》のある根拠《こんきょ》が示《しめ》されているだろうか。説得力《せっとくりょく》が弱《よわ》いとすれば、何《なに》が問題《もんだい》なのか考《かんが》えよう。

① 中学校《ちゅうがっこう》の体育《たいいく》で、サッカーをする時間《じかん》を増《ふ》やすべきだ。私《わたし》のクラスには、「いちばん好《す》きなスポーツはサッカーだ。」と答《こた》えた人《ひと》が半数以上《はんすういじょう》いたからだ。

② 二月《にがつ》には、たくさん本《ほん》を読《よ》んだほうがよい。この地域《ちいき》が一年《いちねん》で最《もっと》も寒《さむ》くなるのは、二月《にがつ》だからだ。

答えの例

① ①の文章《ぶんしょう》では、説得力《せっとくりょく》のある根拠《こんきょ》が示《しめ》されているとは言《い》えない。挙《あ》げられた根拠《こんきょ》には例外《れいがい》があると考《かんが》えられるからである。

② ②の文章《ぶんしょう》では、説得力《せっとくりょく》のある根拠《こんきょ》が示《しめ》されているとは言《い》えない。意見《いけん》と根拠《こんきょ》がどのように結《むす》び付《つ》いているかはっきりしないからである。

問題《もんだい》2　次《つぎ》の①~④のうち、幾《いく》つかの事柄《ことがら》を使《つか》って、Aさんの意見《いけん》の説得力《せっとくりょく》を高《たか》めよう。

> Aさんの意見《いけん》
> 私《わたし》は、友達《ともだち》に謝《あやま》るときには、電話《でんわ》より手紙《てがみ》で気持《きも》ちを伝《つた》えたほうがよいと考《かんが》える。手紙《てがみ》のほうが、思《おも》いや考《かんが》えが伝《つた》わるからだ。

① 手紙《てがみ》には、封筒《ふうとう》と便箋《びんせん》を選《えら》ぶ楽《たの》しみがある。

② 手紙《てがみ》は、もらった人《ひと》が何度《なんど》も読《よ》み返《かえ》すことができる。

③ 手紙《てがみ》は、時間《じかん》をかけて言葉《ことば》を吟味《ぎんみ》することができる。

④ 私《わたし》なら、電話《でんわ》よりも手紙《てがみ》をもらったほうがうれしい。

答えの例

友達《ともだち》に謝《あやま》るときには、電話《でんわ》より手紙《てがみ》で気持《きも》ちを伝《つた》えたほうがよい。手紙《てがみ》は、時間《じかん》をかけて言葉《ことば》を吟味《ぎんみ》することができるので、謝罪《しゃざい》の気持《きも》ちを説明《せつめい》しやすい。その分《ぶん》、手紙《てがみ》のほうが、電話《でんわ》よりも思《おも》いや考《かんが》えが伝《つた》わるはずだ。また、手紙《てがみ》は、もらった人《ひと》が何度《なんど》も読《よ》み返《かえ》すことができるので、やはりこちらの思《おも》いや考《かんが》えが伝《つた》わる可能性《かのうせい》が高《たか》くなる。以上《いじょう》のような理由《りゆう》で、私《わたし》は、友達《ともだち》に謝《あやま》るときには、電話《でんわ》より手紙《てがみ》で気持《きも》ちを伝《つた》えたほうがよいと考《かんが》える。

解説

意見《いけん》の説得力《せっとくりょく》を高《たか》めるには、根拠《こんきょ》を適切《てきせつ》に示《しめ》すことが大切《たいせつ》である。次《つぎ》のような点《てん》に注意《ちゅうい》して根拠《こんきょ》を示《しめ》すようにしよう。

・客観的《きゃっかんてき》な事実《じじつ》や、信頼性《しんらいせい》の高《たか》い情報《じょうほう》・データを示《しめ》す。
・意見《いけん》と根拠《こんきょ》のつながりを明確《めいかく》にする。
↓事実《じじつ》や情報《じょうほう》、データが、どのように意見《いけん》と関係《かんけい》があり、意見《いけん》を支《ささ》えているかを説明《せつめい》する。

複数《ふくすう》の事実《じじつ》や統計結果《とうけいけっか》などを根拠《こんきょ》として示《しめ》すことができれば、その根拠《こんきょ》には例外《れいがい》が少《すく》ないということになるね。

5 論理《ろんり》を捉《とら》えて
根拠《こんきょ》の適切《てきせつ》さを考《かんが》えて書《か》こう／漢字《かんじ》に親《した》しもう4

教科書 134~138ページ

漢字のチェック

新出漢字

	鎌	墳	陣	拓
ページ	138	138	138	138
読み	*かま	*フン	*ジン	*タク
部首	かねへん	つちへん	こざとへん	てへん
画数	18画	15画	10画	8画
意味	草刈《くさか》りに使《つか》う道具《どうぐ》。	土《つち》を丸《まる》く盛《も》り上《あ》げた墓《はか》。	①戦《いくさ》に備《そな》えている所《ところ》。②戦《いくさ》。	①物事《ものごと》を初《はじ》めて開《ひら》く。②紙《かみ》に形《かたち》を写《うつ》し取《と》ったもの。
言葉	鎌倉時代《かまくらじだい》	墳墓《ふんぼ》・古墳《こふん》	①陣営《じんえい》・陣地《じんち》 ②出陣《しゅつじん》・退陣《たいじん》	①拓殖《たくしょく》・開拓《かいたく》 ②拓本《たくほん》・魚拓《ぎょたく》
使い方	鎌《かま》で草《くさ》を刈《か》る。	広大《こうだい》な前方後円墳《ぜんぽうこうえんふん》を築《きず》く。	首相《しゅしょう》が退陣《たいじん》を表明《ひょうめい》する。	湖《みずうみ》を干拓《かんたく》して農地《のうち》を作《つく》る。
級	2級	3級	4級	4級

＊はここに出《で》てきた読《よ》み。

138 猟

＊リョウ

けものへん　11画

意味　狩《か》り。探《さが》し求《もと》める。

言葉　猟犬《りょうけん》・猟師《りょうし》・猟銃《りょうじゅう》・禁猟《きんりょう》・狩猟《しゅりょう》

使い方　狩《か》りに猟犬《りょうけん》を連《つ》れて行《い》く。

3級

138 勃

＊ボツ

ちから　9画

意味　にわかに。にわかに起《お》こる。

言葉　勃発《ぼっぱつ》・勃興《ぼっこう》

使い方　戦争《せんそう》が勃発《ぼっぱつ》する。

2級

138 痕

＊コン　あと

やまいだれ　11画

意味　①きずあと。②何《なに》かが存在《そんざい》したしるし。

言葉　①傷痕《きずあと》　②痕跡《こんせき》・血痕《けっこん》

使い方　洞窟《どうくつ》の中《なか》に、たき火《び》をした痕跡《こんせき》がある。

2級

138 臆

＊オク

にくづき　17画

意味　怖《こわ》がる。おじ気《け》づく。

言葉　臆病《おくびょう》

使い方　強敵《きょうてき》に臆《おく》する。

2級

138 楷

＊カイ

きへん　13画

意味　①見本《みほん》や手本《てほん》。②漢字《かんじ》の書体《しょたい》。

言葉　楷書《かいしょ》

使い方　名前《なまえ》を楷書《かいしょ》で書《か》く。

2級

138 邸

＊テイ

おおざと　8画

意味　屋敷《やしき》。大《おお》きな家《いえ》。立派《りっぱ》な家《いえ》。

言葉　邸宅《ていたく》・官邸《かんてい》・私邸《してい》

使い方　社長《しゃちょう》夫人《ふじん》に邸内《ていない》を案内《あんない》してもらう。

準2級

138 骸

＊ガイ

ほねへん　16画

意味　①骨《ほね》だけの遺体《いたい》。②破壊《はかい》された状態《じょうたい》で残《のこ》されたもの。③わくぐみ。

言葉　①骸骨《がいこつ》　②残骸《ざんがい》　③形骸化《けいがいか》

使い方　委員会《いいんかい》の活動《かつどう》は形骸化《けいがいか》してしまった。

2級

138 該

＊ガイ

ごんべん　13画

意味　当《あ》たる。当《あ》てはまる。

言葉　該当《がいとう》・該博《がいはく》・当該《とうがい》

使い方　提示《ていじ》された条件《じょうけん》に該当《がいとう》する。

3級

138 嘱

＊ショク

くちへん　15画

意味　①頼《たの》む。押《お》し付《つ》ける。②期待《きたい》する。

言葉　①委嘱《いしょく》・嘱託《しょくたく》　②嘱望《しょくぼう》・嘱目《しょくもく》

使い方　土地《とち》の調査《ちょうさ》を委嘱《いしょく》する。

3級

138 呪

＊ジュ　のろう

くちへん　8画

意味　①のろう。のろい。②まじなう。まじない。

言葉　①呪詛《じゅそ》　②呪術《じゅじゅつ》・呪文《じゅもん》

使い方　呪文《じゅもん》を唱《とな》える。

2級

138 唆

＊サ　(そそのかす)

くちへん　10画

意味　そそのかす。けしかける。仕向《しむ》ける。

言葉　教唆《きょうさ》・示唆《しさ》

使い方　新時代《しんじだい》の到来《とうらい》を示唆《しさ》する出来事《できごと》。

準2級

新出音訓

138　歳暮（セイボ）

138　業（わざ）

138　衣装（イショウ）

138　暴露（バクロ）

解説

賛成《さんせい》か反対《はんたい》かなど、自分《じぶん》の立場《たちば》を決《き》め、適切《てきせつ》な根拠《こんきょ》を選《えら》んで意見《いけん》文《ぶん》を書《か》く。

1 課題《かだい》を決《き》め、分析《ぶんせき》する

・自分《じぶん》が問題《もんだい》を感《かん》じていることや、地域《ちいき》や社会《しゃかい》で話題《わだい》になっていることから、課題《かだい》を決《き》める。
・観点《かんてん》ごとに長所《ちょうしょ》と短所《たんしょ》を整理《せいり》して、表《ひょう》などにまとめる。
・整理《せいり》した内容《ないよう》を友達《ともだち》どうしで見《み》せ合《あ》い、互《たが》いに助言《じょげん》する。

2 立場《たちば》を決《き》めて考《かんが》えをまとめる

課題《かだい》に対《たい》して賛成《さんせい》か反対《はんたい》かを決《き》め、その根拠《こんきょ》を考《かんが》える。

3 反論《はんろん》を想定《そうてい》して、構成《こうせい》を考《かんが》える

・反論《はんろん》を想定《そうてい》し、その反論《はんろん》に対《たい》する自分《じぶん》の意見《いけん》を考《かんが》える。自分《じぶん》の意見《いけん》や根拠《こんきょ》に対《たい》する反論《はんろん》を想定《そうてい》することで、意見《いけん》をより明確《めいかく》にし、深《ふか》めることができる。
・意見《いけん》と根拠《こんきょ》、反論《はんろん》とそれに対《たい》する意見《いけん》をどのような順序《じゅんじょ》で書《か》くかを決《き》めて、構成《こうせい》メモを作《つく》る。

意見文《いけんぶん》の構成《こうせい》には、次《つぎ》のようなものがあるよ。
・意見《いけん》→根拠《こんきょ》…頭括型《とうかつがた》
・根拠《こんきょ》→意見《いけん》…尾括型《びかつがた》
・意見《いけん》→根拠《こんきょ》→意見《いけん》のまとめ…双括型《そうかつがた》

反論《はんろん》とそれに対《たい》する意見《いけん》は、根拠《こんきょ》の後《あと》に述《の》べるといいよ。双括型《そうかつがた》に反論《はんろん》とそれに対《たい》する意見《いけん》を取《と》り入《い》れると、次《つぎ》のような構成《こうせい》になるね。
・意見《いけん》→根拠《こんきょ》→反論《はんろん》とそれに対《たい》する意見《いけん》→意見《いけん》のまとめ

4 意見文《いけんぶん》にまとめる

下書《したが》き→推敲《すいこう》→清書《せいしょ》の順《じゅん》で、六百字《ろっぴゃくじ》から八百字程度《はっぴゃくじていど》の意見文《いけんぶん》を書《か》く。

5 学習《がくしゅう》を振《ふ》り返《かえ》る

根拠《こんきょ》の適切《てきせつ》さについて、説得力《せっとくりょく》があると思《おも》ったところなどを伝《つた》え合《あ》う。

「漢字《かんじ》に親《した》しもう4」の答《こた》え

〈新《あたら》しく習《なら》う漢字《かんじ》〉

1 ①かまくらじだい ②こふん ③じんとう ④かいたく ⑤しゅりょう ⑥ぼっぱつ ⑦こんせき
2 ①(ア)臆 (イ)憶 ②(ア)階 (イ)楷 ③(ア)抵 (イ)邸 ④(ア)骸 (イ)該
3 ①いしょく ②じゅばく ③しさ ④のどもと

〈新《あたら》しく習《なら》う音訓《おんくん》〉

4 ①暮 ②装 ③業 ④暴

5 論理《ろんり》を捉《とら》えて

【討論《とうろん》】異《こと》なる立場《たちば》から考《かんが》える／立場《たちば》を尊重《そんちょう》して話《はな》し合《あ》おう

教科書 139~143ページ

◆異《こと》なる立場《たちば》から考《かんが》える

教科書の課題

賛成《さんせい》・反対《はんたい》それぞれの立場《たちば》の人《ひと》が、①～⑧（教科書《きょうかしょ》P139上段《じょうだん》）を基《もと》にどんな意見《いけん》を述《の》べるかを考《かんが》えてみよう。

答えの例

同《おな》じ情報《じょうほう》を見《み》た場合《ばあい》の例《れい》

⑤より

・**賛成《さんせい》の立場《たちば》なら**

既《すで》に中学生《ちゅうがくせい》の約六割《やくろくわり》の人《ひと》がスマートフォンを持《も》っている。これは、スマートフォンが必要《ひつよう》であることを示《しめ》している。

・**反対《はんたい》の立場《たちば》なら**

中学生《ちゅうがくせい》の四割《よんわり》は、スマートフォンを持《も》たずに生活《せいかつ》できている。だから、中学生《ちゅうがくせい》にとって絶対《ぜったい》に必要《ひつよう》なものだとは言《い》えない。

考え方

賛成《さんせい》・反対《はんたい》それぞれの立場《たちば》で、情報《じょうほう》の捉《とら》え方《かた》がどう異《こと》なるかを想像《そうぞう》してみる。

◆立場《たちば》を尊重《そんちょう》して話《はな》し合《あ》おう

解説

立場《たちば》を決《き》めて討論《とうろん》することを通《とお》して、物事《ものごと》を多角的《たかくてき》に検討《けんとう》し、自分《じぶん》の考《かんが》えの幅《はば》を広《ひろ》げる方法《ほうほう》を考《かんが》える。

1 **討論《とうろん》のテーマを決《き》めて、情報《じょうほう》を集《あつ》めよう。**

・地域《ちいき》や社会《しゃかい》で話題《わだい》になっていることに着目《ちゃくもく》してテーマを探《さが》す。

・立場《たちば》を決《き》める前《まえ》に、広《ひろ》く情報《じょうほう》を集《あつ》めて整理《せいり》する。

2 **立場《たちば》を決《き》めて、考《かんが》えをまとめよう。**

・テーマに対《たい》する自分《じぶん》の立場《たちば》を決《き》め、意見《いけん》と根拠《こんきょ》をまとめる。

・異《こと》なる立場《たちば》の人《ひと》の意見《いけん》や根拠《こんきょ》を予想《よそう》し、それに対《たい》する答《こた》えを考《かんが》える。

3 **グループで討論《とうろん》しよう。**

司会一名《しかいいちめい》、各立場《かくたちば》の人二《ひとに》、三名《さんめい》で一《ひと》つのグループとする。

・テーマを確認《かくにん》し、一人一人《ひとりひとり》、自分《じぶん》の意見《いけん》を述《の》べる。

・立場《たちば》を意識《いしき》して討論《とうろん》する。

・一人《ひとり》ずつまとめの発言《はつげん》をした後《あと》、司会《しかい》が結論《けつろん》をまとめる。

4 **討論《とうろん》を振《ふ》り返《かえ》ろう。**

・討論《とうろん》を通《つう》じて起《お》きた考《かんが》えの深《ふか》まりや広《ひろ》がりを伝《つた》え合《あ》う。

音《おん》読《どく》を楽《たの》しもう 月《つき》夜《よ》の浜《はま》辺《べ》

中《なか》原《はら》中《ちゅう》也《や》

教科書 144~145ページ

およその内容

1 第《だい》一《いち》連《れん》・第《だい》二《に》連《れん》（初《はじ》め～144ページ7行《ぎょう》目《め》）

・月《つき》夜《よ》の晩《ばん》にボタンが一《ひと》つ、波《なみ》打《う》ち際《ぎわ》に落《お》ちていた。「僕《ぼく》」はそれを役《やく》立《だ》てようと思《おも》ったわけではないが、袂《たもと》に入《い》れた。

2 第《だい》三《さん》連《れん》・第《だい》四《よん》連《れん》（144ページ9行《ぎょう》目《め》～145ページ6行《ぎょう》目《め》）

・月《つき》夜《よ》の晩《ばん》にボタンが一《ひと》つ、波《なみ》打《う》ち際《ぎわ》に落《お》ちていた。「僕《ぼく》」はそれを月《つき》に向《む》かって放《ほう》ることもできず、浪《なみ》に向《む》かって放《ほう》ることもできずに、袂《たもと》に入《い》れた。

3 第《だい》五《ご》連《れん》・第《だい》六《ろく》連《れん》（145ページ8行《ぎょう》目《め》～終《お》わり）

・月《つき》夜《よ》の晩《ばん》に拾《ひろ》ったボタンは、指《ゆび》先《さき》に沁《し》み、心《こころ》に沁《し》みた。どうしてそれが捨《す》てられようか。（いや、決《けっ》して捨《す》てることはできない。）

解説

・表《ひょう》現《げん》の特《とく》色《しょく》

この詩《し》は、ほとんどが七《しち》音《おん》の句《く》からできている。（一《いち》部《ぶ》に五《ご》音《おん》、六《ろく》音《おん》、八《はち》音《おん》の句《く》がある。）

また、「月《つき》夜《よ》の晩《ばん》に、ボタンが一《ひと》つ／波打際《なみうちぎは(ワ)》に、落《お》ちてゐ《(イ)》た。」や「それを拾つ《(ヒロッ)》て、役《やく》立《だ》てようと／僕《ぼく》は思つ《(オモッ)》たわけでもないが」が繰《く》り返《かえ》されている。

そのため、軽《けい》快《かい》なリズムを感《かん》じながら読《よ》むことができる。

・内《ない》容《よう》

月《つき》夜《よ》の晩《ばん》に波《なみ》打《う》ち際《ぎわ》に落《お》ちていた一《ひと》つのボタンに対《たい》する作《さく》者《しゃ》の共《きょう》感《かん》が主《しゅ》題《だい》である。その共《きょう》感《かん》は連《れん》を追《お》うごとに次《し》第《だい》に高《たか》まっていき、最《さい》後《ご》には「どうしてそれが、捨《す》てられようか？」という強《つよ》い反《はん》語《ご》的《てき》表《ひょう》現《げん》で締《し》めくくられている。ボタンのイメージについては、読《どく》者《しゃ》によってさまざまであってよいが、少《すく》なくともそれが「一《ひと》つ」だけ落《お》ちていたことなどから、世《せ》間《けん》に受《う》け入《い》れられがたい一《いっ》種《しゅ》の孤《こ》独《どく》感《かん》が込《こ》められているという点《てん》は、押《お》さえておきたい。

漢字のチェック

＊はここに出《で》てきた読《よ》み。

新出漢字

144

忍

ニン
＊しのぶ
しのばせる

こころ
7画

忍忍忍忍忍忍忍

意味　①我《が》慢《まん》する。こらえる。②ひそかにする。

言葉　①忍《にん》耐《たい》・忍《にん》従《じゅう》　②忍《にん》者《じゃ》・忍《にん》術《じゅつ》

使い方　子《こ》供《ども》の成《せい》長《ちょう》を忍《にん》耐《たい》強《づよ》く見《み》守《まも》る。

準2級

6 いにしえの心《こころ》を訪《たず》ねる 音読《おんどく》を楽《たの》しもう 平家物語《へいけものがたり》

教科書 150ページ

解説

・平家物語《へいけものがたり》

鎌倉時代前期《かまくらじだいぜんき》に成立《せいりつ》した軍記物語《ぐんきものがたり》。作者《さくしゃ》は信濃前司行長《しなののぜんじゆきなが》という説《せつ》もあるが、明《あき》らかではない。栄華《えいが》を極《きわ》めた平家《へいけ》の一門《いちもん》が、源氏《げんじ》の挙兵《きょへい》によって都《みやこ》を追《お》われ、ついには壇ノ浦《だんのうら》で滅亡《めつぼう》するまでを描《えが》く。何事《なにごと》も長《なが》く栄《さか》えることはないという仏教的無常観《ぶっきょうてきむじょうかん》に基《もと》づきながら、勇壮《ゆうそう》な合戦《かっせん》の場面《ばめん》や、死《し》や別離《べつり》に悲《かな》しむ人々《ひとびと》の生々《なまなま》しい感情《かんじょう》が描《えが》かれている。

「祇園精舎《ぎをんしやうじや》の……」は平家物語《へいけものがたり》の冒頭《ぼうとう》の部分《ぶぶん》で、仏教《ぶっきょう》の無常観《むじょうかん》が強《つよ》く感《かん》じられる。七音《しちおん》や五音《ごおん》の句《く》が多《おお》く用《もち》いられ、対句的《ついくてき》な表現《ひょうげん》も多《た》用《よう》されており、リズミカルな文章《ぶんしょう》になっている。

「諸行無常《しょぎょうむじょう》」は、仏教的《ぶっきょうてき》な思想《しそう》の言葉《ことば》だよ。

・琵琶法師《びわほうし》

琵琶《びわ》を演奏《えんそう》しながら物語《ものがたり》などを語《かた》った盲人《もうじん》の芸能者《げいのうしゃ》。「平家物語《へいけものがたり》」は、琵琶法師《びわほうし》によって平曲《へいきょく》として語《かた》られ、多《おお》くの人々《ひとびと》に親《した》しまれた。（「平曲《へいきょく》」とは、「平家物語《へいけものがたり》」を琵琶《びわ》の演奏《えんそう》に合《あ》わせて語《かた》ったもの。）

・軍記物語《ぐんきものがたり》

古文《こぶん》の種類《しゅるい》の一《ひと》つで、実際《じっさい》に起《お》きた戦争《せんそう》や合戦《かっせん》の話《はなし》を題材《だいざい》にした書物《しょもつ》のことである。ただ、史実《しじつ》に忠実《ちゅうじつ》に描《えが》かれているわけではなく、多少《たしょう》の創作《そうさく》も入《い》り交《ま》じっている。

軍記物語《ぐんきものがたり》は、漢語《かんご》や和語《わご》、俗語《ぞくご》、仏教語《ぶっきょうご》を自在《じざい》に織《お》り交《ま》ぜた和漢《わかん》混交文《こんこうぶん》で描《えが》かれるという特徴《とくちょう》がある。

平家物語《へいけものがたり》のジャンルは、「軍記物語《ぐんきものがたり》」というんだね。覚《おぼ》えておこう。

およその内容

昔《むかし》、インドの須達長者《しゅだつちょうじゃ》が釈迦《しゃか》のために建立《こんりゅう》した祇園精舎《ぎおんしょうじゃ》の鐘《かね》の音《おと》には、万物《ばんぶつ》は何一《なにひと》つ長《なが》くは続《つづ》かないという、諸行無常《しょぎょうむじょう》の響《ひび》きがある。釈迦《しゃか》が亡《な》くなったとき悲《かな》しみのために枯《か》れ、白色《はくしょく》に変《へん》じたと伝《つた》えられる沙羅双樹《しゃらそうじゅ》の花《はな》の色《いろ》は、勢《いきお》い盛《さか》んな者《もの》も最後《さいご》には滅《ほろ》び去《さ》るという道理《どうり》を表《あらわ》す。権勢《けんせい》におごっている人《ひと》も、その勢《いきお》いが長《なが》く続《つづ》くことはない。ただ、春《はる》の夜《よる》の夢《ゆめ》のようなものである。強《つよ》くたけだけしい者《もの》も、最後《さいご》には滅《ほろ》びてしまう。まったく風《かぜ》の前《まえ》にあってすぐに吹《ふ》き飛《と》んでしまう塵《ちり》と同《おな》じである。

6 いにしえの心《こころ》を訪《たず》ねる

扇《おうぎ》の的《まと》——「平家物語《へいけものがたり》」から

教科書 151~161ページ

およその内容

源氏《げんじ》に京《きょう》を追《お》われ、西国《さいごく》へ落《お》ちた平家《へいけ》は、いったん勢力《せいりょく》を盛《も》り返《かえ》すが、義経《よしつね》に攻《せ》められて屋島《やしま》に退《しりぞ》き、海上《かいじょう》に逃《のが》れた。日暮《ひぐれ》の頃《ころ》、沖《おき》の平家《へいけ》の陣《じん》から陸《りく》の源氏《げんじ》に向《む》かって小舟《こぶね》がこぎ寄《よ》せて来《き》て、扇《おうぎ》を竿《さお》の先《さき》に付《つ》けて、「射《い》よ。」と挑発《ちょうはつ》した。義経《よしつね》は、那須《なすの》与一《よいち》に命《めい》じて射《い》させることにした。与一《よいち》はいったん辞退《じたい》したが、やむをえず的《まと》に向《む》かった。そして神仏《しんぶつ》に祈《いの》ると、激《はげ》しい北風《きたかぜ》も収《おさ》まったので、与一《よいち》は十分《じゅうぶん》に弓《ゆみ》を引《ひ》き絞《しぼ》って射《い》た。矢《や》は見事《みごと》に扇《おうぎ》を射切《いき》った。

与一《よいち》の腕前《うでまえ》に感動《かんどう》した五十歳《ごじっさい》ばかりの男《おとこ》が舟《ふね》で舞《まい》を舞《ま》った。しかし、与一《よいち》は義経《よしつね》の命令《めいれい》で、この男《おとこ》も射倒《いたお》してしまった。

この後《あと》、戦《たたか》いの最中《さいちゅう》に弓《ゆみ》を落《お》とした義経《よしつね》は危険《きけん》を冒《おか》して拾《ひろ》い上《あ》げた。非難《ひなん》する老臣《ろうしん》たちに、敵《てき》から「弱々《よわよわ》しい弓《ゆみ》」と笑《わら》われたくなかったのだと語《かた》った。

新出漢字

漢字のチェック

151 扇 セン *おうぎ

とだれ 10画

意味	①おうぎ。②あおいで風《かぜ》を送《おく》る。
言葉	①扇状地《せんじょうち》 ②扇風機《せんぷうき》
使い方	節電《せつでん》のためエアコンから扇風機《せんぷうき》に切《き》り替《か》える。

4級

151 僅 [僅] キン *わずか

にんべん 12画

意味	ほんの少《すこ》し。わずか。
言葉	僅少《きんしょう》・僅差《きんさ》・僅《わず》かな差《さ》
使い方	大会《たいかい》の結果《けっか》は僅差《きんさ》の二位《にい》だった。

2級

151 如 *ジョ (ニョ)

おんなへん 6画

意味	様子《ようす》を表《あらわ》す言葉《ことば》に付《つ》けて、調子《ちょうし》を整《ととの》える。
言葉	欠如《けつじょ》・突如《とつじょ》・躍如《やくじょ》
使い方	彼《かれ》には積極性《せっきょくせい》が欠如《けつじょ》している。

3級

151 舟 シュウ *ふね ふな

ふね 6画

意味	ふね。小《こ》ぶね。
言葉	舟歌《ふなうた》・丸木舟《まるきぶね》・舟艇《しゅうてい》
使い方	舟運《しゅううん》の便《べん》がよい。

4級

*はここに出《で》てきた読《よ》み。

151 房

*ボウ ふさ

とだれ 8画

意味 ①小《ちい》さい部屋《へや》。②ふさ。垂《た》れ下《さ》がっているもの。

言葉 ①工房《こうぼう》・茶房《さぼう》・心房《しんぼう》・冷房《れいぼう》 ②一房《ひとふさ》・花房《はなぶさ》

使い方 冷房《れいぼう》の効《き》きすぎは体《からだ》に毒《どく》だ。

3級

152 綱

コウ *つな

いとへん 14画

意味 ①つな。②取《と》り締《し》まる決《き》まり。

言葉 ①綱引《つなひ》き・横綱《よこづな》 ②綱紀《こうき》・綱領《こうりょう》

使い方 新政党《しんせいとう》が綱領《こうりょう》を発表《はっぴょう》する。

3級

153 漂

ヒョウ *ただよう

さんずい 14画

意味 ①ただよう。流《なが》れのままになる。②さらす。

言葉 ①漂着《ひょうちゃく》・漂流《ひょうりゅう》・漂泊《ひょうはく》 ②漂白《ひょうはく》

使い方 海上《かいじょう》をいかだで漂流《ひょうりゅう》する。

3級

154 浦

*うら

さんずい 10画

意味 海《うみ》が陸地《りくち》に入《はい》り込《こ》んだ所《ところ》。

言葉 浦里《うらさと》・津津浦浦《つつうらうら》・田子《たご》の浦《うら》

使い方 彼女《かのじょ》の名声《めいせい》は津津浦浦《つつうらうら》にまで知《し》れ渡《わた》っている。

準2級

154 堪

(カン) *たえる

つちへん 12画

意味 ①我慢《がまん》する。②優《すぐ》れている。

言葉 ①任《にん》に堪《た》える ②感《かん》に堪《た》えない

使い方 喜《よろこ》びに堪《た》えない。

準2級

156 逸

*イツ

しんにょう 11画

意味 ①逃《に》げる。②わがまま。③特《とく》に優《すぐ》れている。

言葉 ①後逸《こういつ》 ②逸脱《いつだつ》 ③逸材《いつざい》・逸品《いっぴん》

使い方 新婦《しんぷ》についての逸話《いつわ》を披露《ひろう》する。

準2級

156 騎

*キ

うまへん 18画

意味 ①馬《うま》に乗《の》る。②馬《うま》に乗《の》った人《ひと》を数《かぞ》える言葉《ことば》。

言葉 ①騎士《きし》・騎手《きしゅ》・騎乗《きじょう》 ②一騎《いっき》

使い方 運動会《うんどうかい》で騎馬戦《きばせん》に出場《しゅつじょう》する。

3級

156 嘲［嘲］

*チョウ あざける

くちへん 15画

意味 からかう。ばかにする。

言葉 自嘲《じちょう》・嘲笑《ちょうしょう》・人《ひと》を嘲《あざけ》る

使い方 観客《かんきゃく》からの嘲笑《ちょうしょう》に、気分《きぶん》を害《がい》する。

2級

新出音訓

152 手綱（たづな）

153 面（おもて）

重要語句のチェック

*はここでの意味。

151ページ

追討軍《ついとうぐん》 敵《てき》を攻《せ》め滅《ほろ》ぼすために派遣《はけん》された軍勢《ぐんぜい》。文 反乱《はんらん》が起《お》きたので、追討軍《ついとうぐん》を派遣《はけん》した。

奇襲《きしゅう》 不意《ふい》をついて攻撃《こうげき》すること。文 奇襲《きしゅう》をかける。

手勢《てぜい》 手下《てした》の兵士《へいし》・軍勢《ぐんぜい》。文 手勢《てぜい》を率《ひき》いて戦《たたか》う。

みぎわ 陸地《りくち》の、水《みず》に接《せっ》している所《ところ》。水《みず》ぎわ。文 みぎわを歩《ある》く。

152ページ

しからば それなら。文 しからば、私《わたし》が参《まい》りましょう。

つかまつる 「する」「行《おこな》う」の謙譲語《けんじょうご》。いたす。文 失礼《しつれい》つかまつる。

つわもの 強《つよ》い人《ひと》。勇《いさ》ましい人《ひと》。文 戦国一《せんごくいち》のつわもの。

153ページ

まみえる 顔《かお》を合《あ》わせる。対面《たいめん》する。文 敵《てき》と相《あい》まみえる。

おぼしめす　お思《おも》いになる。文どうか哀《あわ》れとおぼしめしてお助《たす》けください。

154ページ

あやまつ　失敗《しっぱい》する。間違《まちが》える。文あやまたずやり遂《と》げた。

しばし　しばらく。少《すこ》しの間《あいだ》。文しばしの別《わか》れ。

感《かん》に堪《た》えない　深《ふか》く感動《かんどう》して、表《おもて》に表《あらわ》さずにはいられない。文感《かん》に堪《た》えず涙《なみだ》を流《なが》す。

156ページ

乗《じょう》じる　状況《じょうきょう》を利用《りよう》して物事《ものごと》を行《おこな》う。文人《ひと》の弱《よわ》みに乗《じょう》じる。

嘲笑《ちょうしょう》　さげすんで笑《わら》うこと。文他人《たにん》を嘲笑《ちょうしょう》するのはやめよう。

無常観《むじょうかん》　あらゆるものは常《つね》に変化《へんか》し、定《さだ》まらないという考《かんが》え。文仏教《ぶっきょう》の基本的《きほんてき》な思想《しそう》は無常観《むじょうかん》だ。

基調《きちょう》　＊①作品《さくひん》・思想《しそう》などの底《そこ》を一貫《いっかん》して流《なが》れる基本的《きほんてき》な傾向《けいこう》・調子《ちょうし》。文この小説《しょうせつ》の基調《きちょう》はヒューマニズムだ。②討論《とうろん》などの基本的《きほんてき》なテーマ。文基調演説《きちょうえんぜつ》を行《おこな》う。

担《にな》い手《て》　中心《ちゅうしん》となって物事《ものごと》を進《すす》める人《ひと》。文次代《じだい》の担《にな》い手《て》は君《きみ》たちだ。

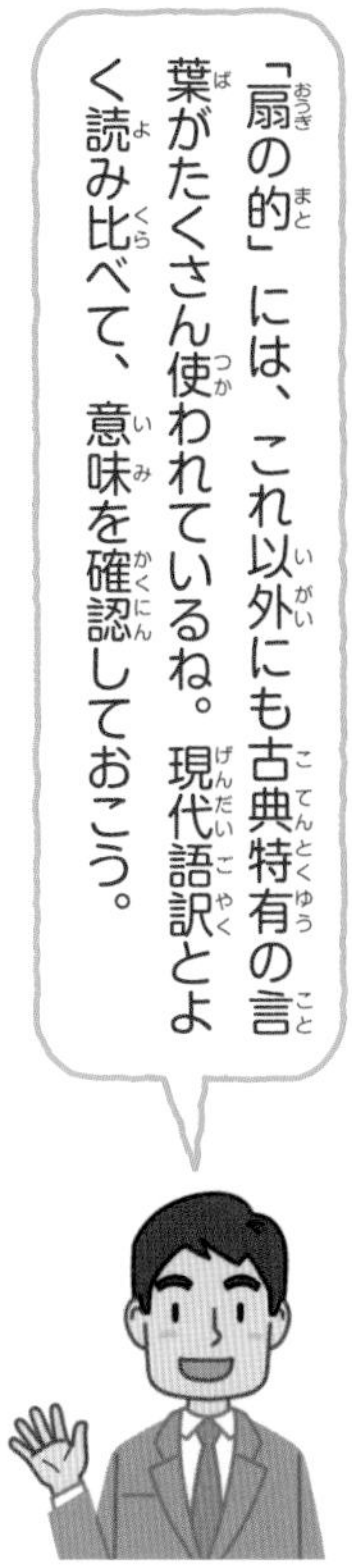

ここがポイント！ 教科書《きょうかしょ》の「学習《がくしゅう》」の答《こた》えと考《かんが》え方《かた》

教科書157ページ

捉《とら》える・読《よ》み深《ふか》める

1 朗読《ろうどく》して古典《こてん》のリズムを楽《たの》しもう。

「平家物語《へいけものがたり》」冒頭部分《ぼうとうぶぶん》（150ページ）や、「扇《おうぎ》の的《まと》」の原文《げんぶん》を繰《く》り返《かえ》し朗読《ろうどく》し、古典《こてん》の文章独特《ぶんしょうどくとく》の調子《ちょうし》や響《ひび》きを楽《たの》しもう。

考え方

① **歴史的仮名遣《れきしてきかなづか》い**

例 を《（オ）》りふし・揺《ゆ》りすゑ《（エ）》漂《ただよ》へ《（エ）》ば・願《ねが》は《（ワ）》くは・向《む》かふ《（コウ）》べからず・この矢《や》はづ《（ズ）》させたまふ《（モウ）》な・なつ《（ナッ）》たりける・ひやう《（ヒョウ）》ど・いふ《（ウ）》ぢやう《（ジョウ）》

〈歴史的仮名遣《れきしてきかなづか》いの読《よ》み方《かた》の決《き》まり〉

- 語頭以外《ごとういがい》の「はひふへほ」は「わいうえお」となる。
- 「au・iu・uu・eu・ou」→「ô・yû・û・yô・ô」

例 ひやう（hiyau）→ひょう（hyô）

- 「ゐ・ゑ」→「い・え」
- 「ぢ・づ」→「じ・ず」
- 助詞以外《じょしいがい》の「を」→「お」　など

② **文語文《ぶんごぶん》に特有《とくゆう》の言葉《ことば》や語形《ごけい》**

例 高《たか》かりけり・ひらめいたり・見物《けんぶつ》す・晴《は》れならずといふことぞ

なき・射《い》させてたばせたまへ・向《む》かふべからず・迎《むか》へんとおぼしめさば・小兵《こひやう》といふぢやう

③ **助詞《じょし》を付《つ》けない表現《ひょうげん》**

例 北風《きたかぜ》〔が〕激《はげ》しくて・与一《よいち》〔は〕目《め》をふさいで・あの扇《おうぎ》の真《ま》ん中《なか》〔を〕射《い》させてたばせたまへ

④ **七五調《しちごちょう》（それに近《ちか》い表現《ひょうげん》）や対句《ついく》になっている表現《ひょうげん》**

例 七五調《しちごちょう》…かぶらは海《うみ》へ／入《い》りければ
扇《おうぎ》は空《そら》へぞ／上《あ》がりける

対句《ついく》…沖《おき》には平家《へいけ》、舟《ふね》を一面《いちめん》に並《なら》べて見物《けんぶつ》す／陸《くが》には源氏《げんじ》、くつばみを並《なら》べてこれを見《み》る

❷ 登場人物《とうじょうじんぶつ》の言動《げんどう》から、心情《しんじょう》を考《かんが》えよう。

① **みぎわへ向《む》かって馬《うま》を歩《あゆ》ませる与一《よいち》やそれを見送《みおく》る源氏《げんじ》の武士《ぶし》たち、義経《よしつね》の思《おも》いはどのようなものだったろう。**

答えの例

与一《よいち》…主君《しゅくん》の命令《めいれい》なので、もし射当《いあ》てることができなかったら源氏《げんじ》の恥《はじ》になってしまう。失敗《しっぱい》は許《ゆる》されないと、自《みずか》らを鼓舞《こぶ》している。

武士《ぶし》や義経《よしつね》…那須与一《なすのよいち》のような弓《ゆみ》の名手《めいしゅ》なら、きっと扇《おうぎ》に命中《めいちゅう》させるに違《ちが》いないと、深《ふか》く信頼《しんらい》を寄《よ》せている。

考え方

その場面《ばめん》を描《えが》いた部分《ぶぶん》には、「味方《みかた》のつわものどもは、『かの若者《わかもの》ならば、確《たし》かに射当《いあ》てるに相違《そうい》ない。』と、その後《うし》ろ姿《すがた》をはるかに見送《みおく》ったが、それは、義経《よしつね》も同《おな》じ思《おも》いだった」（P152・8）とあり、源氏《げんじ》の武士《ぶし》たちも義経《よしつね》も、ともに与一《よいち》に深《ふか》い信頼《しんらい》を寄《よ》せていることがわかる。

教科書《きょうかしょ》には出《で》ていないが、「平家物語《へいけものがたり》」では与一《よいち》は弓《ゆみ》の名手《めいしゅ》として知《し》られており、それで義経《よしつね》に召《め》し出《だ》されたという経緯《けいい》がある。

② **最後《さいご》の場面《ばめん》で、「あ、射《い》たり。」と言《い》った人《ひと》と、「情《なさ》けなし。」と言《い》った人《ひと》の気持《きも》ちについて話《はな》し合《あ》ってみよう。**

答えの例

「あ、射《い》たり。」というのは「ああ、よく射《い》た。」という意味《いみ》だから、那須与一《なすのよいち》の弓《ゆみ》の腕前《うでまえ》に感心《かんしん》しているわけで、射倒《いたお》された人《ひと》のことなどは全《まった》く気《き》にしていない。戦《いくさ》の非情《ひじょう》さがよく表《あらわ》れた言葉《ことば》である。

一方《いっぽう》、「情《なさ》けなし。」は「心《こころ》ないことを。」という意味《いみ》なので、いくら敵《てき》だとはいえ、与一《よいち》の腕前《うでまえ》をたたえて舞《まい》を舞《ま》う人間《にんげん》を殺《ころ》すという行為《こうい》に心《こころ》を痛《いた》めたものと思《おも》われる。

考え方

「あ、射《い》たり。」は賞賛《しょうさん》の言葉《ことば》、「情《なさ》けなし。」は嘆《なげ》きの言葉《ことば》である点《てん》に注意《ちゅうい》しよう。舞《まい》を舞《ま》う男《おとこ》は平家《へいけ》の人間《にんげん》なので、敵《てき》として源氏側《げんじがわ》が射殺《いころ》すことは、戦《いくさ》の中《なか》では特《とく》に非難《ひなん》されることではない。それでもその非情《ひじょう》さを嘆《なげ》く人《ひと》がいたということに注目《ちゅうもく》しよう。ここに語《かた》り手《て》のものの見方《みかた》も表《あらわ》れている。

考《かんが》えをもつ ③

読《よ》み取《と》ったことを基《もと》に自分《じぶん》の考《かんが》えを述《の》べよう。

「扇《おうぎ》の的《まと》」に登場《とうじょう》する人物《じんぶつ》たちの言動《げんどう》から、どのようなものの見《み》方《かた》や考《かんが》え方《かた》を読《よ》み取《と》っただろうか。それに対《たい》する自分《じぶん》の考《かんが》えを述《の》べてみよう。

答えの例

「黒革《くろかわ》おどしの鎧《よろい》の男《おとこ》」は、戦場《せんじょう》にありながら、敵《てき》の与一《よいち》の弓《ゆみ》の腕前《うでまえ》に感心《かんしん》し、舞《まい》を舞《ま》う。実《じつ》に風流《ふうりゅう》な人物《じんぶつ》である。だが、義経《よしつね》の命令《めいれい》を受《う》けた与一《よいち》の弓《ゆみ》によって射殺《いころ》されてしまう。与一《よいち》からすれば自分《じぶん》をたたえる舞《まい》を舞《ま》っている人《ひと》を殺《ころ》してしまったことになる。

義経《よしつね》は、命懸《いのちが》けで弓《ゆみ》を拾《ひろ》ったことを老臣《ろうしん》たちに非難《ひなん》されると、「弱々《よわよわ》しい弓《ゆみ》を敵《てき》が拾《ひろ》い、『なんとこれが源氏《げんじ》の大将《たいしょう》九郎義経《くろうよしつね》の弓《ゆみ》だよ。』と嘲笑《ちょうしょう》するにちがいないのが悔《くや》しい」からだと答《こた》える。

これらから読《よ》み取《と》ることができるのは、命懸《いのちが》けの戦場《せんじょう》における武士《ぶし》たちの美意識《びいしき》である。風流《ふうりゅう》を愛《あい》する心《こころ》や命懸《いのちが》けで名誉《めいよ》を守《まも》る心《こころ》がそれである。その背後《はいご》には戦場《せんじょう》の非情《ひじょう》さや、運命《うんめい》の皮肉《ひにく》、さらにいえば人《ひと》の世《よ》のはかなさといったものが、色濃《いろこ》く流《なが》れている。

考え方

「黒革《くろかわ》おどしの鎧《よろい》の男《おとこ》」も「義経《よしつね》」も、ともに自分《じぶん》の美意識《びいしき》に基《もと》づいて行動《こうどう》している点《てん》に注意《ちゅうい》しよう。それは、戦場《せんじょう》での戦《たたか》いを重《かさ》ねることでつちかわれた武士《ぶし》に特有《とくゆう》のものだった。扇《おうぎ》に射当《いあ》てられなかったら自害《じがい》する覚悟《かくご》で射《い》た「与一《よいち》」も、もちろん名誉《めいよ》を重《おも》んじる武士《ぶし》としての美意識《びいしき》に支《ささ》えられていたのである。

振り返る

- 古典《こてん》の文章《ぶんしょう》の調子《ちょうし》やリズムについて、どんなことを感《かん》じたかを発表《はっぴょう》しよう。
- 登場人物《とうじょうじんぶつ》の言動《げんどう》から、どのようなものの見方《みかた》や考《かんが》え方《かた》を読《よ》み取《と》ったか、まとめたものを見返《みかえ》そう。

答えの例

・平家物語《へいけものがたり》は、テンポよくリズム感《かん》のある文章《ぶんしょう》。

・那須与一《なすのよいち》は、自分《じぶん》の身《み》の程《ほど》を感《かん》じて一度《いちど》は辞退《じたい》するが、主人《しゅじん》である義経《よしつね》の命《めい》には絶対逆《ぜったいさか》らえないと覚悟《かくご》を決《き》めて忠義《ちゅうぎ》を貫《つらぬ》くといった人物《じんぶつ》である。

考え方

・「平家物語《へいけものがたり》」の「扇《おうぎ》の的《まと》」は、合戦《かっせん》の中《なか》の一《ひと》コマで、緊迫感《きんぱくかん》がある場面《ばめん》。文体《ぶんたい》は和漢混交文《わかんこんこうぶん》であり、独特《どくとく》のテンポとリズムを生《う》み出《だ》している。古文《こぶん》では助詞《じょし》が省略《しょうりゃく》されているため、さらに引《ひ》きしまった間延《まの》びのしない調子《ちょうし》となっている。臨場感《りんじょうかん》あふれる感《かん》じがするのは、擬声語《ぎせいご》や対比《たいひ》が多用《たよう》されているためである。

・義経《よしつね》が扇《おうぎ》の的《まと》を射《い》させようとしたとき、一度《いちど》は辞退《じたい》した那須《なすの》与《よ》一《いち》だった。しかし、主人《しゅじん》である義経《よしつね》の命《めい》には絶対逆《ぜったいさか》らえないと覚《かく》悟《ご》を決《き》める。主人《しゅじん》に命《めい》じられたことならば、非情《ひじょう》なことでも遂行《すいこう》するという考《かんが》え方《かた》をもっている。

テスト直前《ちょくぜん》にチェック!

平家物語《へいけものがたり》/扇《おうぎ》の的《まと》

教科書
151~157ページ

ころは二月《にんぐわつ》十八日の酉《とり》の刻ばかりのことなるに、をりふし北風激しくて、磯《いそ》打つ波も高かりけり。舟は、揺り上げ揺りすゑ漂へば、扇もくしに定まらずひらめいたり。沖には平家、舟を一面に並べて見物す。陸《くが》には源氏、くつばみを並べてこれを見る。いづれもいづれも①晴れならずといふことぞなき。与一《よいち》目をふさいで、

「南無八幡大菩薩《なむはちまんだいぼさつ》、我が国の神明《しんめい》、日光《にっくわう》の権現《ごんげん》、宇都宮《うつのみや》、那須《なす》の湯泉大明神《ゆぜんだいみやうじん》、願はくは、②あの扇の真ん中射させてたばせたまへ。これを射損ずるものならば、弓切り折り自害して、人に二《ふた》度面《たびおもて》を向かふべからず。いま一度《いちど》本国へ迎へんとおぼしめさば、この矢はづさせたまふな。」

と心のうちに祈念して、目を見開いたれば、風も少し吹き弱り、③扇も射よげにぞなつたりける。

与一、かぶらをa取つてつがひ、よつぴいてひやうど放つ。小《こ》兵《ひやう》とbいふぢやう、十二束三伏《そくみつぶせ》、弓は強し、浦響くほど長鳴りして、あやまたず扇のc要《かなめ》ぎは一寸ばかりおいて、ひいふつとぞ射切つたる。④かぶらは海へ入りければ、扇は空へぞ上がりける。しばしは虚空《こくう》にひらめきけるが、春風に一《ひと》もみ二《ふた》もみもまれて、海へさつとぞ散つたりける。夕日のかかやいたるに、み

1 ――線①「晴れならずといふことぞなき。」とありますが、与一にとって、どんなことが「晴れがましい」というのですか。

(　　　　)

2 ――線②「あの扇の真ん中射させてたばせたまへ。」とありますが、射損じたときはどうすると言っていますか。それがわかる部分を二十三字で文章中から探し、初めと終わりの五字を書き抜きなさい。(句読点も含む)

□□□□□~□□□□□

コツ 句読点を含んで二十三字の部分を探す。

3 ――線③「扇も射よげにぞなつたりける。」とありますが、こうなる前の扇はどんな様子でしたか。それがわかる一文を文章中から探し、初めの五字を書き抜きなさい。(句読点も含む)

□□□□□

4 よく出る! 〰〰線a~cの言葉を現代の仮名遣いに直し、全て平仮名で書きなさい。

a 取つてつがひ (　　　　)

b いふぢやう (　　　　)

c 要ぎは (　　　　)

な紅《くれなゐ》の扇の日出《い》だしたるが、白波の上に漂ひ、浮きぬしづみぬ揺られければ、沖には平家、ふなばたをたたいて感じたり、陸には源氏、えびらをたたいてどよめきけり。

あまりのおもしろさに、感に堪へざるにやとおぼしくて、舟のうちより、年五十ばかりなる男《をのこ》の、黒革をどしの鎧《よろひ》着て、白《しら》柄《え》の長刀《なぎなた》持つたるが、扇立てたりける所に立つて⑤舞ひしめたり。伊勢《いせの》三郎義盛《さぶらうよしもり》、与一が後ろへ歩ませ寄つて、

「⑥御定《ごぢやう》ぞ、つかまつれ。」

と言ひければ、今度は中差《なかざし》取つてうちくはせ、よつぴいて、しや頸《くび》の骨をひやうふつと射て、舟底へ逆さまに射倒す。平家の方《かた》には音もせず、源氏の方にはまたえびらをたたいてどよめきけり。

「あ、射たり。」

と言ふ人もあり、また、

「⑦情けなし。」

と言ふ者もあり。

「扇の的――『平家物語』から」（光村図書『国語二年』152〜155ページ）

5 よく出る！

――線④「かぶらは……上がりける。」について答えなさい。

(1) 用いられている表現技法を次から一つ選び、記号に○を付けなさい。

ア 倒置法　イ 反復法　ウ 対句法　エ 体言止め

(2) 同じ表現技法を用いている部分を同じ段落から一つ探し、初めと終わりの五字を書き抜きなさい。（句読点は含まない）

[　　　　　]〜[　　　　　]

6 ――線⑤「舞ひしめたり。」とありますが、「年五十ばかりなる男」が舞を舞ったのはなぜですか。

（　　　　　　　　　　）

解くコツ 「感に堪へざる」状態になった理由を説明する。

7 ――線⑥「御定」とありますが、この意味として適切なものを次から一つ選び、記号に○を付けなさい。

ア 戦いの規則　イ 人の運命　ウ 大将の命令　エ 射る好機

8 よく出る！

――線⑦「情けなし。」の意味として適切なものを次から一つ選び、記号に○を付けなさい。

ア すっきりした。　イ 見事なものだ。　ウ 余計なことを。　エ 心ないことを。

◀答えは166ページ

6 いにしえの心《こころ》を訪《たず》ねる

仁和寺《にんなじ》にある法師《ほうし》――「徒然草《つれづれぐさ》」から

兼好法師《けんこうほうし》

教科書 158~160ページ

おおよその内容

仁和寺《にんなじ》にいるある法師《ほうし》が、年《とし》を取《と》るまで石清水八幡宮《いわしみずはちまんぐう》にお参《まい》りをしたことがなかったので、あるとき一人《ひとり》で参詣《さんけい》した。石清水八幡宮《いわしみずはちまんぐう》は山《やま》の上《うえ》にあったのだが、それを知《し》らずに麓《ふもと》の極楽寺《ごくらくじ》や高良神社《こうらじんじゃ》などを拝《おが》んで、目的《もくてき》を果《は》たしたと思《おも》って帰《かえ》ってきてしまった。法師《ほうし》は仲間《なかま》に願《ねが》いがかなった喜《よろこ》びを語《かた》り、参詣《さんけい》の人々《ひとびと》がみんな山《やま》に登《のぼ》ったのは何《なに》ごとがあったのだろうと言《い》った。ちょっとしたことにも先導者《せんどうしゃ》はあってほしいものだ。

麓《ふもと》の極楽寺《ごくらくじ》や高良神社《こうらじんじゃ》を、石清水八幡宮《いわしみずはちまんぐう》の本殿《ほんでん》だと勘違《かんちが》いしたんだね。

法師《ほうし》は真面目《まじめ》な性格《せいかく》なんだね。自分《じぶん》の思《おも》い込《こ》みに気《き》づいてほしいな。

解説

●徒然草《つれづれぐさ》

鎌倉時代末期《かまくらじだいまっき》に兼好法師《けんこうほうし》によって書《か》かれた随筆《ずいひつ》。仏教《ぶっきょう》の無常観《むじょうかん》を基調《きちょう》に、社会批評《しゃかいひひょう》、人生《じんせい》や自然《しぜん》についての思索《しさく》などが書《か》かれている。

●兼好法師《けんこうほうし》

鎌倉時代末期《かまくらじだいまっき》の歌人《かじん》。二十代《にじゅうだい》は朝廷《ちょうてい》に出仕《しゅっし》したが、三十歳頃《さんじっさいごろ》に出家《しゅっけ》してからは、豊富《ほうふ》な知識《ちしき》を生《い》かし、自由《じゆう》な傍観者《ぼうかんしゃ》の立場《たちば》から社会《しゃかい》や人生《じんせい》を見《み》つめ、随筆《ずいひつ》「徒然草《つれづれぐさ》」を著《あらわ》した。

漢字のチェック

*はここに出《で》てきた読《よ》み。

新出漢字 158

鋭 エイ　*するどい

かねへん　15画

意味　①先《さき》がとがっている。②頭《あたま》の働《はたら》きや動作《どうさ》がするどい。

言葉　①鋭利《えいり》・鋭角《えいかく》　②鋭意《えいい》・鋭敏《えいびん》・気鋭《きえい》

使い方　新進気鋭《しんしんきえい》の研究者《けんきゅうしゃ》の論文《ろんぶん》。

4級

新出音訓 159

勝る（まさる）

ここがポイント！
教科書《きょうかしょ》の「学習《がくしゅう》」の答《こた》えと考《かんが》え方《かた》
教科書 160ページ

読《よ》み深《ふか》める・考《かんが》えをもつ

1 朗読《ろうどく》して読《よ》み慣《な》れよう。
「徒然草《つれづれぐさ》」の冒頭部分《ぼうとうぶぶん》と、「仁和寺《にんなじ》にある法師《ほうし》」の原文《げんぶん》を朗読《ろうどく》し、古典《こてん》の文章《ぶんしょう》に読《よ》み慣《な》れよう。

考え方
「徒然草《つれづれぐさ》」の原文《げんぶん》を朗読《ろうどく》するときは、次《つぎ》の点《てん》に注意《ちゅうい》しよう。

① **歴史的仮名遣《れきしてきかなづか》い**
例 向《む》かひ（イ）て・あやしう（シュウ）こそ・石清水《いは（ワ）しみづ（ズ）》・詣《まう》（モウ）でけり・尊《たふと》（トウ）くこそ

② **文語文《ぶんごぶん》に特有《とくゆう》の言葉《ことば》や表現《ひょうげん》**
例 ものぐるほしけれ・詣《まう》でけり・思《おも》ひつる・何事《なにごと》かありけん・とぞ言《い》ひける

③ **助詞《じょし》を付《つ》けない表現《ひょうげん》**
例 仁和寺《にんなじ》にある法師《ほうし》（が）、年寄《としよ》るまで……ただ一人《ひとり》（で）、徒歩《かち》より……年《とし》ごろ思《おも》ひつること（を）、果《は》たしはべり

2 ① 本文《ほんもん》を読《よ》み、内容《ないよう》をまとめよう。
法師《ほうし》は、どんな勘違《かんちが》いをしたのだろう。原文《げんぶん》から抜《ぬ》き出《だ》したり、159ページの図《ず》を使《つか》ったりして説明《せつめい》しよう。

答えの例

● **法師《ほうし》の勘違《かんちが》いがわかる原文《げんぶん》の部分《ぶぶん》**
● 極楽寺《ごくらくじ》・高良《かうら》などを拝《おが》みて、かばかりと心得《こころえ》て帰《かえ》りにけり。（P159・1）
● そも、参《まい》りたる人《ひと》ごとに山《やま》へ登《のぼ》りしは、何事《なにごと》かありけん、ゆかしかりしかど、神《かみ》へ参《まい》るこそ本意《ほい》なれと思《おも》ひて、山《やま》までは見《み》ず。（P159・4）

● **教科書《きょうかしょ》159ページの図《ず》**

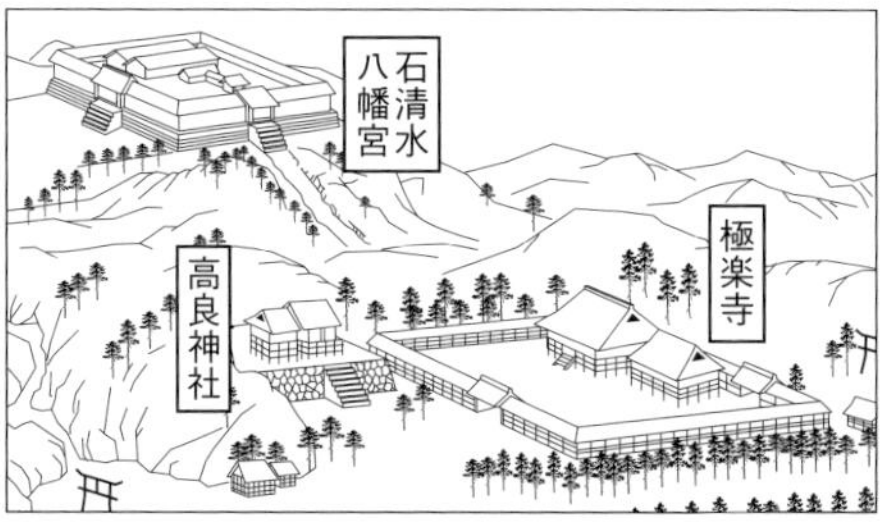

●**説明《せつめい》**

図《ず》からわかるように、石清水八幡宮《いわしみずはちまんぐう》は山《やま》の上《うえ》にあり、麓《ふもと》にあるのは付属《ふぞく》の寺社《じしゃ》である極楽寺《ごくらくじ》・高良神社《こうらじんじゃ》である。原文《げんぶん》からは、法師《ほうし》が極楽寺《ごくらくじ》と高良神社《こうらじんじゃ》を見《み》て、聞《き》きしにまさると満足《まんぞく》して帰《かえ》ってきてしまったこと、それにも関《かか》わらず仲間《なかま》に向《む》かって「長年《ながねん》の間望《あいだのぞ》んでいたことを果《は》たした。……山《やま》までは登《のぼ》ってみなかった。」と言《い》っていることがわかる。

つまり、法師《ほうし》は付属《ふぞく》の寺社《じしゃ》を石清水八幡宮《いわしみずはちまんぐう》だと思《おも》い込《こ》み、実際《じっさい》には参詣《さんけい》していないが、本来《ほんらい》の目的《もくてき》を果《は》たしたと満足《まんぞく》していること、これが勘違《かんちが》いの内容《ないよう》である。

考え方

法師《ほうし》の勘違《かんちが》いについては、原文《げんぶん》からそのことがわかる部分《ぶぶん》を指摘《してき》して説明《せつめい》する。教科書《きょうかしょ》の図《ず》を活用《かつよう》して、実《じつ》は本当《ほんとう》の石清水八幡宮《いわしみずはちまんぐう》は山《やま》の上《うえ》にあるということをまず頭《あたま》に入《い》れておいてもらうと理解《りかい》が早《はや》いだろう。

② 作者《さくしゃ》は、法師《ほうし》の勘違《かんちが》いをどのように捉《とら》えているだろう。作者《さくしゃ》の考《かんが》えがわかる部分《ぶぶん》を原文《げんぶん》から抜《ぬ》き出《だ》そう。

答えの例

少《すこ》しのことにも、先達《せんだち》はあらまほしきことなり。（P159・7）

考え方

「ほんのちょっとしたことにも、その道《みち》の先導者《せんどうしゃ》はあってほしいものである。」というのが、この話《はなし》から作者《さくしゃ》が導《みちび》き出《だ》した考《かんが》えである。「ほんのちょっとしたことでも」そうなのだから、「長年《ながねん》の間望《あいだのぞ》んでいたこと」ならなおさらである。昔《むかし》は今《いま》のようにガイドブックなどなかっただろうから、先導者《せんどうしゃ》の必要性《ひつようせい》というのは確《たし》かに高《たか》かったのだろう。ただ、書《か》きぶりからいって、作者《さくしゃ》は法師《ほうし》の勘違《かんちが》いをこっけいな話《はなし》として紹介《しょうかい》しているようでもある。

❸ 自分《じぶん》の経験《けいけん》を踏《ふ》まえて話《はな》し合《あ》ってみよう。

仁和寺《にんなじ》の法師《ほうし》と同《おな》じような勘違《かんちが》いをした経験《けいけん》はないだろうか。経験《けいけん》も踏《ふ》まえ、考《かんが》えたことを話《はな》し合《あ》ってみよう。

答えの例

小学六年生《しょうがくろくねんせい》のときに、私《わたし》が好《す》きな画家《がか》であるモネの作品展《さくひんてん》が開催《かいさい》されたことがあり、両親《りょうしん》と美術館《びじゅつかん》に見《み》に行《い》った。私《わたし》が五年生《ごねんせい》のときに初《はじ》めて見《み》て、モネを好《す》きになるきっかけになった「散歩《さんぽ》　日傘《ひがさ》をさす女《おんな》」も展示《てんじ》されていて、とても満足《まんぞく》した。パンフレットを買《か》って帰《かえ》ってきたが、後日《ごじつ》、友達《ともだち》から「睡蓮《すいれん》」が別室《べっしつ》に展示《てんじ》されていたことを聞《き》かされた。「散歩《さんぽ》　日傘《ひがさ》をさす女《おんな》」に興奮《こうふん》して、すべて見《み》たと勘違《かんちが》いをして帰《かえ》ってきてしまったのは、この仁和寺《にんなじ》の法師《ほうし》の勘《かん》違《ちが》いに近《ちか》いところがあったと思《おも》う。

考え方

極楽寺《ごくらくじ》・高良神社《こうらじんじゃ》を見《み》て、肝心《かんじん》の石清水八幡宮《いわしみずはちまんぐう》は見《み》ていないのに、「これだけだ。」と思《おも》い込《こ》んで帰《かえ》ってきてしまった。それが仁和寺《にんなじ》の法師《ほうし》の勘違《かんちが》いである。そこで、まだ他《ほか》にやるべきことがあったのに、その手前《てまえ》でやめてしまったような経験《けいけん》を思《おも》い出《だ》して話《はな》してみるとよいだろう。また、仁和寺《にんなじ》にある法師《ほうし》がこのような勘違《かんちが》いをしてしまったのは、他《ほか》の人《ひと》に尋《たず》ねることをしなかったからであり、また、適切《てきせつ》な先導者《せんどうしゃ》がいなかったからでもある。したがって、他《ほか》の人《ひと》に尋《たず》ねなかったため、あるいは適切《てきせつ》な先導者《せんどうしゃ》がいなかったために勘違《かんちが》いをしてしまった経験《けいけん》を話《はな》してもよい。

振り返る

●どんなことに気《き》をつけて文章《ぶんしょう》を朗読《ろうどく》したか発表《はっぴょう》しよう。

●作者《さくしゃ》のものの見方《みかた》や考《かんが》え方《かた》について、感《かん》じたことをまとめよう。

答えの例

・仁和寺《にんなじ》の法師《ほうし》の気持《きも》ちや行動《こうどう》のしかたを捉《とら》え、勘違《かんちが》いをしてしまった状況《じょうきょう》や原因《げんいん》がわかるように朗読《ろうどく》した。

・仁和寺《にんなじ》の法師《ほうし》の行動《こうどう》のしかたを例《れい》にとって、自分《じぶん》の考《かんが》えを述《の》べているので、説得力《せっとくりょく》がある。

解説

◆係《かか》り結《むす》び

古文《こぶん》でも、文末《ぶんまつ》にくる活用語《かつようご》は普通《ふつう》は終止形《しゅうしけい》になる。（ただし、命令形《めいれいけい》の場合《ばあい》もある。）

●……徒歩《かち》より詣《まう》でけり。（P159・1）

●……果《は》たしはべりぬ。（P159・3）

ところが、同《おな》じ文《ぶん》の前《まえ》に「こそ」や「ぞ」があると、文末《ぶんまつ》の形《かたち》は変《か》わってくる。

●あやしうこそものぐるほしけれ。（P158・上6）

●ひいふつとぞ射切《いき》つたる。（P154・4）

これを**係《かか》り結《むす》び**（の法則《ほうそく》）という。係《かか》り結《むす》びは、作者《さくしゃ》や登場人物《とうじょうじんぶつ》の感動《かんどう》や疑問《ぎもん》の気持《きも》ちを強調《きょうちょう》するために用《もち》いられる。

「こそ」や「ぞ」を係《かか》りの助詞《じょし》というが、他《ほか》に「なむ」「や」「か」などの語《ご》も用《もち》いられる。

●母《はは》なむ藤原《ふじわら》なりける。（伊勢物語《いせものがたり》）〈意味《いみ》〉母《はは》のほうが藤原氏《ふじわらし》の出身《しゅっしん》なのであった。→強調《きょうちょう》

●ほととぎすや聞《き》き給《たま》へる。（徒然草《つれづれぐさ》）〈意味《いみ》〉ほととぎすの声《こえ》をお聞《き》きになりましたか。→疑問《ぎもん》

●いかなる所《ところ》にか、この木《き》はさぶらひけむ。（竹取物語《たけとりものがたり》）〈意味《いみ》〉どんな所《ところ》に、この木《き》はあったのでしょうか。→疑問《ぎもん》

人物《じんぶつ》の特徴《とくちょう》を捉《とら》えて論《ろん》じよう

登場人物《とうじょうじんぶつ》の人物像《じんぶつぞう》（性格《せいかく》や行動《こうどう》のしかた、ものの考《かんが》え方《かた》など）について論《ろん》じる文章《ぶんしょう》を書《か》こう。

●登場人物《とうじょうじんぶつ》の中《なか》から、論《ろん》じる人物《じんぶつ》を決《き》める

●人物《じんぶつ》の特徴《とくちょう》を捉《とら》えて、文章《ぶんしょう》にまとめる

①選《えら》んだ人物《じんぶつ》の言動《げんどう》や、それに対《たい》する反応《はんのう》に着目《ちゃくもく》する。

②その人物《じんぶつ》の特徴《とくちょう》をできるだけ簡潔《かんけつ》にまとめ、その根拠《こんきょ》を明確《めいかく》にしておく。

③自分《じぶん》の考《かんが》えや感想《かんそう》を付《つ》け加《くわ》え、三百字程度《さんびゃくじていど》の文章《ぶんしょう》にまとめる。

④書《か》いた文章《ぶんしょう》を読《よ》み合《あ》い、感想《かんそう》や意見《いけん》を述《の》べ合《あ》う。

テスト直前《ちょくぜん》にチェック！

仁和寺《にんなじ》にある法師《ほうし》

教科書 158~161ページ

A

つれづれなるままに、日暮らし、硯《すずり》に向かひて、心にうつりゆくよしなし事を、そこはかとなく①書きつくれば、②あやしうこそものぐるほしけれ。

（序段）

B

仁和寺にある法師、年寄るまで石清水《いはしみづ》を拝まざりければ、心うく覚えて、あるとき思ひたちて、ただ一人、徒歩《かち》より詣《まう》でけり。極楽寺《ごくらくじ》・高良《かうら》などを拝みて、③かばかりと心得て帰りにけり。

さて、④かたへの人にあひて、「⑤年ごろ思ひつること、果たしはべりぬ。聞きしにも過ぎて、尊《たふと》くこそおはしけれ。そも、⑥参りたる人ごとに山へ登りしは、何事かありけん、ゆかしかりしかど、⑦神へ参るこそ本意《ほい》なれと思ひて、山までは見ず。」とぞ言ひける。

少しのことにも、先達《せんだち》はあらまほしきことなり。

（第五十二段）

「仁和寺にある法師──『徒然草』から」（光村図書『国語二年』158～159ページ）

1

◆A（序段）について

(1) ──線①「書きつくれば」について答えなさい。作者が書きつけたのはどんなことですか。文章中から十二字で書き抜きなさい。

よく出る！

(2) 作者はどんな状態のときに書きつけたのですか。適切なものを次から一つ選び、記号に○を付けなさい。

ア 伝えることへの使命感に燃えた状態。
イ ほかにすることがなくて退屈な状態。
ウ どうしても胸騒ぎがして不安な状態。
エ 創作意欲がわいて止められない状態。

2

よく出る！

──線②「あやしうこそものぐるほしけれ。」とありますが、このような助詞と文末の関係を何といいますか。四字で答えなさい。

3

◆B（第五十二段）について

法師は、何人で、どんな方法でお参りに行ったのですか。それがわかる部分を探し、九字で書き抜きなさい。（句読点も含む）

4 よく出る！ ――線③「かばかりと心得て」とありますが、法師はどのように思い込んだのですか。次から一つ選び、記号に○を付けなさい。

ア 極楽寺・高良のほうが石清水よりすばらしいと思い込んだ。
イ 極楽寺・高良を拝んで、石清水を参詣《さんけい》したと思い込んだ。
ウ 極楽寺や高良はもともとこの程度のものだと思い込んだ。
エ 山の下の寺社を拝んで、極楽寺・高良を参詣したと思い込んだ。

5 ――線④「かたへの人」について答えなさい。

(1) 「かたへ」を現代の仮名遣いに直しなさい。

（　　　　）

(2) 「かたへの人」の意味として適切なものを次から一つ選び、記号に○を付けなさい。

ア 見知らぬ人　　イ 目上の人
ウ 仲間　　エ 後輩

6 よく出る！ ――線⑤「年ごろ思ひつること、果たしはべりぬ。」とありますが、法師はどんなことを果たしたと思っていますか。

（　　　　）

解くコツ ずっと「心うく覚えて」いたことをつかむ。

7 ――線⑥「参りたる人ごとに山へ登りしは、何事かありけん」について答えなさい。

(1) どんな意味ですか。この部分を現代語に直しなさい。

（　　　　）

(2) 人々が山へ登っていったのはなぜですか。次から一つ選び、記号に○を付けなさい。

解くコツ 疑問文であることに注意する。

ア 山の上から石清水八幡宮が見えるから。
イ 山の上に石清水八幡宮があるから。
ウ 山そのものが神聖なものだから。
エ 山の上は景観がすばらしいから。

8 ――線⑦「神へ参るこそ本意なれと思ひて、山までは見ず。」とありますが、ここから法師のどんな考えがわかりますか。次から一つ選び、記号に○を付けなさい。

ア 神を怒らせることになるから、神聖な山に踏み入るべきではない。
イ 本来の目的は果たしたのだから、余計なことはする必要はない。
ウ 山登りは苦しいので、参詣のついでに気軽にできるはずがない。
エ 法師が一般の人々のまねをするのは、みっともないことである。

9 よく出る！ 法師の失敗談をあげることで、作者はどのような考えを述べていますか。それがわかる一文を文章中から探し、初めの五字を書き抜きなさい。

解くコツ 法師のエピソードと作者の考えの部分に分けて読む。

◀答えは167ページ

6 いにしえの心《こころ》を訪《たず》ねる

漢詩《かんし》の風景《ふうけい》

石川忠久《いしかわただひさ》

教科書 162~168ページ

およその内容

●春暁《しゅんぎょう》（孟浩然《もうこうねん》）

春《はる》の夜明《よあ》けのぬくぬくとした眠《ねむ》りの心地《ここち》よさを歌《うた》い、悠然《ゆうぜん》と自《し》然《ぜん》に溶《と》け入《い》って暮《く》らす作者《さくしゃ》の世界《せかい》を表現《ひょうげん》している。

●絶句《ぜっく》（杜甫《とほ》）

前半《ぜんはん》の二句《にく》で美《うつく》しい風景《ふうけい》が描《えが》かれ、後半《こうはん》の二句《にく》で、その風景《ふうけい》を前《まえ》にしてわき起《お》こった望郷《ぼうきょう》の思《おも》いを歌《うた》っている。異郷《いきょう》の美《うつく》しい春《はる》景色《げしき》の中《なか》で、悲《かな》しみに沈《しず》む作者《さくしゃ》の姿《すがた》が印象的《いんしょうてき》である。

●黄鶴楼《こうかくろう》にて孟浩然《もうこうねん》の広陵《こうりょう》に之《ゆ》くを送《おく》る（李白《りはく》）

作者《さくしゃ》が友人《ゆうじん》の孟浩然《もうこうねん》の旅立《たびだ》ちを見送《みおく》った詩《し》。前半《ぜんはん》は晩春《ばんしゅん》の華《はな》やかな情景《じょうけい》を描《えが》き、後半《こうはん》は孟浩然《もうこうねん》の孤独《こどく》な姿《すがた》が描《えが》かれ、別離《べつり》の悲《かな》しみが漂《ただよ》っている。

それぞれの詩《し》に描《えが》かれた情景《じょうけい》を読《よ》み味《あじ》わおう。

解説

◆漢詩《かんし》の形式《けいしき》

絶句《ぜっく》…四句《よんく》から成《な》る漢詩《かんし》。

律詩《りっし》…八句《はっく》から成《な》る漢詩《かんし》。

◆漢詩《かんし》の構成法《こうせいほう》

起承転結《きしょうてんけつ》…短《みじか》い詩型《しけい》の中《なか》で、ここぞという一点《いってん》を切《き》り取《と》って心《こころ》の高《たか》まりや感動《かんどう》を表現《ひょうげん》するための工夫《くふう》の一《ひと》つ。

●絶句《ぜっく》

・起《き》…第一句《だいいっく》（起句《きく》）。歌《うた》い起《お》こし。

・承《しょう》…第二句《だいにく》（承句《しょうく》）。起句《きく》を承《う》けて展開《てんかい》する。

・転《てん》…第三句《だいさんく》（転句《てんく》）。場面《ばめん》が転換《てんかん》する。

・結《けつ》…第四句《だいよんく》（結句《けっく》）。全体《ぜんたい》を締《し》めくくる。

●律詩《りっし》…第一《だいいち》・二句《にく》が「起《き》」、第三《だいさん》・四句《よんく》が「承《しょう》」、第五《だいご》・六句《ろっく》が「転《てん》」、第七《だいなな》・八句《はっく》が「結《けつ》」に当《あ》たる。

◆漢詩《かんし》の対句《ついく》

律詩《りっし》では、原則《げんそく》として、第三《だいさん》・四句《よんく》、第五《だいご》・六句《ろっく》が、それぞれ対句《ついく》になっていなければならない。

新出漢字

漢字のチェック

＊はここに出《で》てきた読《よ》み。

162 暁

（ギョウ） ＊あかつき

ひへん 12画

意味 ①明《あ》け方《がた》。②実現《じつげん》した時《とき》。

言葉 ①暁《あかつき》の空《そら》 ②当選《とうせん》の暁《あかつき》

使い方 成功《せいこう》の暁《あかつき》には必《かなら》ずお礼《れい》に参《まい》ります。

準2級

163 床

ショウ ＊とこ ゆか

まだれ 7画

意味 ①ねどこ。②ゆか。③地盤《じばん》・土台《どだい》

言葉 ①起床《きしょう》・病床《びょうしょう》 ②床板《ゆかいた》・床下《ゆかした》 ③川床《かわどこ》・鉱床《こうしょう》

使い方 床下《ゆかした》に食料《しょくりょう》を備蓄《びちく》する。

4級

163 俗

＊ゾク

にんべん 9画

意味 ①世間《せけん》。世《よ》の中《なか》。②並《なみ》の。

言葉 ①俗界《ぞっかい》 ②俗事《ぞくじ》・通俗《つうぞく》

使い方 江戸《えど》時代《じだい》の風俗《ふうぞく》を調《しら》べる。

4級

163 凡

＊ボン （ハン）

つくえ 3画

意味 ①普通《ふつう》。当《あ》たり前《まえ》。②およそ。あらまし。

言葉 ①凡才《ぼんさい》・凡人《ぼんじん》 ②凡例《はんれい》

使い方 この画家《がか》は非凡《ひぼん》な才能《さいのう》をもっている。

4級

163 雰

＊フン

あめかんむり 12画

意味 その場《ば》の様子《ようす》。全体《ぜんたい》の感《かん》じ。

言葉 雰囲気《ふんいき》

使い方 雰囲気《ふんいき》のいい喫茶店《きっさてん》に入《はい》る。

準2級

163 締

テイ しまる ＊しめる

いとへん 15画

意味 ①しめる。固《かた》く結《むす》ぶ。②取《と》りしまる。

言葉 ①締結《ていけつ》・締約《ていやく》 ②取締役《とりしまりやく》

使い方 駐車違反《ちゅうしゃいはん》を取《と》り締《し》まる。

3級

163 敷

（フ） ＊しく

ぼくにょう 15画

意味 しく。平《たい》らに広《ひろ》げる。一面《いちめん》に並《なら》べる。

言葉 敷地《しきち》・敷布《しきふ》

使い方 昔《むかし》の武家《ぶけ》屋敷《やしき》を見学《けんがく》する。

4級

164 又

＊また

また 2画

意味 ①この次《つぎ》。再《ふた》び。②間《あいだ》に人《ひと》が入《はい》ること。

言葉 ①又《また》の日《ひ》 ②又聞《またぎ》き

使い方 借《か》りた物《もの》の又貸《またが》しはやめよう。

3級

165 沈

チン ＊しずむ しずめる

さんずい 7画

意味 ①水《みず》の底《そこ》にしずむ。②元気《げんき》がない。③落《お》ち着《つ》いている。

言葉 ①沈下《ちんか》・沈没《ちんぼつ》 ②沈滞《ちんたい》・沈痛《ちんつう》 ③沈着《ちんちゃく》・沈黙《ちんもく》

使い方 彼女《かのじょ》はいつも冷静沈着《れいせいちんちゃく》だ。

4級

165 楼

＊ロウ

きへん 13画

意味 ①高《たか》い建物《たてもの》。②物見《ものみ》やぐら。

言葉 ①摩天楼《まてんろう》 ②鐘楼《しょうろう》・望楼《ぼうろう》

使い方 楼閣《ろうかく》が建《た》ち並《なら》ぶ都《みやこ》。

3級

165 浪

＊ロウ

さんずい 10画

意味 ①なみ。②さすらう。よりどころがない。③むやみに。

言葉 ①波浪《はろう》 ②浪人《ろうにん》・放浪《ほうろう》 ③浪費《ろうひ》

使い方 貴重《きちょう》な時間《じかん》を浪費《ろうひ》する。

3級

166 暦

＊レキ こよみ

ひ 14画

意味 こよみ。カレンダー。

言葉 旧暦《きゅうれき》・太陽暦《たいようれき》・太陰暦《たいいんれき》・還暦《かんれき》

使い方 先生《せんせい》は今年《ことし》還暦《かんれき》を迎《むか》えた。

4級

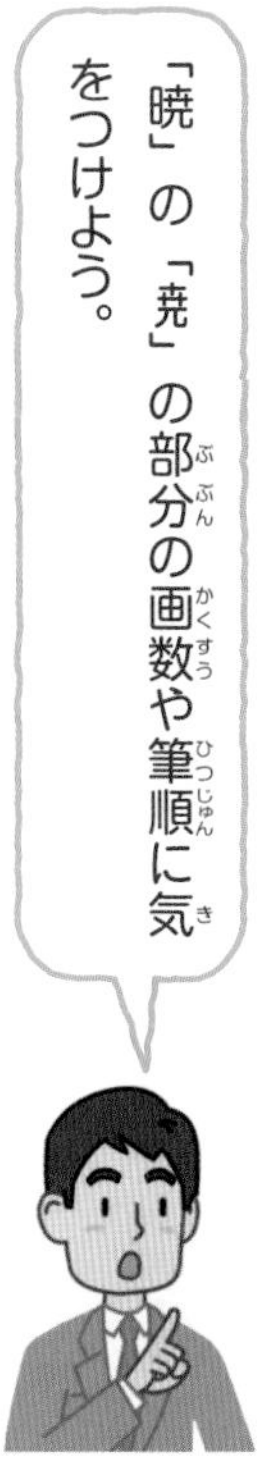

捉《とら》える

❶ 漢詩《かんし》の特徴《とくちょう》を生《い》かして朗読《ろうどく》しよう。

漢詩《かんし》には、「花落《はなお》つること知《し》る多少《たせう》」「唯《た》だ見《み》る長江《ちやうかう》の天際《てんさい》に流《なが》るるを」などのように、独特《どくとく》の言《い》い回《まわ》しがある。漢詩特有《かんしとくゆう》の言葉遣《ことばづか》いや調子《ちょうし》を生《い》かして朗読《ろうどく》しよう。

考え方

漢詩《かんし》や漢文《かんぶん》は、書《か》き下《くだ》し文《ぶん》として読《よ》めば日本語《にほんご》の古文《こぶん》と同《おな》じだが、漢語《かんご》が多《おお》く、歯切《はぎ》れがよくて、独特《どくとく》の調子《ちょうし》がある。また、体言止《たいげんど》めや対句《ついく》などが多《おお》く用《もち》いられているのも漢詩《かんし》の特徴《とくちょう》である。意味《いみ》や作者《さくしゃ》の気持《きも》ちをしっかり捉《とら》えて朗読《ろうどく》すると、漢詩《かんし》の趣《おもむき》を味《あじ》わうことができる。

- 花落《はなお》つること知《し》る多少《たせう》…「多少《たしょう》」は、ここでは疑問《ぎもん》の意味《いみ》を表《あらわ》す。「知《し》る多少《たせう》」で「どれほどかわからない」という意味《いみ》。
- 何《いづ》れの日《ひ》か是《こ》れ帰年《きねん》ならん…反語的《はんごてき》な表現《ひょうげん》。いつになっても故郷《こきょう》に帰《かえ》ることができないの意味《いみ》。
- 唯《た》だ見《み》る長江《ちやうかう》の天際《てんさい》に流《なが》るるを…倒置法《とうちほう》が用《もち》いられている。「唯《た》だ見《み》る」の部分《ぶぶん》を強《つよ》めている。

❷ 解説《かいせつ》を手《て》がかりに、漢詩《かんし》を読《よ》み味《あじ》わおう。

三編《さんぺん》の漢詩《かんし》に歌《うた》われている季節《きせつ》、情景《じょうけい》、作者《さくしゃ》の心情《しんじょう》を解説《かいせつ》の文章《ぶんしょう》と合《あ》わせて読《よ》み味《あじ》わおう。

考え方

- 春暁《しゅんげう》
季節《きせつ》・情景《じょうけい》…春《はる》の夜明《よあ》け、作者《さくしゃ》は寝床《ねどこ》の中《なか》でうつらうつらしながら、昨夜《さくや》の嵐《あらし》を回想《かいそう》し、花《はな》の散《ち》った様子《ようす》を想像《そうぞう》している。
作者《さくしゃ》の心情《しんじょう》…春《はる》のぬくぬくとした眠《ねむ》りから目覚《めざ》め、心躍《こころおど》る気持《きも》ち。
- 絶句《ぜっく》
季節《きせつ》・情景《じょうけい》…春《はる》のなんとも鮮《あざ》やかな南国《なんごく》の風景《ふうけい》。
作者《さくしゃ》の心情《しんじょう》…故郷《こきょう》に帰《かえ》れないままにまた春《はる》が過《す》ぎていくという、悲《かな》しい望郷《ぼうきょう》の思《おも》い。
- 黄鶴楼《くわうかくろう》にて孟浩然《まうかうねん》の広陵《くわうりよう》に之《ゆ》くを送《おく》る
季節《きせつ》・情景《じょうけい》…晩春《ばんしゅん》、春《はる》がすみの中《なか》、遠《とお》ざかっていく小《ちい》さな舟《ふね》と雄大《ゆうだい》な長江《ちょうこう》の流《なが》れが描《えが》かれている。
作者《さくしゃ》の心情《しんじょう》…別離《べつり》の悲《かな》しみと孤独感《こどくかん》。

三編《さんぺん》とも四句《よんく》から成《な》る「絶句《ぜっく》」だね。絶句《ぜっく》は情景《じょうけい》と心情《しんじょう》を組《く》み合《あ》わせたものが多《おお》いよ。

読《よ》み深《ふか》める

❸ 好《す》きな漢詩《かんし》を選《えら》び、その理由《りゆう》を伝《つた》え合《あ》おう。

① 三編《さんぺん》の漢詩《かんし》から、自分《じぶん》の好《す》きな一編《いっぺん》を選《えら》び、気《き》に入《はい》った表現《ひょうげん》や句《く》を抜《ぬ》き出してみよう。

② 抜《ぬ》き出《だ》した表現《ひょうげん》や句《く》を引用《いんよう》して、その漢詩《かんし》を好《す》きだと思《おも》った理由《りゆう》を述《の》べてみよう。

答えの例

●好《す》きな漢詩《かんし》…「黄鶴楼《くわうかくろう》にて孟浩然《まうかうねん》の広陵《くわうりよう》に之《ゆ》くを送《おく》る」

① 孤帆《こはん》の遠影碧空《ゑんえいへきくう》に尽《つ》き
唯《た》だ見《み》る長江《ちやうかう》の天際《てんさい》に流《なが》るるを　（P165・10）

② 私《わたし》がこの漢詩《かんし》を好《す》きだと思《おも》った理由《りゆう》は、雄大《ゆうだい》な光景《こうけい》が目《め》に浮《う》かんでくるからだ。「孤帆《こはん》の遠影碧空《ゑんえいへきくう》に尽《つ》き」の部分《ぶぶん》で、長江《ちょうこう》に一《ひと》つだけぽつんと浮《う》かんだ帆掛《ほか》け舟《ぶね》が遠《とお》ざかって、いつしか青空《あおぞら》のかなたに消《き》える様子《ようす》、そして、「唯《た》だ見《み》る長江《ちやうかう》の天際《てんさい》に流《なが》るるを」の部分《ぶぶん》では、舟《ふね》が消《き》えた後《あと》の長江《ちょうこう》の広大《こうだい》な流《なが》れが、天《てん》の果《は》てに向《む》かって流《なが》れていく様子《ようす》を描《えが》いている。まるで中国《ちゅうごく》の水墨画《すいぼくが》を見《み》ているようだ。

考え方

どの漢詩《かんし》が好《す》きかというのは、描《えが》かれている情景《じょうけい》とともに、それぞれの詩《し》の表《あらわ》す雰囲気《ふんいき》も大《おお》きいだろうと思《おも》われる。のんびりした雰《ふん》囲気《いき》の「春暁《しゅんぎょう》」、望郷《ぼうきょう》の思《おも》いを歌《うた》った「絶句《ぜっく》」、別離《べつり》の悲《かな》しみが漂《ただよ》う「黄鶴楼《くわうかくろう》にて……」。それぞれの詩《し》にはたくさんの思《おも》いが込《こ》められている。そんなことも参考《さんこう》にしながら、どの漢詩《かんし》が好《す》きか考《かんが》えてみるといいだろう。

振り返る

●漢詩特有《かんしとくゆう》の言葉遣《ことばづか》いや調子《ちょうし》が感《かん》じられる部分《ぶぶん》を発表《はっぴょう》しよう。
●それぞれの漢詩《かんし》から、どんな情景《じょうけい》や心情《しんじょう》を読《よ》み取《と》ったか、話《はな》し合《あ》おう。

答えの例

・「長江《ちやうかう》の天際《てんさい》に流《なが》るるを」のように文末《ぶんまつ》に余情《よじょう》が漂《ただよ》うところや「多少《たせう》」を文末《ぶんまつ》にして余韻《よいん》をかもし出《だ》すところ。
・「春暁《しゅんぎょう》」では春《はる》の自然《しぜん》に渾然一体《こんぜんいったい》となる作者《さくしゃ》の悠々《ゆうゆう》たる生《い》き方《かた》が、「絶句《ぜっく》」では、戦乱《せんらん》を逃《のが》れて異郷《いきょう》で年《とし》を重《かさ》ねる悲《かな》しみがよまれており、「黄鶴楼《くわうかくろう》にて……」では、親《した》しい友《とも》と別《わか》れる悲《かな》しみがよまれている。

◆律詩《りっし》について
〈「春望《しゅんぼう》」の解説《かいせつ》〉

国都《こくと》である長安《ちょうあん》は破壊《はかい》され尽《つ》くしたが、山河《さんが》のみは元《もと》のままである。時勢《じせい》のどうにもならないありさまに感傷《かんしょう》が込《こ》み上《あ》げ、美《うつく》しい花《はな》を見《み》ても涙《なみだ》を流《なが》し、一家離散《いっかりさん》の恨《うら》めしさから鳥《とり》のさえずりを聞《き》いても不安《ふあん》で落《お》ち着《つ》かない。敵《てき》の来襲《らいしゅう》を告《つ》げるのろしは続《つづ》き、家族《かぞく》からの手紙《てがみ》は万金《ばんきん》の値打《ねう》ちがある。白髪《しらが》の頭《あたま》もいちだんと薄《うす》くなった。

杜甫《とほ》は安禄山《あんろくざん》の反乱《はんらん》の際《さい》、反乱軍《はんらんぐん》におとしいれられた国都《こくと》・長安《ちょうあん》に一時《いちじ》閉《と》じ込《こ》められた。そのときに作《つく》られたのが「春望《しゅんぼう》」である。戦争《せんそう》の悲惨《ひさん》さと変《か》わらぬ自然《しぜん》を格調高《かくちょうたか》く歌《うた》っている。

テスト直前《ちょくぜん》にチェック！
漢詩《かんし》の風景《ふうけい》

教科書 162~168ページ

A　春暁《しゅんげう》　孟浩然《まうかうねん》

春眠暁を覚えず
処処啼鳥《ていてう》を聞く
夜来風雨の声
花落つること知る多少

春眠不《ず》レ覚《エ》レ暁《ヲ》
処処聞《ク》二啼鳥《ヲ》一
夜来風雨《ノ》声
花落《ツルコト》知《ル》多少

春の眠りは、誰しも経験があるように、非常に気持ちのよいものです。寒くてつらい、長かった冬も過ぎ、いよいよ春になったぞという喜びを、「暁を覚えず」、つまり、夜が明けたのも気づかないぬくぬくとした眠りで表しています。外はいい天気らしく、あちらでもこちらでも鳥の声が聞こえます。そういえば、ゆうべは「風雨」の音がしていたなあ、と回想します。花はいったいどれほど散ったことやら。作者は寝床の中にいて、明るくのどかな気分に浸っているのです。

作者の孟浩然は、故郷の鹿門《ろくもん》山に自適の暮らしをしていました。この詩はその頃のものでしょう。季節の訪れも気づかず、あくせくと過ごす俗人の世界に対して、悠然と自然に溶け入った世界が歌われています。

1 よく出る！

◆A「春暁」について

この漢詩の形式を何といいますか。漢字四字で書きなさい。

□□□□

コツ解　何字で一句か、全部で何句かを数える。

2 この詩の三句目はどんな働きをしていますか。次から一つ選び、記号に○を付けなさい。

ア　前句の出来事に続く内容を示す働き。
イ　一連の出来事の結果をまとめる働き。
ウ　情景を転換させて印象を変える働き。
エ　作者の感動の高まりを表現する働き。

3 この詩は、作られた当時の作者のどんな生活を反映していますか。それがわかる言葉を文章中から六字で書き抜きなさい。

□□□□□□

4 ◆B「絶句」について

――線①「然えんと欲す」、②「看す」の意味を書きなさい。

①（　　　　）
②（　　　　）

B　絶句　杜甫《とほ》

江は碧《みどり》にして鳥は逾《いよい》よ白く
山は青くして花は①然《も》えんと欲《ほっ》す
今春②看《みすみ》す又過ぐ
何《いづ》れの日か是《こ》れ帰年ならん

江ハ碧ニシテ鳥ハ逾ヨ白ク
山ハ青クシテ花ハ欲スレ然エント
今春看ス又過グ
何レノ日カ是レ帰年ナラン

C　黄鶴楼《くわうかくろう》にて孟浩然の広陵《くわうりょう》に之《ゆ》くを送る　李白《りはく》

③故人西のかた黄鶴楼を辞し
煙花三月揚州《やうしう》に下る
④孤帆《こはん》の遠影碧空《へきくう》に尽き
唯《た》だ見る長江《ちやうかう》の天際に流るるを

故人西ノカタ辞シ二黄鶴楼ヲ一
煙花三月下ル二揚州ニ一
孤帆ノ遠影碧空ニ尽キ
唯ダ見ル長江ノ天際ニ流ルルヲ

石川忠久「漢詩の風景」（光村図書『国語二年』162～165ページ）

5 前半の二句（二行）の中から色が伝わる字を四つ探して書き抜きなさい。

□□□□

解くコツ　色を象徴的に伝える語も含む。

6 よく出る！ この詩の鑑賞文として適切なものを次から一つ選び、記号に○を付けなさい。

ア　鮮やかな南国の春景色をゆったりと楽しむ作者の姿が浮かぶ。
イ　作者の悲しみを反映して、せっかくの春景色も暗く描かれる。
ウ　異郷の明るい春景色の中で悲しみに沈む作者の姿が印象的だ。
エ　作者は明るい春景色が移り変わってしまうことを嘆いている。

◆C「黄鶴楼にて孟浩然の広陵に之くを送る」について

7 よく出る！ ――線③「故人」の意味として適切なものを次から一つ選び、記号に○を付けなさい。

ア　なくなった人　　イ　昔からの親友
ウ　昔の人　　エ　関係のある人

8 ――線④「孤帆」は、何を象徴していますか。次の□に当てはまる人名を入れなさい。

□□□の孤独な姿。

◀答えは167ページ

7 価値《かち》を語《かた》る

君《きみ》は「最後《さいご》の晩餐《ばんさん》」を知《し》っているか／「最後《さいご》の晩餐《ばんさん》」の新《あたら》しさ

布施英利《ふせひでと》／藤原《ふじはら》えりみ

教科書170〜183ページ

およその内容

君《きみ》は「最後《さいご》の晩餐《ばんさん》」を知《し》っているか

　私《わたし》は、レオナルド・ダ・ヴィンチの「最後《さいご》の晩餐《ばんさん》」を見《み》たとき、「かっこいい。」と思《おも》った。

　「最後《さいご》の晩餐《ばんさん》」は、ミラノの修道院《しゅうどういん》の食堂《しょくどう》の壁画《へきが》で、キリストが弟子《でし》たちに、自分《じぶん》に対《たい》する裏切《うらぎ》りがあることを予言《よげん》している場面《ばめん》が描《えが》かれている。レオナルドは「解剖学《かいぼうがく》」を研究《けんきゅう》して人物《じんぶつ》を見事《みごと》に描《えが》き、「遠近法《えんきんほう》」を探究《たんきゅう》して絵《え》に奥行《おくゆ》きを与《あた》え、キリストに視線《しせん》を集《あつ》めた。また、「明暗法《めいあんほう》」を使《つか》って部屋《へや》を本物《ほんもの》のように見《み》せた。絵画《かいが》の科学《かがく》を用《もち》いたことが、「かっこいい。」要因《よういん》の一《ひと》つだろう。

　「最後《さいご》の晩餐《ばんさん》」の細部《さいぶ》は既《すで》に剝げ落ちているが、かえって絵《え》の「全体《ぜんたい》」がよく見《み》えるようになった。芸術《げいじゅつ》は永遠《えいえん》なのだ。

「最後《さいご》の晩餐《ばんさん》」の新《あたら》しさ

　レオナルドの「最後《さいご》の晩餐《ばんさん》」は、それまでの作品《さくひん》と比《くら》べ、構図《こうず》が画期的《かっきてき》だ。また、聖書《せいしょ》の出来事《できごと》を現実《げんじつ》の情景《じょうけい》として描《えが》こうとした点《てん》や、緻密《ちみつ》な描写《びょうしゃ》など、その新《あたら》しさで人々《ひとびと》を魅了《みりょう》した。

構成

1 〈序論《じょろん》―話題《わだい》の提示《ていじ》〉（初《はじ》め〜P170・13）

- イタリアの天才画家《てんさいがか》といえばレオナルド・ダ・ヴィンチだ。
- 筆者《ひっしゃ》は「最後《さいご》の晩餐《ばんさん》」を見《み》たとき、「かっこいい。」と思《おも》った。

2 〈本論《ほんろん》―分析《ぶんせき》を通《とお》しての説明《せつめい》〉（P175・1〜P178・7）

- 「最後《さいご》の晩餐《ばんさん》」の全体《ぜんたい》の構図《こうず》―「最後《さいご》の晩餐《ばんさん》」の意味《いみ》。
- 手《て》のポーズなど人物描写《じんぶつびょうしゃ》の見事《みごと》さ―「解剖学《かいぼうがく》」の研究《けんきゅう》。
- 部屋《へや》に奥行《おくゆ》きが感《かん》じられる―「遠近法《えんきんほう》」の探究《たんきゅう》。
- 本物《ほんもの》のように見《み》える絵《え》の部屋《へや》―「明暗法《めいあんほう》」の効果《こうか》。
- レオナルドが究《きわ》めた絵画《かいが》の科学《かがく》―「かっこいい。」の要因《よういん》。

3 〈結論《けつろん》〉（P178・9〜終《お》わり）

- 「最後《さいご》の晩餐《ばんさん》」の修復《しゅうふく》により、「全体《ぜんたい》」が見《み》えるようになった。
- 五百年前《ごひゃくねんまえ》の名画《めいが》は今《いま》も生《い》きている。芸術《げいじゅつ》は永遠《えいえん》なのだ。

新出漢字

漢字のチェック

＊はここに出《で》てきた読《よ》み。

170　剖　＊ボウ
りっとう　10画
意味　切《き》り裂《さ》く。二《ふた》つに切《き》り開《ひら》く。
言葉　解剖《かいぼう》・剖検《ぼうけん》
使い方　かえるを解剖《かいぼう》する。
準2級

170　屈　＊クツ
しかばね　8画
意味　①かがむ。②くじける。③行《ゆ》きづまる。④強《つよ》い。
言葉　①屈折《くっせつ》　②屈服《くっぷく》・不屈《ふくつ》　③退屈《たいくつ》・窮屈《きゅうくつ》　④屈強《くっきょう》
使い方　不屈《ふくつ》の意志《いし》で、困難《こんなん》を克服《こくふく》した。
4級

170　衝　＊ショウ
ぎょうがまえ　15画
意味　①つく。ぶつかる。②大切《たいせつ》なところ。
言葉　①衝撃《しょうげき》・衝動《しょうどう》・衝突《しょうとつ》　②要衝《ようしょう》
使い方　事件《じけん》の報道《ほうどう》に衝撃《しょうげき》を受《う》ける。
3級

175　芝　＊しば
くさかんむり　6画
意味　しば。庭《にわ》や土手《どて》などに植《う》える草《くさ》。
言葉　芝草《しばくさ》・芝居《しばい》・芝生《しばふ》
使い方　庭《にわ》の芝生《しばふ》を短《みじか》く刈《か》る。
4級

175　紋　＊モン
いとへん　10画
意味　①模様《もよう》。②その家《いえ》のしるしの図形《ずけい》。
言葉　①紋様《もんよう》・波紋《はもん》　②紋章《もんしょう》・家紋《かもん》
使い方　彼《かれ》の発言《はつげん》に波紋《はもん》が広《ひろ》がる。
4級

175　刑　＊ケイ
りっとう　6画
意味　罰《ばつ》を加《くわ》える。罰《ばつ》。
言葉　刑法《けいほう》・求刑《きゅうけい》
使い方　被告人《ひこくにん》に懲役三年《ちょうえきさんねん》を求刑《きゅうけい》する。
3級

176　貌　＊ボウ
むじなへん　14画
意味　人《ひと》や物《もの》の見《み》かけ。顔立《かおだ》ち。
言葉　全貌《ぜんぼう》・風貌《ふうぼう》・変貌《へんぼう》
使い方　計画《けいかく》の全貌《ぜんぼう》が明《あき》らかになる。
2級

176　狭　（キョウ）　＊せまい　せばめる　せばまる
けものへん　9画
意味　せまい。ゆとりがない。
言葉　手狭《てぜま》・狭苦《せまくる》しい・狭《せま》い部屋《へや》
使い方　彼《かれ》は少々《しょうしょう》視野《しや》が狭《せま》い。
4級

178　剥［剝］　ハク　はがす　はく　はがれる　＊はげる
りっとう　10画
意味　はぐ。はぎとる。
言葉　剥奪《はくだつ》・剥離《はくり》
使い方　壁《かべ》に貼《は》ったシールを剥《は》ぎ取《と》る。
2級

178　彩　＊サイ　（いろどる）
さんづくり　11画
意味　①いろどる。②いろどり。
言葉　①彩色《さいしょく》・水彩《すいさい》　②多彩《たさい》・色彩《しきさい》・光彩《こうさい》
使い方　スケッチに絵《え》の具《ぐ》で彩色《さいしょく》する。
4級

178　既　＊キ　すでに
ぶ　10画
意味　①すでに。とっくに。②尽《つ》きる。なくなる。
言葉　①既刊《きかん》・既成《きせい》・既製《きせい》　②皆既日食《かいきにっしょく》
使い方　既製品《きせいひん》のズボンを買《か》う。
3級

179　郭　＊カク
おおざと　11画
意味　囲《かこ》い。外《そと》わく。物《もの》の周《まわ》り。
言葉　外郭《がいかく》・城郭《じょうかく》・輪郭《りんかく》
使い方　戦国時代《せんごくじだい》の城郭《じょうかく》。
3級

179　嘆　＊タン　なげく　なげかわしい
くちへん　13画
意味　①なげく。②ほめる。
言葉　①悲嘆《ひたん》・嘆息《たんそく》　②感嘆《かんたん》・嘆賞《たんしょう》
使い方　すばらしい作品《さくひん》に感嘆《かんたん》の声《こえ》を上《あ》げた。
4級

新出音訓

175 弟子（デシ）

178 究める（きわめる）

重要語句のチェック

＊はここでの意味《いみ》。

170ページ

晩餐《ばんさん》　ごちそうの出《で》る、やや形式《けいしき》ばった夕食《ゆうしょく》。文 **晩餐会《ばんさんかい》**に招《まね》かれる。

花開《はなひら》く　文化《ぶんか》が盛《さか》んになる。文 **花開《はなひら》く**国風文化《こくふうぶんか》。

やはり　①以前《いぜん》と同《おな》じ状態《じょうたい》。②予想《よそう》した通《とお》りになる様子《ようす》。＊③考《かんが》えた結果《けっか》同《おな》じ結論《けつろん》に行《い》き着《つ》くさま。文 優勝《ゆうしょう》できるとしたら、**やはり**彼《かれ》だろう。

衝撃《しょうげき》　①激《はげ》しい力《ちから》が加《くわ》えられること。文 自転車《じてんしゃ》が転倒《てんとう》し、頭部《とうぶ》に**衝撃《しょうげき》**を感《かん》じた。＊②激《はげ》しく心《こころ》を動《うご》かされること。文 列車事故《れっしゃじこ》のニュースに**衝撃《しょうげき》**を受《う》ける。

175ページ

動揺《どうよう》　①揺《ゆ》れ動《うご》くこと。文 道《みち》が悪《わる》く、車体《しゃたい》の**動揺《どうよう》**が激《はげ》しい。＊②気持《きも》ちが落《お》ち着《つ》かないこと。文 社長《しゃちょう》の辞任《じにん》に社員《しゃいん》が激《はげ》しく**動揺《どうよう》**する。

磔刑《たっけい》　はりつけの刑《けい》。立《た》てた柱《はしら》に罪人《ざいにん》を縛《しば》りつけて殺《ころ》した、昔《むかし》の刑罰《けいばつ》。文 メロスは**磔刑《たっけい》**を覚悟《かくご》で走《はし》った。

176ページ

失意《しつい》　望《のぞ》みがかなわなくて、がっかりすること。文 **失意《しつい》**のどん底《ぞこ》からはい上《あ》がる。対 得意《とくい》

原理《げんり》　物事《ものごと》の根本《こんぽん》となる理屈《りくつ》や決《き》まりごと。文 てこの**原理《げんり》**を使《つか》って巨石《きょせき》を動《うご》かす。

177ページ

偶然《ぐうぜん》　思《おも》いがけないこと。予想《よそう》もしなかったこと。たまたま。文 駅《えき》で**偶然友達《ぐうぜんともだち》**に会《あ》った。対 必然《ひつぜん》

緻密《ちみつ》　①きめが細《こま》かいこと。細工《さいく》が細《こま》かく、よくできている様子《ようす》。文 仕上《しあ》がりが**緻密《ちみつ》**だ。類 精密《せいみつ》　＊②考《かんが》え方《かた》や工夫《くふう》が細《こま》かく行《ゆ》き届《とど》いている様子《ようす》。文 **緻密《ちみつ》**な計算《けいさん》の基《もと》に行動《こうどう》する。対 ずさん

178ページ

目《ま》のあたり　目《め》の前《まえ》。また、直接《ちょくせつ》。文 事故《じこ》を**目《ま》のあたり**にする。

あくまで　最後《さいご》まで。どこまでも。文 **あくまでも**自分《じぶん》の説《せつ》が正《ただ》しいと主張《しゅちょう》する。

179ページ

駆使《くし》　思《おも》いどおりに使《つか》いこなすこと。文 コンピュータを**駆使《くし》**する。

感嘆《かんたん》　心《こころ》からすばらしいと感《かん》じ、褒《ほ》めること。また、感心《かんしん》すること。文 満天《まんてん》の星《ほし》に**感嘆《かんたん》**の声《こえ》を上《あ》げる。

目《め》を奪《うば》われる　心《こころ》を引《ひ》き付《つ》けられる。文 美《うつく》しい花《はな》に**目《め》を奪《うば》われる**。

目《め》を凝《こ》らす　じっと見《み》つめる。文 偽物《にせもの》ではないかと**目《め》を凝《こ》らし**て宝石《ほうせき》を見《み》る。

目《め》を留《と》める　注意《ちゅうい》してよく見《み》る。注目《ちゅうもく》する。文 道端《みちばた》で売《う》られていた茶《ちゃ》わんに**目《め》を留《と》め**た。

目《め》を引《ひ》く　注意《ちゅうい》を引《ひ》き付《つ》ける。注目《ちゅうもく》させる。文 派手《はで》な洋服《ようふく》で、みんなの**目《め》を引《ひ》い**た。

ここがポイント！

教科書《きょうかしょ》の「学習《がくしゅう》」の答《こた》えと考《かんが》え方《かた》

教科書 182〜183ページ

捉《とら》える ❶ 文章《ぶんしょう》の内容《ないよう》を捉《とら》えよう。

① 「君《きみ》は『最後《さいご》の晩餐《ばんさん》』を知《し》っているか」を読《よ》もう。
「最後《さいご》の晩餐《ばんさん》」の図版《ずはん》（173・174ページ）と本文《ほんもん》を結《むす》び付《つ》けて読《よ》み、どんなところに「解剖学《かいぼうがく》」「遠近法《えんきんほう》」「明暗法《めいあんほう》」が使《つか》われているのか確認《かくにん》しよう。

答えの例

「最後《さいご》の晩餐《ばんさん》」の図版《ずはん》を見《み》ると、人物《じんぶつ》たちのさまざまな手《て》の動《うご》きが描《えが》かれている。本文《ほんもん》では、その手《て》の描《えが》き方《かた》に解剖学《かいぼうがく》が使《つか》われていると指摘《してき》している。レオナルドは解剖《かいぼう》を通《つう》じて人体《じんたい》の仕組《しく》みを知《し》ったことで、手《て》だけでなく顔《かお》の表情《ひょうじょう》や容貌《ようぼう》も、その心《こころ》の内面《ないめん》までもえぐるように描《えが》くことができるようになったのである。

図版《ずはん》を見《み》ると、室内《しつない》の空間《くうかん》を遠《とお》くにいくにつれて小《ちい》さく描《えが》いていることがわかる。また、教科書《きょうかしょ》177ページの図《ず》でわかるように、消失《しょうしつ》点《てん》が絵《え》の中心《ちゅうしん》にいるキリストの額《ひたい》の位置《いち》になるように描《えが》いている。こうしたところに遠近法《えんきんほう》が使《つか》われている。

図版《ずはん》に描《えが》かれた壁《かべ》は、右側《みぎがわ》に光《ひかり》が当《あ》たり、左側《ひだりがわ》は影《かげ》になっている。この壁画《へきが》が描《えが》かれている食堂《しょくどう》の現実《げんじつ》の光《ひかり》の方向《ほうこう》と合致《がっち》させているのである。この点《てん》に明暗法《めいあんほう》が使《つか》われている。

考え方

解剖学《かいぼうがく》、遠近法《えんきんほう》、明暗法《めいあんほう》については、それぞれ教科書《きょうかしょ》の次《つぎ》の部分《ぶぶん》に書《か》かれている。

解剖学《かいぼうがく》……P175・18〜P176・6
遠近法《えんきんほう》……P176・7〜P177・7
明暗法《めいあんほう》……P177・8〜P177・15

それぞれの内容《ないよう》を、「最後《さいご》の晩餐《ばんさん》の図版《ずはん》」（P173・174）で確認《かくにん》しながらまとめていくとよい。

② 筆者《ひっしゃ》はなぜ、「最後《さいご》の晩餐《ばんさん》」を「かっこいい。」と思《おも》ったのだろう。文章中《ぶんしょうちゅう》の言葉《ことば》を使《つか》って簡潔《かんけつ》にまとめよう。

答えの例

レオナルドが究《きわ》めた解剖学《かいぼうがく》、遠近法《えんきんほう》、明暗法《めいあんほう》という絵画《かいが》の科学《かがく》と、そのあらゆる可能性《かのうせい》を目《ま》のあたりにできるから。また、修復《しゅうふく》により全体《ぜんたい》がよく見《み》えるようになり、レオナルドが表現《ひょうげん》しようとしたものもよく見《み》えるようになったことも理由《りゆう》である。

考え方

「かっこいい」と思《おも》った理由《りゆう》は、教科書《きょうかしょ》のP178・4〜7や、P178・20〜P179・4で説明《せつめい》されている。

読《よ》み深《ふか》める ❷ 文章《ぶんしょう》を比較《ひかく》して、構成《こうせい》や表現《ひょうげん》の特徴《とくちょう》を捉《とら》えよう。

「君《きみ》は『最後《さいご》の晩餐《ばんさん》』を知《し》っているか」との共通点《きょうつうてん》や相違点《そういてん》を考《かんが》えながら、「『最後《さいご》の晩餐《ばんさん》』の新《あたら》しさ」を読《よ》もう。

① 観点《かんてん》を決《き》めて文章《ぶんしょう》を比較《ひかく》し、それぞれの特徴《とくちょう》や共通点《きょうつうてん》・相違点《そういてん》を確《たし》かめよう。

答えの例

私《わたし》は、構成《こうせい》と着眼点《ちゃくがんてん》に着目《ちゃくもく》して、二《ふた》つの文章《ぶんしょう》を比較《ひかく》してみた。共通点《きょうつうてん》は、どちらも序論《じょろん》・本論《ほんろん》・結論《けつろん》という構成《こうせい》で書《か》かれているということである。しかし、本論《ほんろん》での分析《ぶんせき》に用《もち》いられた観点《かんてん》は異《こと》なっている。「君《きみ》は『最後《さいご》の晩餐《ばんさん》』を知《し》っているか」では、解剖学《かいぼうがく》、遠近法《えんきんほう》、明暗法《めいあんほう》という観点《かんてん》から分析《ぶんせき》しているのに対《たい》して、「『最後《さいご》の晩餐《ばんさん》』の新《あたら》しさ」では、過去《かこ》の作品《さくひん》と比較《ひかく》しながら、構図《こうず》、光輪《こうりん》の有無《うむ》という観点《かんてん》から論《ろん》じている。

考え方

問題《もんだい》に「観点《かんてん》を決《き》めて」とあるので、どの観点《かんてん》から比較《ひかく》するかを決《き》めて書《か》くこと。表《ひょう》を作成《さくせい》してもよい。文章《ぶんしょう》を比較《ひかく》する観点《かんてん》には、「構成《こうせい》」「着眼点《ちゃくがんてん》」の他《ほか》に「文章《ぶんしょう》の種類《しゅるい》」「テーマ」「表現《ひょうげん》（述《の》べ方《かた》）の特徴《とくちょう》」などがある。

② 文章《ぶんしょう》の構成《こうせい》や表現《ひょうげん》の特徴《とくちょう》について、比較《ひかく》を通《とお》して発見《はっけん》したことを発表《はっぴょう》しよう。

答えの例

文章《ぶんしょう》の構成《こうせい》は、「君《きみ》は『最後《さいご》の晩餐《ばんさん》』を知《し》っているか」も「『最後《さいご》の晩餐《ばんさん》』の新《あたら》しさ」も、序論《じょろん》・本論《ほんろん》・結論《けつろん》という三部構成《さんぶこうせい》で書《か》かれている。序論《じょろん》で話題《わだい》を提示《ていじ》し、本論《ほんろん》で「最後《さいご》の晩餐《ばんさん》」について分析《ぶんせき》し、結論《けつろん》でまとめているという点《てん》も共通《きょうつう》している。

表現《ひょうげん》の特徴《とくちょう》については、違《ちが》いがある。「君《きみ》は『最後《さいご》の晩餐《ばんさん》』を知《し》っているか」では、絵《え》から受《う》け取《と》った筆者《ひっしゃ》の印象《いんしょう》がくわしく語《かた》られたり、「……だろうか」「……てほしい」といった読者《どくしゃ》に語《かた》り掛《か》けるような表現《ひょうげん》が使《つか》われたりしている。それに対《たい》して、「『最後《さいご》の晩餐《ばんさん》』の新《あたら》しさ」は、歴史的《れきしてき》な事実《じじつ》を客観的《きゃっかんてき》に述《の》べている。

考え方

「序論《じょろん》・本論《ほんろん》・結論《けつろん》」の三部構成《さんぶこうせい》は、評論文《ひょうろんぶん》や説明文《せつめいぶん》の基本的《きほんてき》な構成《こうせい》である。表現《ひょうげん》の特徴《とくちょう》については、使《つか》われている言葉《ことば》や文末《ぶんまつ》の表現《ひょうげん》に着目《ちゃくもく》して見《み》ていくとよい。

考《かんが》えをもつ ❸ 考《かんが》えたことを文章《ぶんしょう》にまとめよう。

❷で発見《はっけん》したことを基《もと》に、次《つぎ》のような点《てん》について考《かんが》え、文章《ぶんしょう》にまとめよう。

・筆者《ひっしゃ》はなぜ、このような書《か》き方《かた》を選《えら》んだのか。
→文章《ぶんしょう》が書《か》かれた目的《もくてき》や、筆者《ひっしゃ》の意図《いと》と結《むす》び付《つ》けて考《かんが》える。
・文章《ぶんしょう》の構成《こうせい》や表現《ひょうげん》が、文章全体《ぶんしょうぜんたい》にどのような印象《いんしょう》を与《あた》えているか。

答えの例

「君《きみ》は『最後《さいご》の晩餐《ばんさん》』を知《し》っているか」の最後《さいご》の段落《だんらく》を読《よ》むと、

筆者《ひっしゃ》が読者《どくしゃ》に対《たい》して、この絵《え》を実際《じっさい》に見《み》てほしいと願《ねが》っていること、そして芸術《げいじゅつ》は永遠《えいえん》なものだということを実感《じっかん》してほしいと願《ねが》っていることが伝《つた》わってくる。そうした気持《きも》ちがあったからこそ、筆者《ひっしゃ》はこの文章《ぶんしょう》の中《なか》に、読者《どくしゃ》に問《と》いかけたり、誘《さそ》い掛《か》けたりする文《ぶん》を織《お》りまぜたのだろう。その結果《けっか》、この文章《ぶんしょう》は親《した》しみやすい、まるで筆者《ひっしゃ》が自分《じぶん》の知《し》った人《ひと》でもあるかのような身近《みぢか》な印象《いんしょう》を読者《どくしゃ》に与《あた》えることに成功《せいこう》していると言《い》える。

考え方

これまでの二《ふた》つの文章《ぶんしょう》の比較《ひかく》でわかったことを基《もと》にして書《か》く。

言葉を広げる

● 本文《ほんもん》の中《なか》から、文章《ぶんしょう》や作品《さくひん》を評価《ひょうか》するときに使《つか》える言葉《ことば》を探《さが》し、書《か》き留《と》めよう。

答えの例

効果《こうか》（P176・12）・魅力的《みりょくてき》（P179・1）・希少《きしょう》（P180・上5）など

振り返る

● 比較《ひかく》によって初《はじ》めて気《き》づいたことや理解《りかい》が深《ふか》まったことを踏《ふ》まえて、文章《ぶんしょう》を比較《ひかく》することの効果《こうか》を友達《ともだち》に報告《ほうこく》しよう。

答えの例

文章《ぶんしょう》を書《か》く目的《もくてき》に応《おう》じていろいろな表現《ひょうげん》の仕方《しかた》があるということがわかった。

● 二《ふた》つの文章《ぶんしょう》に使《つか》われていた構成《こうせい》や表現《ひょうげん》のいずれかを取《と》り入《い》れ、自分《じぶん》が好《す》きな作品《さくひん》について論《ろん》じてみよう。

↓ひと言《こと》で印象《いんしょう》を述《の》べ、その印象《いんしょう》が生《う》まれた理由《りゆう》を分析《ぶんせき》する。

↓他《ほか》の作品《さくひん》と比較《ひかく》しながら、その作品《さくひん》ならではの魅力《みりょく》を語《かた》る。

答えの例

私《わたし》は「ミロのヴィーナス」を一目見《ひとめみ》たとき、その美《うつく》しさに心《こころ》を奪《うば》われた。しかも、それはただの美《うつく》しさではなく、幻想《げんそう》に似《に》た感覚《かんかく》だった。この感覚《かんかく》はなぜ生《う》まれたのだろう、と考《かんが》えたとき、「ミロのヴィーナス」の失《うしな》った両手《りょうて》が関係《かんけい》しているのだと感《かん》じた。失《うしな》った両手《りょう》が見《み》る者《もの》に想像《そうぞう》の幅《はば》をもたせ、その想像《そうぞう》の幅《はば》が「ミロのヴィーナス」の美《うつく》しさを際立《きわだ》たせているのだ。

「ひと言《こと》で印象《いんしょう》を述《の》べ、その印象《いんしょう》が生《う》まれた理由《りゆう》を分析《ぶんせき》する」のは、「君《きみ》は『最後《さいご》の晩餐《ばんさん》』を知《し》っているか」の表現《ひょうげん》の特徴《とくちょう》だね。「他《ほか》の作品《さくひん》と比較《ひかく》しながら、その作品《さくひん》ならではの魅力《みりょく》を語《かた》る」のは、「『最後《さいご》の晩餐《ばんさん》』の新《あたら》しさ」の表現《ひょうげん》の特徴《とくちょう》だよ。

テスト直前《ちょくぜん》にチェック！ 君《きみ》は「最後《さいご》の晩餐《ばんさん》」を知《し》っているか

教科書 170~183ページ

また、レオナルドは、光の効果も緻密に計算していた。①描かれた部屋の白い壁を見ると、右側には光が当たり、左側は影になっている。この壁画は食堂の壁に描かれているが、描かれた部屋の明暗は、食堂の窓から差し込む現実の光の方向と合致している。そのため、壁に描かれた部屋は、あたかも本物の食堂の延長にあるようにすら見える。

このように、遠近法や光の明暗の効果を合わせて用いることで、絵に描かれているのが本物の部屋であるように見えてくる。だから、かつての修道士たちのように、こんな部屋で食事をしたら、まるでキリストたちといっしょに晩餐をしているような気持ちになるにちがいない。

解剖学、遠近法、明暗法。そのような絵画の科学が、それまで誰も描かなかった新しい絵を生み出した。②レオナルドが究めた絵画の科学と、そのあらゆる可能性を目《ま》のあたりにできること。これが、「最後の晩餐」を「かっこいい。」と思わせる一つの要因だろう。

ただ、残念なことに、この絵は描かれてから五百年もたって、今では絵の具が剝げ落ち、ぼろぼろになってしまった。そこで、③絵の修復が行われた。

「最後の晩餐」の修復が終了したのは、一九九九年五月のことだ。それまでかびやほこりで薄汚れて、暗い印象のあった絵から、鮮やかな色彩がよみがえった。しかし、絵の細かいところはわからない。レオナルドが描いた細部は、既に剝がれ落ちて、消えてなくなっていた。修復の作業は、あくまで汚れを落とすことと、現状の絵をそのままに保護することだけだ。だから修復された絵には、もう細かい描写はな

1 ——線①「描かれた部屋の白い壁を見ると、右側には光が当たり、左側は影になっている。」とありますが、絵の中の光の差し方は何に合わせてあるのですか。文章中から十七字で書き抜きなさい。

2 よく出る！ ——線②「レオナルドが究めた絵画の科学」とありますが、これはどんなものですか。文章中から十一字で書き抜きなさい。

3 ——線③「絵の修復が行われた。」について答えなさい。

(1) 絵の修復が行われたのはなぜですか。

（　　　　）

解くコツ 「……から。」で終わるようにする。

(2) 修復ではどんなことが行われましたか。次から二つ選び、記号に○を付けなさい。

ア 現状の絵をそのままに保護すること。
イ 剝げ落ちた絵の具をぬり直すこと。
ウ 絵の「全体」を見やすくすること。
エ 汚れを落とすこと。
オ 細部をもう一度描き直すこと。

い。今、私たちが見ることができるのは、④そんな「最後の晩餐」である。

ところが、実際に修復を終えた「最後の晩餐」の前に立って、その絵を眺めると、文句がないほどに魅力的なのだ。確かに細部は落ちて、消えてなくなっている。しかし、そのためにかえって、絵の「全体」がよく見えるようになった。人物の輪郭が作る形。その連なり。絵の構図がもっている画家の意図。つまり、レオナルドが、絵画の科学を駆使して表現しようとしたものが、とてもよく見えてくる。だから、⑤いきなり「かっこいい。」と思えるのだ。

逆に、絵が完成したばかりの頃、それを見た人たちは、細部の描き込みのすごさに息をのんで、感嘆したのかもしれない。しかし、そういうものに目を奪われて、この絵がもっている本当の魅力が「見えなかった」。そんなことがあったのではないか。そして細部が剥げ落ち、ぼんやりした形の連なりだけが残った。修復は、そのような「全体」をより明快に見えるようにした。だとしたら、本当の「最後の晩餐」は、二十一世紀の私たちが初めて見たのかもしれない。レオナルドが描きたかったのは「⑥それ」なのだ。

「最後の晩餐」は、建物の壁に描かれている。だから、レオナルドが暮らし、この絵を描いたミラノの町でしか見ることができない。君もいつか、イタリアを旅して、この絵を自分の目で見てほしい。五百年も昔に描かれた名画は、二十一世紀の今も生きている。⑦芸術は永遠なのだ。

布施英利「君は『最後の晩餐』を知っているか」（光村図書『国語二年』177〜179ページ）

4 よく出る！

——線④「そんな『最後の晩餐』」とありますが、これはどんな「最後の晩餐」ですか。

（　　　　）

解くコツ　「最後の晩餐。」で終わる形にまとめる。

5

——線⑤「いきなり『かっこいい。』と思える」とありますが、それはなぜですか。

（　　　　）

6 よく出る！

——線⑥「それ」とありますが、何を指していますか。次から一つ選び、記号に○を付けなさい。

ア　人々が息をのむほどすごい細部の描き込み。
イ　修復でより明快に見えるようになった絵の「全体」の姿。
ウ　細部が剥げ落ちても失われない絵の本物らしさ。
エ　形の連なりによって表現される人物の個性。

7

——線⑦「芸術は永遠なのだ。」とありますが、筆者がこのように言うための根拠にしているのはどんなことですか。

（　　　　）

解くコツ　「……こと。」で終わる形にまとめる。

▼答えは167ページ

7 価値《かち》を語《かた》る 魅力《みりょく》を効果的《こうかてき》に伝《つた》えよう／漢字《かんじ》に親《した》しもう5

教科書 184~186ページ

新出漢字 漢字のチェック

＊はここに出《で》てきた読《よ》み。

洞（186）
＊ドウ　ほら
さんずい　9画
- 意味：①ほらあな。②見《み》とおす。
- 言葉：①洞窟《どうくつ》・洞穴《ほらあな》・空洞《くうどう》 ②洞察《どうさつ》
- 使い方：彼《かれ》は鋭《するど》い洞察力《どうさつりょく》の持《も》ち主《ぬし》だ。

準2級

窟（186）
＊クツ
あなかんむり　13画
- 意味：①ほらあな。②すみか。
- 言葉：①洞窟《どうくつ》・岩窟《がんくつ》 ②巣窟《そうくつ》
- 使い方：洞窟《どうくつ》にすむ生《い》き物《もの》を研究《けんきゅう》する。

2級

礁（186）
＊ショウ
いしへん　17画
- 意味：水面《すいめん》に出《で》ていない岩《いわ》。
- 言葉：暗礁《あんしょう》・環礁《かんしょう》・サンゴ礁《しょう》・座礁《ざしょう》
- 使い方：サンゴ礁《しょう》の海《うみ》でスキューバダイビングをする。

準2級

珠（186）
＊シュ
おうへん　10画
- 意味：①しんじゅ。②丸《まる》いもの。
- 言葉：①珠玉《しゅぎょく》 ②真珠《しんじゅ》
- 使い方：珠玉《しゅぎょく》の短編小説《たんぺんしょうせつ》を読《よ》む。

準2級

冥（186）
＊メイ（ミョウ）
わかんむり　10画
- 意味：①暗《くら》い。②あの世《よ》。③深《ふか》い。
- 言葉：①冥味《めいまい》 ②冥途《めいど》 ③冥想《めいそう》
- 使い方：冥福《めいふく》を祈《いの》る。

2級

窒（186）
＊チツ
あなかんむり　11画
- 意味：①ふさぐ。ふさがる。②元素《げんそ》の一《ひと》つ。
- 言葉：①窒息《ちっそく》 ②窒素《ちっそ》
- 使い方：混《こ》んだ車内《しゃない》で、窒息《ちっそく》しそうだ。

3級

岬（186）
＊みさき
やまへん　8画
- 意味：みさき。海《うみ》や湖《みずうみ》に突《つ》き出《だ》した陸地《りくち》の先《さき》。
- 言葉：岬《みさき》の灯台《とうだい》・宗谷岬《そうやみさき》
- 使い方：岬《みさき》を巡《めぐ》るバスに乗《の》る。

準2級

陵（186）
＊リョウ（みささぎ）
こざとへん　11画
- 意味：①大《おお》きな丘《おか》。②天子《てんし》の墓《はか》。
- 言葉：①丘陵《きゅうりょう》 ②陵墓《りょうぼ》・天皇陵《てんのうりょう》
- 使い方：見晴《みは》らしのよい丘陵地帯《きゅうりょうちたい》。

3級

鶴（186）
＊つる
とり　21画
- 意味：つる。鳥《とり》の種類《しゅるい》。
- 言葉：夕鶴《ゆうづる》・千羽鶴《せんばづる》
- 使い方：祈《いの》りを込《こ》めて千羽鶴《せんばづる》を折《お》る。

2級

186 鬼
*キ *おに
おに　10画
- 意味：①おに。②人間《にんげん》以上《いじょう》の力《ちから》をもつもの。③優《すぐ》れたもの。
- 言葉：①赤鬼《あかおに》・鬼面《きめん》　②鬼神《きじん》・悪鬼《あっき》　③鬼才《きさい》
- 使い方：疑心暗鬼《ぎしんあんき》に陥《おちい》る。

4級

186 柳
リュウ *やなぎ
きへん　9画
- 意味：①ヤナギ。②なよなよしたもの。
- 言葉：①猫柳《ねこやなぎ》　②柳腰《やなぎごし》・柳眉《りゅうび》
- 使い方：彼女《かのじょ》は柳眉《りゅうび》を逆立《さかだ》てた。

準2級

186 潤
*ジュン うるおう うるおす うるむ
さんずい　15画
- 意味：①うるおう。うるおす。②飾《かざ》る。もうけ。
- 言葉：①潤滑《じゅんかつ》・潤沢《じゅんたく》・湿潤《しつじゅん》　②潤色《じゅんしょく》・利潤《りじゅん》
- 使い方：彼《かれ》の存在《そんざい》はクラスの潤滑油《じゅんかつゆ》だ。

3級

186 泌
*ヒツ（ヒ）
さんずい　8画
- 意味：液体《えきたい》がしみ出《で》る。しぼり出《だ》される。
- 言葉：泌尿器《ひにょうき》・分泌《ぶんぴつ》
- 使い方：胃液《いえき》を分泌《ぶんぴつ》する。

3級

186 汎
*ハン
さんずい　6画
- 意味：広《ひろ》い。すべて。
- 言葉：汎愛《はんあい》・広汎《こうはん》
- 使い方：同一《どういつ》規格《きかく》の部品《ぶひん》を汎用《はんよう》する。

2級

186 沃
*ヨク
さんずい　7画
- 意味：①注《そそ》ぐ。②肥《こ》えている。
- 言葉：①沃灌《よくかん》　②肥沃《ひよく》・沃野《よくや》
- 使い方：肥沃《ひよく》な地《ち》に作物《さくもつ》を植《う》える。

2級

新出音訓

186 乳飲み子（ちのみご）

186 故（ゆえ）

186 大字（おおあざ）

186 面影（おもかげ）

解説

美術作品《びじゅつさくひん》を見《み》て自分《じぶん》が感《かん》じた魅力《みりょく》を伝《つた》える文章《ぶんしょう》を、表現効果《ひょうげんこうか》を考《かんが》えながら書《か》く。

1 **作品《さくひん》を鑑賞《かんしょう》する。**

作品《さくひん》を鑑賞《かんしょう》して感《かん》じた魅力《みりょく》を一文《いちぶん》で表現《ひょうげん》する。その魅力《みりょく》の根拠《こんきょ》となる具体的《ぐたいてき》な特徴《とくちょう》や感《かん》じたこと、想像《そうぞう》したことを書《か》き出《だ》す。

・次《つぎ》のような観点《かんてん》から鑑賞《かんしょう》する。

> 構図《こうず》・配置《はいち》　描《えが》かれているもの　素材《そざい》・色彩《しきさい》
> タッチ・匂《にお》い　音《おと》（会話《かいわ》）　など

・感《かん》じたことを表《あらわ》す言葉《ことば》には、次《つぎ》のようなものがある。

> 心《こころ》に響《ひび》く　心《こころ》が温《あたた》まる　胸《むね》を打《う》たれる　胸《むね》に迫《せま》る
> 目《め》を奪《うば》われる　目《め》に焼《や》き付《つ》く　魅力的《みりょくてき》だ　見事《みごと》だ
> 興味《きょうみ》を引《ひ》かれる　奥深《おくぶか》い　印象的《いんしょうてき》だ　象徴的《しょうちょうてき》だ

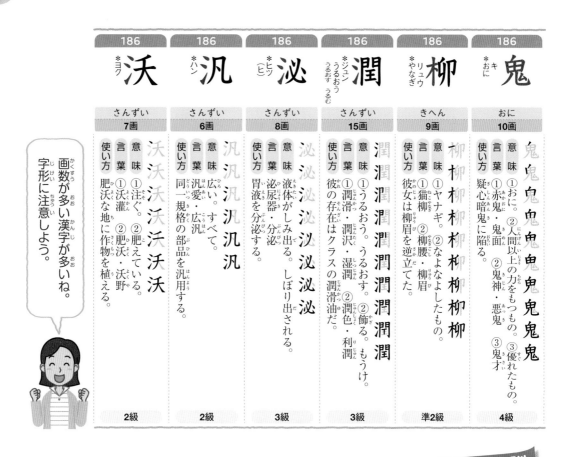

[2] **表現《ひょうげん》の効果《こうか》を考《かんが》える**
魅力《みりょく》がより生《い》き生《い》きと伝《つた》わるように、表現《ひょうげん》の効果《こうか》を考《かんが》える。
・読《よ》み手《て》の立場《たちば》に立《た》って、物事《ものごと》の様子《ようす》や場面《ばめん》、人物《じんぶつ》の心情《しんじょう》や行動《こうどう》が、具体的《ぐたいてき》に伝《つた》わるように表現《ひょうげん》の効果《こうか》を考《かんが》える。
・選《えら》んだ語句《ごく》や表現《ひょうげん》が、文章《ぶんしょう》の内容《ないよう》や読《よ》み手《て》に伝《つた》えるうえでどのように働《はたら》いているかを考《かんが》える。

[3] **鑑賞文《かんしょうぶん》を書《か》く**
読《よ》み手《て》を意識《いしき》して、三百字程度《さんびゃくじていど》の鑑賞文《かんしょうぶん》を書《か》く。

「魅力《みりょく》」「魅力《みりょく》の説明《せつめい》」「まとめ」の三段構成《さんだんこうせい》で書《か》くと、書《か》きやすいよ。

「魅力《みりょく》の説明《せつめい》」は、できるだけ具体的《ぐたいてき》に書《か》くといいよ。自分《じぶん》が伝《つた》えたい様子《ようす》にぴったりな表現《ひょうげん》を考《かんが》えてみよう。

[4] **学習《がくしゅう》を振《ふ》り返《かえ》る**
鑑賞文《かんしょうぶん》を読《よ》み合《あ》って、工夫《くふう》した表現《ひょうげん》について意見《いけん》を発表《はっぴょう》し合《あ》う。

「漢字《かんじ》に親《した》しもう5」の答《こた》え

〈新《あたら》しく習《なら》う漢字《かんじ》〉

[1] ①どうくつ　②さんごしょう　③しんじゅ
④めいおうせい　⑤ちっそ　⑥みさき
⑦きゅうりょう

[2] ①鬼《おに》・強《つよ》いものが、もっと強《つよ》くなること。
②猫《ねこ》・たいへん狭《せま》い場所《ばしょ》のたとえ。
③鶴《つる》・多《おお》くの人《ひと》を従《したが》わせることができる、力《ちから》をもった人《ひと》のひと言《こと》。
④柳《やなぎ》・相手《あいて》に逆《さか》らわないで、上手《じょうず》にあしらうこと。

[3] ①しつじゅん　②ぶんぴつ（ぶんぴ）
③はんよう　④ひよく

〈新《あたら》しく習《なら》う音訓《おんくん》〉

[4] ①ち　②あざ
③ゆえ　④おも

意味《いみ》のわからない言葉《ことば》があったら、辞書《じしょ》を引《ひ》いて調《しら》べてみよう。

文法《ぶんぽう》への扉《とびら》2 走《はし》る。走《はし》らない。走《はし》ろうよ。

教科書 187ページ (238~243ページ)

教科書の課題

左《ひだり》の例《れい》のように、「走《はし》る」は、後《うし》ろに付《つ》く語《ご》によって形《かたち》が変化《へんか》する。では、「歩《ある》く」「笑《わら》う」「起《お》きる」「食《た》べる」はどのように変化《へんか》するだろう。

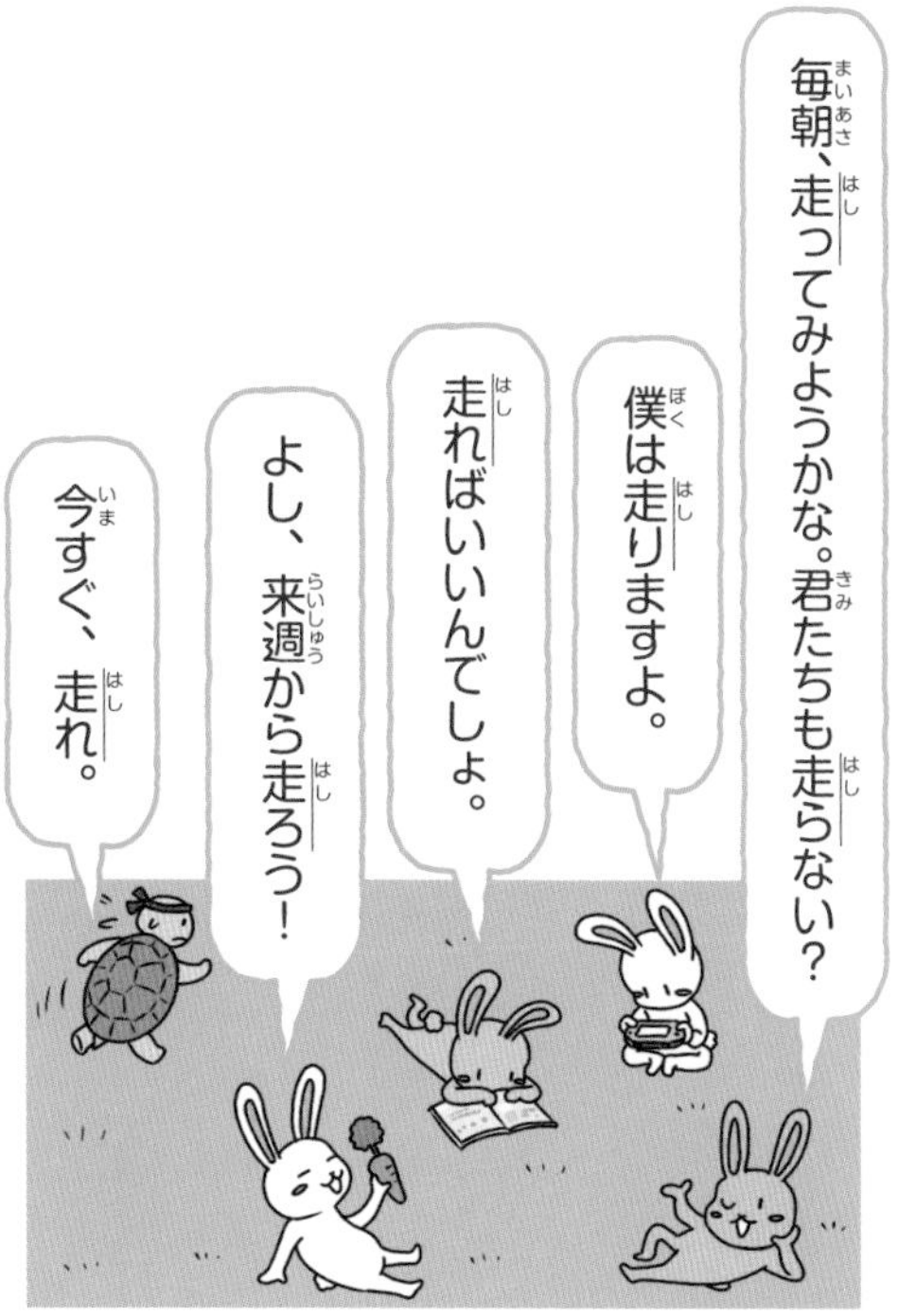

答えの例

歩《ある》く…歩《ある》かない（歩《ある》こう）・歩《ある》きます・歩《ある》く・歩《ある》くとき・歩《ある》けば・歩《ある》け

笑《わら》う…笑《わら》わない（笑《わら》おう）・笑《わら》います・笑《わら》う・笑《わら》うとき・笑《わら》えば・笑《わら》え

起《お》きる…起《お》きない（起《お》きよう）・起《お》きます・起《お》きる・起《お》きるとき・起《お》きれば・起《お》きろ

食《た》べる…食《た》べない（食《た》べよう）・食《た》べます・食《た》べる・食《た》べるとき・食《た》べれば・食《た》べろ

考え方

●活用《かつよう》…後《あと》に付《つ》く言葉《ことば》や、文中《ぶんちゅう》での働《はたら》きにより、単語《たんご》の形《かたち》が規則的《きそくてき》に変化《へんか》すること。

●活用形《かつようけい》…活用《かつよう》によって変化《へんか》した単語《たんご》の形《かたち》。次《つぎ》にどのような言葉《ことば》が続《つづ》くかによって、未然形《みぜんけい》・連用形《れんようけい》・終止形《しゅうしけい》・連体形《れんたいけい》・仮定形《かていけい》・命《めい》令形《れいけい》の六種類《ろくしゅるい》に分《わ》けられる。（形容詞《けいようし》・形容動詞《けいようどうし》は命令形《めいれいけい》がない。）

●活用《かつよう》の種類《しゅるい》

〈動詞《どうし》〉五段活用《ごだんかつよう》・上一段活用《かみいちだんかつよう》・下一段活用《しもいちだんかつよう》・カ行変格活用《ぎょうへんかくかつよう》・サ行《ぎょう》変格活用《へんかくかつよう》の五種類《ごしゅるい》。「走《はし》る」「歩《ある》く」「笑《わら》う」は五段活用《ごだんかつよう》（活用語尾《かつようごび》が、五十音《ごじゅうおん》のある行《ぎょう》の「ア・イ・ウ・エ・オ」の五段《ごだん》に沿《そ》って変化《へんか》する）、「起《お》きる」は上一段活用《かみいちだんかつよう》（活用語尾《かつようごび》に五十音《ごじゅうおん》の「イ」段《だん》の音《おん》が入《はい》る）、「食《た》べる」は下一段活用《しもいちだんかつよう》（活用語尾《かつようごび》に五十音《ごじゅうおん》の「エ」段《だん》の音《おん》が入《はい》る）。

〈形容詞《けいようし》・形容動詞《けいようどうし》〉形容詞《けいようし》の活用《かつよう》は一種類《いっしゅるい》、形容動詞《けいようどうし》は「だ」の活用《かつよう》と「です」の活用《かつよう》の二種類《にしゅるい》がある。

※活用《かつよう》は、「ない」を付《つ》けたときの直前《ちょくぜん》の音《おん》の変化《へんか》で見分《みわ》ける。

読書《どくしょ》に親《した》しむ

研究《けんきゅう》の現場《げんば》にようこそ

教科書 188~190ページ

教科書掲載部分の内容

クモの糸《いと》でバイオリン

大﨑茂芳《おおさきしげよし》

ある休日《きゅうじつ》に、バイオリンにクモの糸《いと》を初《はじ》めてセットして、弓《ゆみ》で弾《ひ》いてみた。すると、音《おと》が出《で》た。喜《よろこ》びのあまり、「音《おと》が出《で》た！」と大《おお》きな声《こえ》を出《だ》したら、妻《つま》まで別《べつ》の部屋《へや》から飛《と》び出《だ》してきた。

クモの糸《いと》でバイオリンの音《おと》が出《で》たのは感動《かんどう》だった。とはいえその後《あと》、クモの糸《いと》のひもから弦《げん》のレベルにするまでは失敗《しっぱい》の連続《れんぞく》で、悪戦苦闘《あくせんくとう》の日々《ひび》が続《つづ》いた。私《わたし》は四十年間《よんじゅうねんかん》にわたり、クモの糸《いと》の性質《せいしつ》を調《しら》べてきたが、バイオリンの弦《げん》のように細《ほそ》くて強度《きょうど》のある糸《いと》の束《たば》は未知《みち》の領域《りょういき》だった。

漢字のチェック

＊はここに出《で》てきた読《よ》み。

新出漢字

滅（189）
＊メツ　ほろびる　ほろぼす
さんずい　13画
- 意味：①ほろびる。なくなる。②火《ひ》や明《あ》かりが消《き》える。
- 言葉：①滅亡《めつぼう》・消滅《しょうめつ》・全滅《ぜんめつ》・破滅《はめつ》・絶滅《ぜつめつ》　②点滅《てんめつ》
- 使い方：絶滅《ぜつめつ》の危機《きき》にある生物《せいぶつ》。

3級

哺（189）
＊ホ
くちへん　10画
- 意味：口《くち》に含《ふく》むこと。口《くち》に含《ふく》んだ食物《しょくもつ》。
- 言葉：哺乳瓶《ほにゅうびん》・哺乳類《ほにゅうるい》
- 使い方：イルカは哺乳類《ほにゅうるい》だ。

2級

豪（189）
＊ゴウ
ぶた　14画
- 意味：①力《ちから》が優《すぐ》れている。②すごい。
- 言葉：①豪傑《ごうけつ》・豪族《ごうぞく》・強豪《きょうごう》　②豪雨《ごうう》・豪華《ごうか》・豪雪《ごうせつ》
- 使い方：予選《よせん》でいきなり強豪《きょうごう》チームと当《あ》たった。

4級

伴（189）
＊ハン　バン　＊ともなう
にんべん　7画
- 意味：①ともなう。②連《つ》れ。仲間《なかま》。
- 言葉：①伴奏《ばんそう》・同伴《どうはん》　②伴侶《はんりょ》
- 使い方：ピアノの伴奏《ばんそう》で歌《うた》う。

3級

弦（190）
＊ゲン　（つる）
ゆみへん　8画
- 意味：①つる。②楽器《がっき》に張《は》る糸《いと》。③弓《ゆみ》のような月《つき》。
- 言葉：①弓《ゆみ》の弦《つる》　②琴《こと》の弦《げん》・管弦《かんげん》　③上弦《じょうげん》・下弦《かげん》
- 使い方：弦楽四重奏《げんがくしじゅうそう》を聴《き》きに行《い》く。

準2級

闘（190）
＊トウ　たたかう
もんがまえ　18画
- 意味：たたかう。たたかい。
- 言葉：闘牛《とうぎゅう》・格闘《かくとう》・決闘《けっとう》・奮闘《ふんとう》
- 使い方：長《なが》い闘病生活《とうびょうせいかつ》の末《すえ》、仕事《しごと》に復帰《ふっき》できた。

4級

8 表現《ひょうげん》を見《み》つめる

走《はし》れメロス

太宰《だざい》治《おさむ》

／漢字《かんじ》に親《した》しもう6

教科書 196~214ページ

あらすじ

妹《いもうと》の結婚式《けっこんしき》のため、花嫁《はなよめ》の衣装《いしょう》や祝宴《しゅくえん》のごちそうを買《か》いにシラクスの町《まち》にやって来《き》たメロスは、王《おう》の暴虐《ぼうぎゃく》ぶりを耳《みみ》にし、激怒《げきど》した。メロスは怒《いか》りのままに王城《おうじょう》に入《はい》っていったが、たちまち捕《つか》まってしまった。人《ひと》の心《こころ》が信《しん》じられぬと言《い》う王《おう》に、メロスは人《ひと》の心《こころ》を疑《うたが》うのは恥《は》ずべき悪徳《あくとく》だと反駁《はんばく》した。処刑《しょけい》が決《き》まったメロスは、妹《いもうと》に結《けっ》婚式《こんしき》を挙《あ》げさせるため、三日間《みっかかん》の猶予《ゆうよ》を願《ねが》い、人質《ひとじち》として親友《しんゆう》のセリヌンティウスを置《お》いていくと申《もう》し入《い》れる。王《おう》は、だまされたふりをして身代《みが》わりを処刑《しょけい》するのもおもしろいと考《かんが》え、承知《しょうち》した。

村《むら》に帰《かえ》って結婚式《けっこんしき》を行《おこな》ったメロスの心《こころ》に、ぐずぐずとどまっていたいという未練《みれん》の情《じょう》が起《お》こった。

しかし、メロスはすぐ町《まち》に引《ひ》き返《かえ》した。数々《かずかず》の困難《こんなん》を乗《の》り越《こ》えて先《さき》を急《いそ》ぐメロスだが、疲労《ひろう》のあまり倒《たお》れ、ふと弱《よわ》い心《こころ》がのぞく。

しかし、一口《ひとくち》の水《みず》を飲《の》んだことをきっかけに希望《きぼう》と勇気《ゆうき》を取《と》り戻《もど》したメロスは必死《ひっし》で走《はし》った。ついに処刑《しょけい》の時間《じかん》に間《ま》に合《あ》ったメロスは人間《にんげん》の心《こころ》の信実《しんじつ》を証明《しょうめい》した。

心《こころ》を打《う》たれた王《おう》は自《みずか》らを恥《は》じメロスの仲間《なかま》に入《い》れてほしいと願《ねが》うのだった。

構成

1. 王《おう》の暴虐《ぼうぎゃく》を聞《き》いたメロスの怒《いか》り（初《はじ》め～P197・16）
2. 王《おう》とメロスの会話《かいわ》と約束《やくそく》（P197・17～P200・10）
3. 妹《いもうと》の結婚式《けっこんしき》を挙《あ》げるメロス（P200・11～P202・9）
4. 走《はし》るメロス―悪《わる》い夢《ゆめ》を見《み》る（P202・10～P206・18）
5. 走《はし》るメロス―希望《きぼう》を取《と》り戻《もど》す（P206・19～P211・7）
6. 信実《しんじつ》の勝利《しょうり》（P211・8～終《お》わり）

新出漢字

漢字のチェック

＊はここに出て《で》きた読《よ》み。

196 邪
＊ジャ
おおざと　8画
- 意味　間違《まちが》った。悪《わる》い。ひねくれた。
- 言葉　邪悪《じゃあく》・邪道《じゃどう》・邪魔《じゃま》・無邪気《むじゃき》
- 使い方　邪悪《じゃあく》な心《こころ》を捨《す》てる。

3級

196 虐
＊ギャク　（しいたげる）
とらがしら　9画
- 意味　しいたげる。いじめる。
- 言葉　虐待《ぎゃくたい》・残虐《ざんぎゃく》・自虐《じぎゃく》
- 使い方　虐待《ぎゃくたい》から子供《こども》を守《まも》る。

3級

196 婿
＊むこ　（セイ）
おんなへん　12画
- 意味　むこ。娘《むすめ》の夫《おっと》。
- 言葉　婿取《むこと》り・花婿《はなむこ》
- 使い方　旧家《きゅうか》の入《い》り婿《むこ》になる。

3級

196 嫁
＊よめ　とつぐ　（カ）
おんなへん　13画
- 意味　①よめ。②よめに行《い》く。
- 言葉　①花嫁《はなよめ》　②嫁《とつ》ぎ先《さき》・嫁入《よめい》り
- 使い方　祖母《そぼ》は若《わか》くして嫁入《よめい》りしたそうだ。

3級

196 宴
＊エン
うかんむり　10画
- 意味　酒盛《さかも》り。うたげ。
- 言葉　宴席《えんせき》・酒宴《しゅえん》・祝宴《しゅくえん》
- 使い方　結婚式《けっこんしき》の披露宴《ひろうえん》に出席《しゅっせき》する。

3級

197 賢
＊ケン　かしこい
かい　16画
- 意味　①かしこい。②相手《あいて》を敬《うやま》う気持《きも》ちを表《あらわ》す。
- 言葉　①賢者《けんじゃ》・賢人《けんじん》　②賢察《けんさつ》
- 使い方　登頂《とうちょう》を諦《あきら》めたのは賢明《けんめい》な判断《はんだん》だ。

3級

197 吏
＊リ
くち　6画
- 意味　役人《やくにん》。公務員《こうむいん》。
- 言葉　吏員《りいん》・官吏《かんり》・公吏《こうり》
- 使い方　祖父《そふ》は鉄道《てつどう》の官吏《かんり》だった。

3級

198 眉
＊ミ　まゆ　（ビ）
め　9画
- 意味　まゆ毛《げ》。
- 言葉　眉間《みけん》・眉毛《まゆげ》・眉根《まゆね》
- 使い方　眉間《みけん》にしわを寄《よ》せる。

2級

199 乞
＊こう
おつ　3画
- 意味　求《もと》める。ねだる。
- 言葉　雨乞《あまご》い・命乞《いのちご》い
- 使い方　雨乞《あまご》いをする。

2級

199 亭
＊テイ
なべぶた　9画
- 意味　①宿屋《やどや》。②あずまや。
- 言葉　①亭主《ていしゅ》・旅亭《りょてい》　②泉亭《せんてい》・池亭《ちてい》
- 使い方　旅館《りょかん》の亭主《ていしゅ》と知《し》り合《あ》いだ。

準2級

200 睡
＊スイ
めへん　13画
- 意味　眠《ねむ》る。眠《ねむ》り。
- 言葉　睡魔《すいま》・睡眠《すいみん》・一睡《いっすい》
- 使い方　会議中《かいぎちゅう》に睡魔《すいま》に襲《おそ》われる。

準2級

200 到
＊トウ
りっとう　8画
- 意味　①至《いた》る。②行《ゆ》き渡《わた》る。
- 言葉　①到着《とうちゃく》・殺到《さっとう》　②周到《しゅうとう》
- 使い方　新商品《しんしょうひん》の問《と》い合《あ》わせが殺到《さっとう》する。

4級

200 壇
＊ダン　（タン）
つちへん　16画
- 意味　①周《まわ》りより高《たか》い場所《ばしょ》。②専門家《せんもんか》の集《あつ》まり。
- 言葉　①壇上《だんじょう》・祭壇《さいだん》・花壇《かだん》　②文壇《ぶんだん》・論壇《ろんだん》
- 使い方　祭壇《さいだん》に花《はな》を供《そな》える。

3級

201	201	201	201	203	203	203
諾 *ダク	郎 *ロウ	涯 *ガイ	酔 *スイ よう	拳 *ケン こぶし	湧 *ユウ わく	氾 *ハン
ごんべん 15画	おおざと 9画	さんずい 11画	ひよみのとり 11画	て 10画	さんずい 12画	さんずい 5画
意味 承知《しょうち》する。	意味 ①男子《だんし》。②仕《つか》えている人《ひと》。家来《けらい》。	意味 終《お》わり。果《は》て。	意味 ①よう。②夢中《むちゅう》になる。	意味 握《にぎ》りこぶし。	意味 水《みず》がわき出《で》る。	意味 ①あふれる。②行《い》き渡《わた》る。
言葉 諾否《だくひ》・受諾《じゅだく》・承諾《しょうだく》	言葉 ①新郎《しんろう》・野郎《やろう》 ②郎党《ろうとう》	言葉 境涯《きょうがい》・生涯《しょうがい》・天涯《てんがい》	言葉 ①酔眼《すいがん》 ②心酔《しんすい》・陶酔《とうすい》	言葉 拳法《けんぽう》・太極拳《たいきょくけん》・握《にぎ》り拳《こぶし》	言葉 湧出《ゆうしゅつ》・湧水《ゆうすい》・泉《いずみ》が湧《わ》く	言葉 ①氾濫《はんらん》
使い方 会《かい》の司《し》会《かい》を快《かい》諾《だく》する。	使い方 その武《ぶ》士《し》は一《いち》族《ぞく》郎《ろう》党《とう》を率《ひき》いて合《かっ》戦《せん》に参《さん》加《か》した。	使い方 主《しゅ》人《じん》公《こう》は天《てん》涯《がい》孤《こ》独《どく》な身《み》の上《うえ》だ。	使い方 麻《ま》酔《すい》をかけて手《しゅ》術《じゅつ》する。	使い方 握《にぎ》り拳《こぶし》をほどく。	使い方 冷《つめ》たい水《みず》が湧《ゆう》出《しゅつ》する。	使い方 現《げん》代《だい》社《しゃ》会《かい》には情《じょう》報《ほう》が氾《はん》濫《らん》している。
3級	4級	準2級	3級	2級	2級	2級

203	203	204	204	204	204	204
濫 *ラン	狂 *キョウ くるう くるおしい	賊 *ゾク	隙 *(ゲキ) すき	仰 *ギョウ コウ あおぐ (おおせ)	萎 *イ なえる	芋 *いも
さんずい 18画	けものへん 7画	かいへん 13画	こざとへん 13画	にんべん 6画	くさかんむり 11画	くさかんむり 6画
意味 ①水《みず》があふれ出《で》る。②みだりに。	意味 ①くるう。②激《はげ》しい。③夢《む》中《ちゅう》になること。	意味 ①盗《ぬす》む。泥棒《どろぼう》。②国《くに》を乱《みだ》す者《もの》。	意味 物《もの》と物《もの》の間《あいだ》。	意味 ①見上《みあ》げる。②敬《うやま》う。③言《い》いつけ。	意味 元気《げんき》がなくなる。	意味 イモ。
言葉 ①氾濫《はんらん》 ②濫獲《らんかく》・濫造《らんぞう》・濫伐《らんばつ》・濫用《らんよう》	言葉 ①狂犬《きょうけん》 ②狂暴《きょうぼう》 ③狂信《きょうしん》・熱狂《ねっきょう》	言葉 ①賊《ぞく》が入《はい》る・盗賊《とうぞく》 ②賊軍《ぞくぐん》	言葉 隙《すき》がない・隙間《すきま》	言葉 ①空《そら》を仰《あお》ぐ・仰角《ぎょうかく》 ②信仰《しんこう》 ③仰《おお》せのとおり	言葉 萎《い》縮《しゅく》・萎《な》える	言葉 芋虫《いもむし》・芋版《いもばん》・山芋《やまいも》
使い方 国《こく》債《さい》の濫《らん》発《ぱつ》は国《こっ》家《か》財《ざい》政《せい》を悪《あっ》化《か》させる。	使い方 合《ごう》格《かく》の知《し》らせに狂《きょう》喜《き》する。	使い方 貨《か》物《もつ》船《せん》が海《かい》賊《ぞく》に襲《おそ》われる。	使い方 ドアの隙《すき》間《ま》から冷《つめ》たい風《かぜ》が入《はい》り込《こ》む。	使い方 びっくり仰《ぎょう》天《てん》する。	使い方 大《おお》きな声《こえ》で怒《おこ》られて、気《き》持《も》ちが萎《な》える。	使い方 畑《はたけ》の芋《いも》を収《しゅう》穫《かく》する。
3級	4級	3級	2級	4級	2級	4級

傍
204

*ボウ (かたわら)

にんべん　12画

意味　そば。わき。

言葉　傍線《ぼうせん》・路傍《ろぼう》

使い方　騒《さわ》ぎの傍観者《ぼうかんしゃ》を決《き》め込《こ》む。

4級

欺
205

*ギ　あざむく

あくび　12画

意味　だます。ごまかす。

言葉　詐欺《さぎ》

使い方　新《あたら》しい手口《てぐち》の詐欺《さぎ》が増《ふ》えている。

3級

卑
206

*ヒ (いやしい) (いやしむ) (いやしめる)

じゅう　9画

意味　①下品《げひん》である。②見下《みさ》げる。

言葉　①卑屈《ひくつ》・卑俗《ひぞく》 ②卑下《ひげ》

使い方　自分《じぶん》を卑下《ひげ》する態度《たいど》を改《あらた》める。

3級

醜
206

*シュウ　みにくい

ひよみのとり　17画

意味　心《こころ》や顔《かお》かたちが汚《きたな》い。

言葉　醜悪《しゅうあく》・醜聞《しゅうぶん》・美醜《びしゅう》

使い方　顔《かお》の美醜《びしゅう》より性格《せいかく》が大事《だいじ》だ。

準2級

肢
206

*シ

にくづき　8画

意味　手《て》と足《あし》。

言葉　肢体《したい》・四肢《しし》・上肢《じょうし》

使い方　すらりとしなやかに伸《の》びた肢体《したい》。

準2級

蹴
207

*シュウ　ける

あしへん　19画

意味　足《あし》を使《つか》って物《もの》を吹《ふ》き飛《と》ばす。

言葉　蹴球《しゅうきゅう》・一蹴《いっしゅう》・球《たま》を蹴《け》る

使い方　くだらない意見《いけん》を一蹴《いっしゅう》する。

2級

裸
208

*ラ　はだか

ころもへん　13画

意味　はだか。はだかになる。

言葉　裸身《らしん》・裸体《らたい》・全裸《ぜんら》

使い方　古代《こだい》ローマの裸体像《らたいぞう》。

3級

恨
208

*コン　うらむ　うらめしい

りっしんべん　9画

意味　①うらむ。うらみ。②うらめしい。残念《ざんねん》だ。

言葉　①遺恨《いこん》 ②悔恨《かいこん》・痛恨《つうこん》

使い方　決勝戦《けっしょうせん》で痛恨《つうこん》のエラーをした。

3級

擁
209

*ヨウ

てへん　16画

意味　①抱《だ》きかかえる。②抱《だ》きかかえて守《まも》る。

言葉　①抱擁《ほうよう》 ②擁護《ようご》・擁立《ようりつ》

使い方　若《わか》い候補者《こうほしゃ》を擁立《ようりつ》する。

3級

疫
214

*エキ (ヤク)

やまいだれ　9画

意味　はやりやまい。流行病《りゅうこうびょう》。

言葉　疫病《えきびょう》・検疫《けんえき》・悪疫《あくえき》・免疫《めんえき》

使い方　免疫機能《めんえききのう》が回復《かいふく》する。

準2級

聴
214

*チョウ　きく

みみへん　17画

意味　きく。耳《みみ》を澄《す》ましてよくきく。

言葉　聴覚《ちょうかく》・聴講《ちょうこう》・補聴器《ほちょうき》・視聴《しちょう》

使い方　裁判《さいばん》を傍聴《ぼうちょう》する。

3級

痩
214

*(ソウ)　やせる

やまいだれ　12画

意味　①やせる。②土地《とち》の栄養《えいよう》が少《すく》なくなる。

言葉　①夏痩《なつや》せ。②土地《とち》が痩《や》せる。

使い方　痩《や》せた土地《とち》を耕《たがや》す。

2級

循
214

*ジュン

ぎょうにんべん　12画

意味　めぐる。まわる。

言葉　循環《じゅんかん》・循環器《じゅんかんき》

使い方　バスが市内《しない》を循環《じゅんかん》する。

準2級

癒
214

*ユ　いえる　いやす

やまいだれ　18画

意味　病気《びょうき》や傷《きず》が治《なお》る。体《からだ》や心《こころ》の苦《くる》しみをなくす。

言葉　治癒《ちゆ》・快癒《かいゆ》・癒着《ゆちゃく》

使い方　治癒力《ちゆりょく》が高《たか》まる。

準2級

214 尿

＊ニョウ

しかばね　7画

意味　小便《しょうべん》。小水《しょうすい》。

言葉　検尿《けんにょう》・尿意《にょうい》・尿検査《にょうけんさ》

使い方　急《きゅう》に尿意《にょうい》を催《もよお》す。

3級

214 膚

＊フ

にくづき　15画

意味　身体《しんたい》の表面《ひょうめん》の皮《かわ》。肌《はだ》。

言葉　皮膚《ひふ》・完膚《かんぷ》

使い方　皮膚《ひふ》にクリームを塗《ぬ》る。

4級

214 尚

＊ショウ

しょう　8画

意味　①なお。まだ。②とうとぶ。③高《たか》い。

言葉　①尚早《しょうそう》　②尚古《しょうこ》・尚武《しょうぶ》　③高尚《こうしょう》

使い方　高尚《こうしょう》な思想《しそう》を唱《とな》える。

準2級

214 撤

＊テツ

てへん　15画

意味　取《と》り除《のぞ》く。

言葉　撤回《てっかい》・撤去《てっきょ》・撤収《てっしゅう》・撤退《てったい》

使い方　発言《はつげん》を撤回《てっかい》する。

準2級

214 敢

＊カン

ぼくにょう　12画

意味　あえてする。思《おも》い切《き》ってする。

言葉　敢行《かんこう》・敢闘《かんとう》・勇敢《ゆうかん》

使い方　チャンピオンに果敢《かかん》に挑《いど》む。

3級

214 謀

＊ボウ　（ム）　（はかる）

ごんべん　16画

意味　①たくらむ。たくらみ。②計画《けいかく》を立《た》てる。

言葉　①謀略《ぼうりゃく》・陰謀《いんぼう》・共謀《きょうぼう》　②参謀《さんぼう》・深謀《しんぼう》

使い方　敵《てき》の謀略《ぼうりゃく》にかかって敗《やぶ》れる。

3級

214 朽

＊キュウ　くちる

きへん　6画

意味　くちる。腐《くさ》って壊《こわ》れる。

言葉　老朽《ろうきゅう》・不朽《ふきゅう》

使い方　その橋《はし》は老朽化《ろうきゅうか》している。

4級

214 奨

＊ショウ

だい　13画

意味　すすめる。ほめて励《はげ》ます。

言葉　奨励《しょうれい》・推奨《すいしょう》

使い方　奨学金《しょうがくきん》を受《う》けて大学《だいがく》に行《い》く。

準2級

214 励

＊レイ　はげむ　はげます

ちから　7画

意味　はげむ。力《ちから》いっぱいつとめる。はげます。

言葉　励行《れいこう》・激励《げきれい》・奨励《しょうれい》

使い方　友人《ゆうじん》に激励《げきれい》のメールを送《おく》る。

3級

214 症

＊ショウ

やまいだれ　10画

意味　病気《びょうき》の様子《ようす》や性質《せいしつ》。

言葉　症状《しょうじょう》・重症《じゅうしょう》・症例《しょうれい》

使い方　風邪《かぜ》の症状《しょうじょう》が悪化《あっか》する。

準2級

新出音訓

- 197 人質（ひとジチ）
- 198 民（たみ）
- 199 報いる（むくいる）
- 200 調える（ととのえる）
- 201 蒸し暑い（むしあつい）
- 203 誠（まこと）
- 205 真紅（シンク）
- 207 風体（フウテイ）
- 211 万歳（バンザイ）
- 214 河川（カセン）

214 **機織《はたお》り**（はたおり）

214 **旅客機《りょかっき》**（リョカクキ）

214 **小児科**（ショウニカ）

重要語句のチェック

＊はここでの意味《いみ》。

196ページ

竹馬《ちくば》の友《とも》 小《ち》さい頃《ころ》の仲《なか》よしの友達《ともだち》。幼《おさな》なじみ。文竹馬《ちくば》の友《とも》と再《さい》会《かい》する。

ひっそり ＊①静《しず》まり返《かえ》っている様子《ようす》。文学校《がっこう》は**ひっそり**している。②人《ひと》に知《し》られずにいる様子《ようす》。文山奥《やまおく》で**ひっそり**と暮《く》らす。

197ページ

はばかる ＊①他人《たにん》を気《き》にして遠慮《えんりょ》する。文人目《ひとめ》を**はばかる**。②幅《はば》をきかせる。文憎《にく》まれっ子世《こよ》に**はばかる**。

賢臣《けんしん》 賢明《けんめい》な家来《けらい》。文豊臣秀吉《とよとみひでよし》の**賢臣《けんしん》**石田三成《いしだみつなり》。

警吏《けいり》 警察官《けいさつかん》。文祖父《そふ》は山口県《やまぐちけん》の**警吏《けいり》**だった。

198ページ

問《と》い詰《つ》める はっきりするまで厳《きび》しく問《と》う。文敗因《はいいん》を**問《と》い詰《つ》める**。

追《お》い詰《つ》める ぎりぎりまで追《お》い込《こ》む。文犯人《はんにん》を**追《お》い詰《つ》める**。

思《おも》い詰《つ》める 深《ふか》く考《かんが》え込《こ》んで悩《なや》む。文あまり**思《おも》い詰《つ》める**なよ。

通《かよ》い詰《つ》める 同《おな》じ場所《ばしょ》に熱心《ねっしん》に通《かよ》う。文劇場《げきじょう》に**通《かよ》い詰《つ》める**。

いきり立《た》つ 怒《おこ》って興奮《こうふん》する。文悪口《わるくち》を言《い》われて**いきり立《た》つ**。

正当《せいとう》 筋道《すじみち》に合《あ》って正《ただ》しい様子《ようす》。文**正当《せいとう》**な意見《いけん》。対不当《ふとう》

私欲《しよく》 自分《じぶん》だけ得《とく》をしようとする心《こころ》。文**私欲《しよく》**を抑《おさ》えることが大切《たいせつ》だ。

199ページ

私利私欲《しりしよく》 自分《じぶん》の利益《りえき》だけを考《かんが》える欲望《よくぼう》。文**私利私欲《しりしよく》**で行動《こうどう》する。

うぬぼれる 自分《じぶん》が優秀《ゆうしゅう》だと思《おも》い込《こ》み、いい気《き》になる。得意《とくい》になる。文コンクールに入選《にゅうせん》して**うぬぼれる**。

無二《むに》 二《ふた》つとないこと。比《くら》べられるものがないこと。文**無二《むに》**の親《しん》友《ゆう》。

ほくそ笑《え》む 人《ひと》にわからないようにひそかに笑《わら》う。文陰《かげ》で**ほくそ笑《え》む**。

ほほ笑《え》む にっこりと笑《わら》う。微笑《びしょう》する。文優《やさ》しく**ほほ笑《え》む**。

あざ笑《わら》う 馬鹿《ばか》にして笑《わら》う。文人《ひと》の失敗《しっぱい》を**あざ笑《わら》う**。

せせら笑《わら》う 馬鹿《ばか》にして笑《わら》う。文焦《あせ》る様子《ようす》を見《み》て**せせら笑《わら》う**。

200ページ

じだんだ（を踏《ふ》む） 足《あし》を踏《ふ》み鳴《な》らして悔《くや》しがる。文負《ま》けて**じだんだを踏《ふ》む**。

201ページ

陽気《ようき》 ＊①性質《せいしつ》が朗《ほが》らかなこと。にぎやかで明《あか》るい様子《ようす》。文**陽気《ようき》**に踊《おど》る。対陰気《いんき》 ②気候《きこう》。文春《はる》らしい**陽気《ようき》**だ。

満面《まんめん》 顔《かお》いっぱい。顔中《かおじゅう》。文**満面《まんめん》**に笑《え》みをたたえる。

喜色満面《きしょくまんめん》 うれしそうな表情《ひょうじょう》が顔《かお》にあふれること。文よい知《し》らせに**喜色満面《きしょくまんめん》**になる。

得意満面《とくいまんめん》　自慢《じまん》する気持《きも》ちが顔中《かおじゅう》にあふれていること。文 彼《かれ》は優勝《ゆうしょう》して**得意満面《とくいまんめん》**だ。

たたえる　あふれるほどいっぱいにする。満《み》たす。文 ダムに水《みず》を**たたえる**。

未練《みれん》　諦《あきら》められないこと。思《おも》い切《き》れないこと。心残《こころのこ》り。文 **未練《みれん》**を断《た》ち切《き》る。

202ページ

夢見心地《ゆめみごこち》　夢《ゆめ》を見《み》ているような快《こころよ》い気持《きも》ち。文 **夢見心地《ゆめみごこち》**で過《す》ごす。

夢心地《ゆめごこち》　夢《ゆめ》を見《み》ているような、うっとりした気持《きも》ち。文 優勝《ゆうしょう》が決《き》まったときは**夢心地《ゆめごこち》**だった。

夢《ゆめ》うつつ　夢《ゆめ》なのか本当《ほんとう》なのかはっきりしないこと。文 **夢《ゆめ》うつつ**に声《こえ》を聞《き》く。

夢物語《ゆめものがたり》　ありそうもない夢《ゆめ》のような話《はなし》。文 全国優勝《ぜんこくゆうしょう》など**夢物語《ゆめものがたり》**だ。

悠々《ゆうゆう》　ゆったりと落《お》ち着《つ》いている様子《ようす》。文 **悠々《ゆうゆう》**と歩《ある》く。

悠々閑々《ゆうゆうかんかん》　ゆったりとした様子《ようす》。文 **悠々閑々《ゆうゆうかんかん》**と生《い》きる。

悠々自適《ゆうゆうじてき》　思《おも》うままに心静《こころしず》かに暮《く》らすこと。文 **悠々自適《ゆうゆうじてき》**の生活《せいかつ》。

203ページ

はたと　＊①急《きゅう》に。突然《とつぜん》。文 **はたと**気《き》づく。②鋭《するど》くにらむ様子《ようす》。

立《た》ちすくむ　立《た》ったまま動《うご》けなくなる。文 恐《おそ》ろしさで**立《た》ちすくむ**。

哀願《あいがん》　哀《あわ》れっぽく頼《たの》むこと。文 助《たす》けてくれと**哀願《あいがん》**する。

204ページ

ひるむ　勢《いきお》いに押《お》されて気弱《きよわ》になる。文 敵《てき》の勢《いきお》いに**ひるむ**。

まさしく　確《たし》かに。間違《まちが》いなく。文 **まさしく**思《おも》ったとおりだ。

思《おも》うつぼ　前《まえ》もって考《かんが》えたとおり。文 それは敵《てき》の**思《おも》うつぼ**だ。

205ページ

精《せい》も根《こん》も尽《つ》きる　精力《せいりょく》も根気《こんき》もなくなって、疲《つか》れ果《は》てる。

206ページ

無心《むしん》　＊①素直《すなお》で邪念《じゃねん》のないこと。文 **無心《むしん》**に眠《ねむ》る子供《こども》。②お金《かね》や物《もの》を人《ひと》にねだること。文 兄《あに》に**無心《むしん》**する。

卑劣《ひれつ》　性質《せいしつ》や行《おこな》いなどがずるいこと。文 **卑劣《ひれつ》**なやり方《かた》。

独《ひと》り合点《がてん》　自分《じぶん》だけでわかったつもりでいること。文 **独《ひと》り合点《がてん》**するな。

独《ひと》り占《じ》め　自分《じぶん》だけのものにしてしまうこと。文 本《ほん》を**独《ひと》り占《じ》め**する。

独《ひと》り相撲《ずもう》　相手《あいて》は問題《もんだい》にしていないのに、自分《じぶん》だけ本気《ほんき》になること。文 全《すべ》て私《わたし》の**独《ひと》り相撲《ずもう》**だった。

独《ひと》り舞台《ぶたい》　思《おも》うままに振《ふ》る舞《ま》うこと。文 ダンスなら彼《かれ》の**独《ひと》り舞《ぶ》台《たい》**だ。

まさか　＊①そんなことが起《お》きるはずがないという気持《きも》ちを表《あらわ》す。文 **まさか**彼《かれ》が来《こ》ないなんて。②万一《まんいち》の。文 **まさか**の時《とき》に備《そな》える。

207ページ

仰天《ぎょうてん》　非常《ひじょう》に驚《おどろ》くこと。文 びっくり**仰天《ぎょうてん》**する。

あっけにとられる　意外《いがい》なことに驚《おどろ》く。文 早業《はやわざ》に**あっけにとら**れた。

腰《こし》を抜《ぬ》かす　びっくりして腰《こし》が動《うご》かなくなる。文 驚《おどろ》いて**腰《こし》を抜《ぬ》**かす。

肝《きも》を潰《つぶ》す　ひどくびっくりする。文 いきなり車《くるま》が飛《と》び出《だ》してきたので肝《きも》を潰《つぶ》した。

小耳《こみみ》に挟《はさ》む　偶然《ぐうぜん》聞く。文 小耳《こみみ》に挟《はさ》んだ話《はなし》。

小首《こくび》をかしげる　首《くび》を傾《かたむ》けて、変《へん》だなと思《おも》う。文「おや。」と小首《こくび》をかしげた。

小腹《こばら》が減《へ》る　軽《かる》く空腹《くうふく》を感《かん》じる。文 夕食後《ゆうしょくご》に小腹《こばら》が減《へ》る。

209ページ

どよめく　大勢《おおぜい》の人《ひと》がざわざわ騒《さわ》ぐ。文 見事《みごと》な技《わざ》に会場《かいじょう》がどよめいた。

211ページ

まじまじ　じっと見《み》つめる様子《ようす》。文 相手《あいて》の顔《かお》をまじまじと見《み》つめる。

きょろきょろ　落《お》ち着《つ》きなく見回《みまわ》す様子《ようす》。文 きょろきょろするな。

じろじろ　遠慮《えんりょ》なく見《み》つめる様子《ようす》。文 人《ひと》の顔《かお》をじろじろ見《み》るな。

じっと　体《からだ》や目《め》を動《うご》かさない様子《ようす》。文 じっと見《み》つめる。

空虚《くうきょ》　内容《ないよう》や価値《かち》がなく、むなしい様子《ようす》。文 空虚《くうきょ》な議論《ぎろん》。

どっと　たくさんの人《ひと》や物《もの》が一斉《いっせい》に行動《こうどう》する様子《ようす》。文 人《ひと》がどっと押《お》し寄《よ》せる。

赤面《せきめん》　恥《は》ずかしさで顔《かお》が赤《あか》くなること。文 笑《わら》われて赤面《せきめん》した。

ここがポイント！

教科書《きょうかしょ》の「学習《がくしゅう》」の答《こた》えと考《かんが》え方《かた》

教科書 212〜213ページ

捉《とら》える

❶ 作品《さくひん》の設定《せってい》と構成《こうせい》を押《お》さえよう。

人物《じんぶつ》・時《とき》・場所《ばしょ》・出来事《できごと》などに着目《ちゃくもく》して幾《いく》つかの場面《ばめん》に分《わ》け、作品《さくひん》の構成《こうせい》を確認《かくにん》しよう。

答えの例

1 **(初《はじ》め〜P197・16)**
〈登場人物《とうじょうじんぶつ》〉メロス・老爺《ろうや》
〈時《とき》〉夜《よる》。
〈場所《ばしょ》〉シラクスの町《まち》。

2 **(P197・17〜P200・10)**
〈登場人物《とうじょうじんぶつ》〉メロス・ディオニス（王《おう》）・セリヌンティウス
〈時《とき》〉夜《よる》〜深夜《しんや》。
〈場所《ばしょ》〉王城《おうじょう》。

3 **(P200・11〜P202・9)**
〈登場人物《とうじょうじんぶつ》〉メロス・メロスの妹《いもうと》・婿《むこ》の牧人《ぼくじん》
〈時《とき》〉明《あ》くる日《ひ》の午前《ごぜん》〜その次《つぎ》の日《ひ》の夜《よる》。（一日目《いちにちめ》・二日目《ふつかめ》）
〈場所《ばしょ》〉村《むら》。

4 **(P202・10〜P206・18)**
〈登場人物《とうじょうじんぶつ》〉メロス・山賊《さんぞく》
〈時《とき》〉明《あ》くる日《ひ》の薄明《はくめい》〜午後《ごご》。（約束《やくそく》の三日目《みっかめ》）
〈場所《ばしょ》〉村《むら》から刑場《けいじょう》への道《みち》。（泉《いずみ》のほとりまで）

5 **(P206・19〜P211・7)**
〈登場人物《とうじょうじんぶつ》〉メロス・フィロストラトス

〈時《とき》〉三日目《みっかめ》の午後《ごご》〜日没《にちぼつ》。
〈場所《ばしょ》〉泉《いずみ》〜刑場《けいじょう》。

6（P211・8〜終《お》わり）
〈登場人物《とうじょうじんぶつ》〉メロス・セリヌンティウス・ディオニス・少女《しょうじょ》
〈時《とき》〉三日目《みっかめ》の日没《にちぼつ》。
〈場所《ばしょ》〉刑場《けいじょう》。

考え方
「走《はし》れメロス」は、メロスが捕《と》らえられてから戻《もど》るまで、足《あし》かけ四日間《よっかかん》の物語《ものがたり》である。
場所《ばしょ》は、シラクスの町《まち》（王城《おうじょう》）→村《むら》→シラクスの町《まち》（刑場《けいじょう》）で、シラクスの町《まち》の王城《おうじょう》で捕《つか》まったメロスがいったん村《むら》に戻《もど》り、それから引《ひ》き返《かえ》して再《ふたた》びシラクスの町《まち》の刑場《けいじょう》に着《つ》くまでである。
登場人物《とうじょうじんぶつ》は、メロスとディオニスとセリヌンティウスが中心《ちゅうしん》だが、物語《ものがたり》を通《とお》して登場《とうじょう》するのはメロスのみである。

読《よ》み深《ふか》める ❷ 場面《ばめん》の展開《てんかい》に即《そく》して人物像《じんぶつぞう》を読《よ》み取《と》ろう。

① 冒頭《ぼうとう》から「メロス」が王城《おうじょう》を出発《しゅっぱつ》する場面《ばめん》までで、「メロス」と「王《おう》」はどんな人物《じんぶつ》として描《えが》かれているか。

答えの例

◆メロス
普段《ふだん》はのんきだが、邪悪《じゃあく》に対《たい》しては人一倍敏感《ひといちばいびんかん》で、激《はげ》しい怒《いか》りを覚《おぼ》え、その怒《いか》りに任《まか》せて行動《こうどう》してしまうような単純《たんじゅん》な正義感《せいぎかん》の持《も》ち主《ぬし》。また、自分《じぶん》が死《し》を恐《おそ》れずに約束《やくそく》を守《まも》るということを少《すこ》しも疑《うたが》っていない人物《じんぶつ》。

◆王《おう》
人間《にんげん》を私欲《しよく》の塊《かたまり》だと考《かんが》えて全《まった》く信用《しんよう》せず、疑《うたが》うたびに人《ひと》を殺《ころ》す残虐《ざんぎゃく》なところがある。その一方《いっぽう》で、現状《げんじょう》に疲《つか》れきり、孤独《こどく》であり、心《こころ》の底《そこ》では平和《へいわ》を望《のぞ》んでいる人物《じんぶつ》。

考え方
描写《びょうしゃ》や会話《かいわ》の中《なか》に出《で》てくる言葉《ことば》に着目《ちゃくもく》する。メロスについては「のんき」（P196・12）、「単純《たんじゅん》」（P197・17）がキーワードである。一方《いっぽう》で「激怒《げきど》した」（P196・1）、「邪悪《じゃあく》に対《たい》しては、人一倍《ひといちばい》に敏感《びんかん》であった」（P196・3）とあり、会話《かいわ》にも「あきれた王《おう》だ。生《い》かしておけぬ。」（P197・16）とあって、直情型《ちょくじょうがた》で正義感《せいぎかん》の強《つよ》い人物《じんぶつ》として描《えが》かれている。また、三日《みっか》のうちにはりつけになるため帰《かえ》ってくると約束《やくそく》をしたときには「私《わたし》は約束《やくそく》を守《まも》ります」（P199・11）と宣言《せんげん》し、王《おう》から「命《いのち》が大事《だいじ》だったら、遅《おく》れて来《こ》い。」（P200・5）と言《い》われたときには「悔《く》やしく、じだんだ踏《ふ》んだ」（P200・6）という反応《はんのう》をしている。ここから、自分《じぶん》が死《し》を恐《おそ》れずに約束《やくそく》を守《まも》ることを少《すこ》しも疑《うたが》っていないことが読《よ》み取《と》れる。
王《おう》については、「疑《うたが》うのが正当《せいとう》の心構《こころがま》えなのだと、わしに教《おし》えてくれたのは、おまえたちだ。人《ひと》の心《こころ》は、あてにならない。人間《にんげん》は、もともと私欲《しよく》の塊《かたまり》さ。信《しん》じては、ならぬ。」（P198・12）に、その人間観《にんげんかん》が集約《しゅうやく》されている。一方《いっぽう》で、「おまえなどには、わしの孤独《こどく》の心《こころ》がわからぬ。」（P198・6）、「わしだって、平和《へいわ》を望《のぞ》んでいるのだが。」（P198・17）からは、孤独感《こどくかん》や心《こころ》の底《そこ》で平和《へいわ》を望《のぞ》む思《おも》いが読《よ》み取《と》れる。

② 村《むら》から刑場《けいじょう》に向《む》かう途中《とちゅう》で、「メロス」の考《かんが》え方《かた》や心情《しんじょう》は、どんな場面《ばめん》でどのように変化《へんか》しているか。

答えの例

特《とく》に大《おお》きく変化《へんか》している部分《ぶぶん》は三《さん》か所《しょ》ある。

まず、「ああ、もういっそ、悪徳者《あくとくしゃ》として生《い》き延《の》びてやろうか。……どうとも勝手《かって》にするがよい。やんぬるかな。」（P206・14）の部分《ぶぶん》で、メロスはこれまで大切《たいせつ》にしてきた「正義《せいぎ》」や「愛《あい》」を「くだらない」と言《い》って捨《す》てようとしている。

次《つぎ》に変化《へんか》するのは、「歩《ある》ける。行《い》こう。……我《わ》が身《み》を殺《ころ》して、名誉《めいよ》を守《まも》る希望《きぼう》である。」（P207・3）の部分《ぶぶん》である。ここでは、再《ふたた》び義務《ぎむ》を遂行《すいこう》しようという気持《きも》ちになっている。

三《さん》か所目《しょめ》は、「信《しん》じられているから走《はし》るのだ。……私《わたし》は、なんだか、もっと恐《おそ》ろしく大《おお》きいもののために走《はし》っているのだ。」（P208・19）の部分《ぶぶん》である。メロスはそれまでの「義務《ぎむ》」や「名誉《めいよ》」、「正義《せいぎ》」などのためではなく、「もっと恐《おそ》ろしく大《おお》きいもの」を感《かん》じ、そのために走《はし》るようになったのである。

③ 刑場《けいじょう》で「王《おう》」の人物像《じんぶつぞう》は何《なに》をきっかけにどう変化《へんか》したか。

答えの例

メロスとセリヌンティウスが互《たが》いに自分《じぶん》の心《こころ》に裏切《うらぎ》りへの誘惑《ゆうわく》や不信《ふしん》が芽生《めば》えたことを告白《こくはく》し、殴《なぐ》り合《あ》った後《あと》、抱《だ》き合《あ》って泣《な》く様子《ようす》を見《み》たことをきっかけに、それまでの人《ひと》を信《しん》じることのできない暴君《ぼうくん》から、信実《しんじつ》の存在《そんざい》を信《しん》じる誠実《せいじつ》な人物《じんぶつ》へと変化《へんか》している。

考え方

「暴君《ぼうくん》ディオニスは、群衆《ぐんしゅう》の背後《はいご》から二人《ふたり》のさまをまじまじと見《み》つめていた」（P211・8）や、「信実《しんじつ》とは、決《けっ》して空虚《くうきょ》な妄想《もうそう》ではなかった。」（P211・10）などに着目《ちゃくもく》する。

考《かんが》えをもつ ❸ 作品《さくひん》の魅力《みりょく》をまとめ、語《かた》り合《あ》おう。

❷で読《よ》み深《ふか》めたことや、次《つぎ》のような観点《かんてん》を参考《さんこう》に、自分《じぶん》が感《かん》じた作品《さくひん》の魅力《みりょく》を文章《ぶんしょう》にまとめよう。そして、それを基《もと》にグループで語《かた》り合《あ》おう。

［魅力《みりょく》を語《かた》り合《あ》う観点《かんてん》］
・登場人物《とうじょうじんぶつ》の設定《せってい》　・人物像《じんぶつぞう》　・場面《ばめん》の展開《てんかい》
・表現《ひょうげん》のしかた　・描写《びょうしゃ》　・文体《ぶんたい》　・テーマ　など

答えの例

私《わたし》は、メロスの人物像《じんぶつぞう》の変化《へんか》が興味深《きょうみぶか》かった。最初《さいしょ》は自分《じぶん》の心《こころ》の正《ただ》しさを信《しん》じ、悪《あく》を憎《にく》む単純《たんじゅん》な正義漢《せいぎかん》だった。しかし、村《むら》から刑場《けいじょう》に向《む》かう途中《とちゅう》で生《しょう》じた迷《まよ》いを振《ふ》り切《き》ったメロスは、人《ひと》の命《いのち》よりも「もっと恐《おそ》ろしく大《おお》きなもの」の存在《そんざい》を知《し》った。そういう意味《いみ》で、「走《はし》れメロス」は一人《ひとり》の人間《にんげん》の成長《せいちょう》を描《えが》いた物語《ものがたり》だということができるだろう。

考え方

ここでは「人物像《じんぶつぞう》」を観点《かんてん》に論《ろん》じているが、他《ほか》の観点《かんてん》から論《ろん》じてもかまわない。❷で読《よ》み深《ふか》めたことを軸《じく》に、自分《じぶん》の考《かんが》えを文章《ぶんしょう》にまとめ、それを基《もと》に語《かた》り合《あ》おう。

言葉を広げる

● この作品《さくひん》には、「激怒《げきど》」「邪悪《じゃあく》」「歓喜《かんき》」などの漢語《かんご》が多《おお》く使《つか》われている。和語《わご》に置《お》き換《か》え、印象《いんしょう》の違《ちが》いを考《かんが》えてみよう

答えの例

激怒《げきど》→激《はげ》しい怒《いか》り　邪悪《じゃあく》→よこしま　歓喜《かんき》→強《つよ》い喜《よろこ》び

和語《わご》は漢語《かんご》よりもやわらかな印象《いんしょう》や冗長《じょうちょう》な印象《いんしょう》がある。

振り返る

● 「メロス」の行動《こうどう》や考《かんが》え方《かた》について、共感《きょうかん》できたところ・できなかったところを、理由《りゆう》と共《とも》にまとめてみよう。

答えの例

・共感《きょうかん》できたところ

親友《しんゆう》のセリヌンティウスの信頼《しんらい》に報《むく》いるため、また、王《おう》に人《ひと》の信実《しんじつ》を証明《しょうめい》するために、刑場《けいじょう》に向《む》かって必死《ひっし》に走《はし》るところ。

〈理由《りゆう》〉自分《じぶん》の命《いのち》を捨《す》ててでも約束《やくそく》を守《まも》ろうとしたメロスの行動《こうどう》は、とても立派《りっぱ》なことだと思《おも》うから。

・共感《きょうかん》できなかったところ

軽々《かるがる》しく命《いのち》を捨《す》てようとしたり、親友《しんゆう》を人質《ひとじち》に差《さ》し出《だ》したりするところ。

〈理由《りゆう》〉軽々《かるがる》しく自分《じぶん》の命《いのち》を懸《か》けるのはよくないし、他人《たにん》を巻《ま》き込《こ》んでその命《いのち》を危険《きけん》にさらすのは許《ゆる》されないと思《おも》うから。

● 何《なに》に着目《ちゃくもく》して作品《さくひん》の魅力《みりょく》を捉《とら》えたか。また、他《ほか》の作品《さくひん》を読《よ》むときにも生《い》かせそうな観点《かんてん》を挙《あ》げてみよう。

答えの例

私《わたし》は、メロスの人物像《じんぶつぞう》とその変化《へんか》に着目《ちゃくもく》して「走《はし》れメロス」の魅《み》力《りょく》を捉《とら》えた。他《ほか》に、文体《ぶんたい》や表現《ひょうげん》のしかたなども、他《ほか》の作品《さくひん》を読《よ》むときにも生《い》かせそうな観点《かんてん》だと思《おも》う。

「漢字《かんじ》に親《した》しもう6」の答《こた》え

〈新《あたら》しく習《なら》う漢字《かんじ》〉

1 ①めんえきりょく　②ほちょうき　③やせる　④じゅんかんき　⑤ちゆ　⑥にょうけんさ　⑦ひふか

2 ①果敢　②尚早　③深謀　④撤回

3 ①不朽　②奨励

〈新《あたら》しく習《なら》う音訓《おんくん》〉

4 ①せん　②はた　③かく（かっ）　④に

テスト直前《ちょくぜん》にチェック！

走《はし》れメロス

教科書 196~213ページ

ふと耳に、せんせん、水の流れる音が聞こえた。そっと頭をもたげ、息をのんで耳を澄ました。すぐ足元で、水が流れているらしい。よろよろ起き上がって、見ると、岩の裂け目からこんこんと、何か小さくささやきながら清水が湧き出ているのである。その泉に吸い込まれるようにメロスは身をかがめた。水を両手ですくって、一口飲んだ。ほうと長いため息が出て、夢から覚めたような気がした。歩ける。行こう。肉体の疲労回復とともに、僅かながら①希望が生まれた。義務遂行の希望である。我が身を殺して、名誉を守る希望である。斜陽は赤い光を木々の葉に投じ、葉も枝も燃えるばかりに輝いている。②日没までには、まだ間がある。私を待っている人があるのだ。③少しも疑わず、静かに期待してくれている人があるのだ。私は信じられている。私の命なぞは問題ではない。死んでおわびなどと、気のいいことは言っておられぬ。私は信頼に報いなければならぬ。今はただ④その一事だ。走れ！ メロス。

私は信頼されている。私は信頼されている。先刻の、あの⑤悪魔のささやきは、あれは夢だ。悪い夢だ。忘れてしまえ。五臓が疲れているときは、ふいとあんな悪い夢を見るものだ。メロス、おまえの恥ではない。やはり、おまえは⑥真の勇者だ。再び立って走れるようになったではないか。ありがたい！ 私は正義の士として死ぬことができるぞ。ああ、日が沈む。ずんずん沈む。待ってくれ、ゼウスよ。私は生まれたときから正直な男であった。正直な男のままにして死なせてください。

道行く人を押しのけ、跳ね飛ばし、メロスは黒い風のように走った。野原で酒宴の、その宴席の真っただ中を駆け抜け、酒宴の人たちを仰天させ、犬を蹴飛ばし、小川を飛び越え、少しずつ沈んでゆく太陽の、十倍も速く

1 よく出る！

——線①「希望」とありますが、どんな希望ですか。文章中の言葉を使って、二十字程度で書きなさい。

（　　　　）

解くコツ 「……希望。」で終わる形にまとめる。

2

——線②「日没までには、まだ間がある。」とありますが、そのことがわかる一文を最初の段落から探し、初めと終わりの五字を書き抜きなさい。（句読点も含む）

□□□□□ ～ □□□□□

3

——線③「少しも疑わず、静かに期待してくれている人」とありますが、その様子がわかる部分を文章中から探し、連続した三つの文の初めと終わりの五字を書き抜きなさい。（句読点も含む）

□□□□□ ～ □□□□□

4 よく出る！

——線④「その一事」とは、どんなことを指していますか。

（　　　　）

走った。一団の旅人とさっと擦れ違った瞬間、不吉な会話を小耳に挟んだ。「今頃は、あの男も、はりつけにかかっているよ。」ああ、その男、その男のために私は、今こんなに走っているのだ。その男を死なせてはならない。急げ、メロス。遅れてはならぬ。愛と誠の力を、今こそ知らせてやるがよい。風体なんかはどうでもいい。メロスは、今は、ほとんど全裸体であった。呼吸もできず、二度、三度、口から血が噴き出た。見える。はるか向こうに小さく、シラクスの町の塔楼が見える。塔楼は、夕日を受けてきらきら光っている。

「ああ、メロス様。」うめくような声が、風とともに聞こえた。

「誰だ。」メロスは走りながら尋ねた。

「フィロストラトスでございます。あなたのお友達セリヌンティウス様の弟子でございます。」その若い石工も、メロスの後について走りながら叫んだ。「もう、だめでございます。むだでございます。走るのはやめてください。もう、あの方をお助けになることはできません。」

「いや、まだ日は沈まぬ。」

「ちょうど今、あの方が死刑になるところです。ああ、あなたは遅かった。お恨み申します。ほんの少し、もうちょっとでも、早かったなら！」

「いや、まだ日は沈まぬ。」メロスは胸の張り裂ける思いで、赤く大きい夕日ばかりを見つめていた。走るより他はない。

「やめてください。走るのはやめてください。今はご自分のお命が大事です。あの方は、あなたを信じておりました。刑場に引き出されても、平気でいました。王様がさんざんあの方をからかっても、メロスは来ますとだけ答え、強い信念をもち続けている様子でございました。」

「それだから、走るのだ。信じられているから走るのだ。間に合う、間に合わぬは問題でないのだ。人の命も問題でないのだ。私は、なんだか、⑦もっと恐ろしく大きいもののために走っているのだ。ついてこい！　フィロストラトス。」

太宰　治「走れメロス」（光村図書『国語二年』206～209ページ）

5 ――線⑤「悪魔のささやき」について答えなさい。

(1) 「悪魔のささやき」をメロスは別の言葉で何といっていますか。文章中から三字で書き抜きなさい。

□□□

よく出る！

(2) 「悪魔のささやき」を聞いた理由をメロスはどんなふうに考えていますか。簡潔に答えなさい。

（　　　　　　　　）

解くコツ 「……から。」で終わるようにまとめる。

6 ――線⑥「真の勇者」とありますが、どんな人のことですか。次から一つ選び、記号に○を付けなさい。

ア　命を懸けて信頼に報いる、誠実な人。
イ　死ぬまで走り続けられる、屈強な人。
ウ　あやまちを素直に認める、正直な人。
エ　死など恐れることのない、勇敢な人。

7 ――線⑦「もっと恐ろしく大きいもの」とありますが、どんなものと考えられますか。次から一つ選び、記号に○を付けなさい。

ア　人間の信実
イ　人の命
ウ　死刑への恐怖
エ　悪魔のささやき

◀答えは167ページ

文法《ぶんぽう》への扉《とびら》3 一字《いちじ》違《ちが》いで大違《おおちが》い

教科書
215ページ
(244~250ページ)

教科書の課題

野球《やきゅう》の試合《しあい》が終《お》わり、コーチが選手《せんしゅ》に言葉《ことば》をかけている。Aチームと Bチーム、それぞれの言葉《ことば》の（　）には、「は」と「も」のどちらが入《はい》るだろう。

答えの例

Aチーム…は
Bチーム…も

考え方

●助詞《じょし》…活用《かつよう》しない付属語《ふぞくご》。自立語《じりつご》の後《あと》に付《つ》いて、さまざまな意味《いみ》を付《つ》け加《くわ》えたり、語句《ごく》と語句《ごく》の関係《かんけい》を示《しめ》したりする。

〈格助詞《かくじょし》〉主《おも》に体言《たいげん》に付《つ》いて、体言《たいげん》とその下《した》の語句《ごく》との関係《かんけい》を示《しめ》す。

が・を・に・で・と・から・へ・より・の・や

〈副助詞《ふくじょし》〉いろいろな語句《ごく》に付《つ》いて、意味《いみ》を付《つ》け加《くわ》える。

は・も・こそ・まで・しか・ほど・など・でも・ばかり　など

「来年《らいねん》は」の「は」は、取《と》り立《た》てる意味《いみ》で、「今年《ことし》は負《ま》けたが、来年《らいねん》は」という気持《きも》ちを表《あらわ》す。「来年《らいねん》も」の「も」は他《ほか》にも同《どう》類《るい》があることを示《しめ》し、「今年《ことし》は勝《か》ったが、来年《らいねん》も」という気持《きも》ちを表《あらわ》す。

〈接続助詞《せつぞくじょし》〉主《おも》に活用《かつよう》する語句《ごく》に付《つ》き、いろいろな関係《かんけい》で前後《ぜんご》をつなぐ。

から・ば・と・が・けれど・ながら・のに・ても・なり　など

〈終助詞《しゅうじょし》〉文《ぶん》や文節《ぶんせつ》の終《お》わりに付《つ》いて、話《はな》し手《て》・書《か》き手《て》の気持《きも》ちや態度《たいど》を表《あらわ》す。

か・な・ぞ・かしら・ね・よ・の・わ・とも・さ・や　など

●助動詞《じょどうし》…活用《かつよう》する付属語《ふぞくご》。用言《ようげん》・体言《たいげん》や他《ほか》の助動詞《じょどうし》などに付《つ》いて、意味《いみ》を付《つ》け加《くわ》えたり、話《はな》し手《て》・書《か》き手《て》の気持《きも》ちや判断《はんだん》を表《あらわ》したりする。助動詞《じょどうし》のうち、ごく一部《いちぶ》を例《れい》に挙《あ》げる。

〈れる・られる〉受《う》け身《み》・可能《かのう》・尊敬《そんけい》・自発《じはつ》の意味《いみ》を表《あらわ》す。

〈う・よう〉推量《すいりょう》・意志《いし》・勧誘《かんゆう》の意味《いみ》を表《あらわ》す。

「がんばろう」の「う」は、勧誘《かんゆう》の意味《いみ》で、いっしょにがんばろうと誘《さそ》う気持《きも》ちを表《あらわ》す。

8 表現《ひょうげん》を見《み》つめる
構成《こうせい》や展開《てんかい》を工夫《くふう》して書《か》こう

教科書 216~219ページ

解説

ここでは、構成《こうせい》や展開《てんかい》を工夫《くふう》して「ある日《ひ》の自分《じぶん》」を物語《ものがたり》にする。

◆物語《ものがたり》の書《か》き方《かた》

1 **これまでに学習《がくしゅう》してきた物語《ものがたり》や小説《しょうせつ》を振《ふ》り返《かえ》る**

「少年《しょうねん》の日《ひ》の思《おも》い出《で》」「アイスプラネット」「盆土産《ぼんみやげ》」「走《はし》れメロス」などを振《ふ》り返《かえ》ってみよう。

・時《とき》・場所《ばしょ》・登場人物《とうじょうじんぶつ》といった物語《ものがたり》の設定《せってい》や構成《こうせい》を確《たし》かめる。
・登場人物《とうじょうじんぶつ》の心情《しんじょう》の変化《へんか》を、場面《ばめん》の展開《てんかい》に即《そく》して確《たし》かめる。

2 **題材《だいざい》を考《かんが》える**

生活《せいかつ》を振《ふ》り返《かえ》り、取《と》り上《あ》げたい「ある日《ひ》」を選《えら》ぶ。

・心《こころ》に残《のこ》る出来事《できごと》があった日《ひ》
・全力《ぜんりょく》で何《なに》かに取《と》り組《く》んだ日《ひ》
・自分《じぶん》が変《か》わった瞬間《しゅんかん》を感《かん》じたとき　など

3 **物語《ものがたり》の設定《せってい》とあらすじを考《かんが》える**

・物語《ものがたり》の設定《せってい》（時《とき》・場所《ばしょ》・登場人物《とうじょうじんぶつ》）を考《かんが》える。
→表《ひょう》にまとめるとよい。
・物語《ものがたり》のあらすじをまとめる。
→百字程度《ひゃくじていど》の文章《ぶんしょう》にまとめるとよい。

4 **構成《こうせい》や展開《てんかい》を工夫《くふう》して物語《ものがたり》を書《か》く**

・起承転結《きしょうてんけつ》の流《なが》れで構成《こうせい》する。

【起】状況設定《じょうきょうせってい》（導入《どうにゅう》）…時間《じかん》や場所《ばしょ》、登場人物《とうじょうじんぶつ》やその状況《じょうきょう》、出来事《できごと》の発端《ほったん》など。

【承】展開《てんかい》…出来事《できごと》の経緯《けいい》。

【転】山場《やまば》…大《おお》きく状況《じょうきょう》が動《うご》き、登場人物《とうじょうじんぶつ》の心情《しんじょう》や考《かんが》えが変化《へんか》する場面《ばめん》。

【結】結末《けつまつ》…出来事《できごと》のその後《ご》を描《えが》いて、余韻《よいん》を持《も》たせるといったさまざまな工夫《くふう》が考《かんが》えられる。

・場面《ばめん》の展開《てんかい》が明確《めいかく》になるよう工夫《くふう》して、六百字程度《ろっぴゃくじていど》の物語《ものがたり》を書《か》く。

5 **学習《がくしゅう》を振《ふ》り返《かえ》る**

構成《こうせい》や展開《てんかい》について効果的《こうかてき》と思《おも》ったところや改善点《かいぜんてん》などについて、思《おも》ったことを伝《つた》え合《あ》う。

・場面《ばめん》ごとに心情《しんじょう》を整理《せいり》して書《か》けていたか。
・構成《こうせい》を工夫《くふう》して書《か》けていたか。

言葉《ことば》3 話《はな》し言葉《ことば》と書《か》き言葉《ことば》

教科書 220~221ページ

漢字のチェック

新出漢字

＊はここに出《で》てきた読《よ》み。

221 曖 ＊アイ
ひへん 17画
意味：はっきりしない。隠《かく》す。
言葉：曖昧《あいまい》
使い方：曖昧《あいまい》な返事《へんじ》に不安《ふあん》を覚《おぼ》える。
2級

221 昧 ＊マイ
ひへん 9画
意味：①夜明《よあ》け。②あやふや。
言葉：①昧爽《まいそう》 ②曖昧《あいまい》
使い方：休日《きゅうじつ》は読書三昧《どくしょざんまい》で過《す》ごしたい。
2級

221 閲 ＊エツ
もんがまえ 15画
意味：①内容《ないよう》や数《かず》などを確《たし》かめる。②経過《けいか》する。
言葉：①検閲《けんえつ》・校閲《こうえつ》・閲覧《えつらん》 ②閲歴《えつれき》
使い方：図書室《としょしつ》で百科事典《ひゃっかじてん》を閲覧《えつらん》する。
3級

解説

◆**話《はな》し言葉《ことば》**…音声《おんせい》によって伝《つた》えられる言葉《ことば》。目《め》の前《まえ》にいる相手《あいて》に対《たい》して使《つか》われることが多《おお》く、伝《つた》える相手《あいて》がはっきりしている。その場限《ばかぎ》りで消《き》えてしまうこと、日本語《にほんご》には同《おな》じ発音《はつおん》の言葉《ことば》が多《おお》いことを踏《ふ》まえて使《つか》う必要《ひつよう》がある。

・指示《しじ》する言葉《ことば》（こそあど言葉《ことば》）で、その場《ば》にあるものや様子《ようす》を示《しめ》せる。
・相手《あいて》やその場《ば》の状況《じょうきょう》に合《あ》わせて内容《ないよう》を省略《しょうりゃく》できる。
・うまく伝《つた》わるよう音声《おんせい》を調節《ちょうせつ》できる。
・「……ですね。」などの、念《ねん》を押《お》す言葉《ことば》や同意《どうい》を求《もと》める言葉《ことば》がよく使《つか》われる。

◆**書《か》き言葉《ことば》**…文字《もじ》によって伝《つた》えられる言葉《ことば》。文字《もじ》として残《のこ》るので、その場《ば》にいない相手《あいて》にも情報《じょうほう》を伝《つた》えられる。読《よ》み手《て》が何度《なんど》でも読《よ》み返《かえ》すことができる。曖昧《あいまい》な書《か》き方《かた》では誤解《ごかい》が生《しょう》じることもあるので、正確《せいかく》に情報《じょうほう》が伝《つた》わるように書《か》き表《あらわ》す必要《ひつよう》がある。

・情報《じょうほう》を整理《せいり》し、具体的《ぐたいてき》に書《か》く。
・共通語《きょうつうご》で書《か》くのが基本《きほん》。
・表記《ひょうき》や文末《ぶんまつ》を整《ととの》え、誤解《ごかい》が生《しょう》じないように書《か》く。

話《はな》し言葉《ことば》と書《か》き言葉《ことば》、それぞれの特徴《とくちょう》を理解《りかい》して使《つか》うようにしよう。

漢字《かんじ》3 送《おく》り仮名《がな》

新出漢字

漢字のチェック

＊はここに出《で》てきた読《よ》み。

肘
223
＊ひじ
にくづき　7画
意味　腕《うで》の関節《かんせつ》。
言葉　肘《ひじ》掛《か》け・肘《ひじ》を曲《ま》げる
使い方　肘《ひじ》の関節《かんせつ》が痛《いた》む。
2級

堤
223
テイ　＊つつみ
つちへん　12画
意味　つつみ。土手《どて》。
言葉　堤防《ていぼう》・突堤《とってい》
使い方　頑丈《がんじょう》な防波堤《ぼうはてい》を築《きず》く。
4級

寿
223
ジュ　＊ことぶき
すん　7画
意味　①年齢《ねんれい》。②めでたいこと。
言葉　①寿命《じゅみょう》・喜寿《きじゅ》・天寿《てんじゅ》　②賀寿《がじゅ》
使い方　曽祖父《そうそふ》の長寿《ちょうじゅ》を願《ねが》う。
3級

誉
223
ヨ　＊ほまれ
げん　13画
意味　ほまれ。よい評判《ひょうばん》。
言葉　誉《ほま》れが高《たか》い・栄誉《えいよ》・名誉《めいよ》
使い方　優勝《ゆうしょう》の栄誉《えいよ》をたたえる。
4級

薫
223
（クン）　＊かおる
くさかんむり　16画
意味　①よいにおいがする。②よいほうに導《みちび》く。
言葉　①風薫《かぜかお》る　②薫陶《くんとう》
使い方　若葉《わかば》薫《かお》る季節《きせつ》になる。
準2級

徴
223
チョウ　こりる　こらす　＊こらしめる
こころ　18画
意味　こりる。こらしめる。
言葉　懲《こ》り懲《ご》り・懲悪《ちょうあく》・懲役《ちょうえき》・懲罰《ちょうばつ》
使い方　罪《つみ》を犯《おか》して懲戒《ちょうかい》処分《しょぶん》を受《う》ける。
準2級

謹
223
キン　＊つつしむ
ごんべん　17画
意味　つつしむ。うやうやしくする。
言葉　謹厳《きんげん》・謹慎《きんしん》・謹呈《きんてい》
使い方　年賀状《ねんがじょう》に「謹賀新年《きんがしんねん》」と書《か》く。
準2級

粘
223
ネン　＊ねばる
こめへん　11画
意味　ねばる。ねばねばする。
言葉　粘液《ねんえき》・粘土《ねんど》・粘膜《ねんまく》
使い方　粘着《ねんちゃく》テープで封《ふう》をする。
3級

鍛
223
タン　＊きたえる
かねへん　17画
意味　①金属《きんぞく》を強《つよ》くする。②心《こころ》や体《からだ》を強《つよ》くする。
言葉　①鍛造《たんぞう》　②鍛練《たんれん》
使い方　肉体《にくたい》を鍛練《たんれん》する。
3級

怠
223
タイ　＊おこたる　＊なまける
こころ　9画
意味　おこたる。なまける。
言葉　怠《なま》け者《もの》・怠惰《たいだ》
使い方　彼《かれ》は職務《しょくむ》に怠慢《たいまん》だ。
3級

鈍
223
ドン　＊にぶい　にぶる
かねへん　12画
意味　①切《き》れ味《あじ》がよくない。②頭《あたま》の働《はたら》きや動作《どうさ》がのろい。
言葉　①鈍角《どんかく》・鈍器《どんき》　②鈍重《どんじゅう》
使い方　人《ひと》の痛《いた》みに鈍感《どんかん》な人《ひと》。
4級

教科書 222〜223ページ

新出音訓

223 憂 ユウ うれえる ＊うれい（うい）
こころ 15画
憂憂憂憂憂憂憂憂憂憂憂憂憂憂憂
意味 うれえる。心配《しんぱい》する。心配《しんぱい》ごと。
言葉 憂鬱《ゆううつ》・憂愁《ゆうしゅう》・憂慮《ゆうりょ》
使い方 刻々《こっこく》と入《はい》る知《し》らせに一喜一憂《いっきいちゆう》する。
3級

223 偏 ヘン ＊かたよる
にんべん 11画
偏偏偏偏偏偏偏偏偏偏偏
意味 ①かたよる。②漢字《かんじ》の「へん」。
言葉 ①偏愛《へんあい》・偏見《へんけん》・偏在《へんざい》 ②木偏《きへん》・人偏《にんべん》
使い方 偏食《へんしょく》は健康《けんこう》によくない。
準2級

223 操る（あやつる）

223 朗らか（ほがらか）

223 童歌（わらべうた）

223 健やか（すこやか）

ここがポイント！
教科書《きょうかしょ》の「練習問題《れんしゅうもんだい》」の答《こた》え
教科書 223ページ

次《つぎ》の文《ぶん》の——線部《せんぶ》を〈 〉の漢字《かんじ》を使《つか》って書《か》こう。

① 二体《にたい》の人形《にんぎょう》を巧《たく》みにあやつる。〈操〉
② 悪人《あくにん》をこらしめる。〈懲〉
③ ご提案《ていあん》をつつしんでお受《う》けします。〈謹〉
④ ねばりづよく取《と》り組《く》む。〈粘・強〉
⑤ 足腰《あしこし》をきたえなおす。〈鍛・直〉
⑥ 朝《あさ》の練習《れんしゅう》をなまける。〈怠〉
⑦ 責任者《せきにんしゃ》への報告《ほうこく》をおこたる。〈怠〉
⑧ 安眠《あんみん》をさまたげられる。〈妨〉
⑨ 疲労《ひろう》のあまり判断力《はんだんりょく》がにぶくなる。〈鈍〉
⑩ 童歌《わらべうた》を歌《うた》うほがらかな声《こえ》が響《ひび》く。〈朗〉
⑪ 子供《こども》がすこやかに育《そだ》つ。〈健〉
⑫ 後《あと》にうれいを残《のこ》す。〈憂〉
⑬ 栄養《えいよう》のかたよりに注意《ちゅうい》する。〈偏〉

答え

①操る ②懲らしめる ③謹んで ④粘り強く ⑤鍛え直す
⑥怠ける ⑦怠る ⑧妨げられる ⑨鈍くなる ⑩朗らかな
⑪健やかに ⑫憂い ⑬偏り

8 表現《ひょうげん》を見《み》つめる
国語《こくご》の学《まな》びを振《ふ》り返《かえ》ろう

教科書 224〜227ページ

解説

ここでは、一年間《いちねんかん》の国語学習《こくごがくしゅう》を踏《ふ》まえ、できるようになったことや、考《かん》え方《かた》が変《か》わったと感《かん》じることを基《もと》に、「国語《こくご》を学《まな》ぶ意義《いぎ》」を話《はな》し合《あ》って、壁新聞《かべしんぶん》にまとめる。

1 グループで話《はな》し合《あ》い、壁新聞《かべしんぶん》のテーマを決《き》める

・一年間《いちねんかん》の学習《がくしゅう》によって、自分《じぶん》ができるようになったこと、考《かん》え方《かた》が変《か》わったことを出《だ》し合《あ》う。
・自分《じぶん》たちの変化《へんか》を踏《ふ》まえ、「国語《こくご》を学《まな》ぶ意義《いぎ》」を考《かん》え、グループで壁新聞《かべしんぶん》のテーマを一《ひと》つに決《き》める。

2 壁新聞《かべしんぶん》の内容《ないよう》を話《はな》し合《あ》う（組《く》み立《た》てる・伝《つた》え合《あ》う）

1で決《き》めたテーマに沿《そ》って、壁新聞《かべしんぶん》の内容《ないよう》・構成《こうせい》をグループで話《はな》し合《あ》う。
・新聞《しんぶん》の内容《ないよう》を決《き》める。
・どの内容《ないよう》をどの程度《ていど》の大《おお》きさで取《と》り上《あ》げるかを話《はな》し合《あ》い、割《わ》り付《つ》けを決《き》める。
・どんな写真《しゃしん》や図《ず》が必要《ひつよう》かを考《かん》える。

3 壁新聞《かべしんぶん》を作《つく》る（表現《ひょうげん》する）

・2で考《かん》えた構成《こうせい》に合《あ》わせ、分担《ぶんたん》して記事《きじ》の下書《したが》きをする。
・記事《きじ》の下書《したが》きを推敲《すいこう》した後《あと》、清書《せいしょ》する。
・記事《きじ》を組《く》み合《あ》わせて、壁新聞《かべしんぶん》を完成《かんせい》させる。

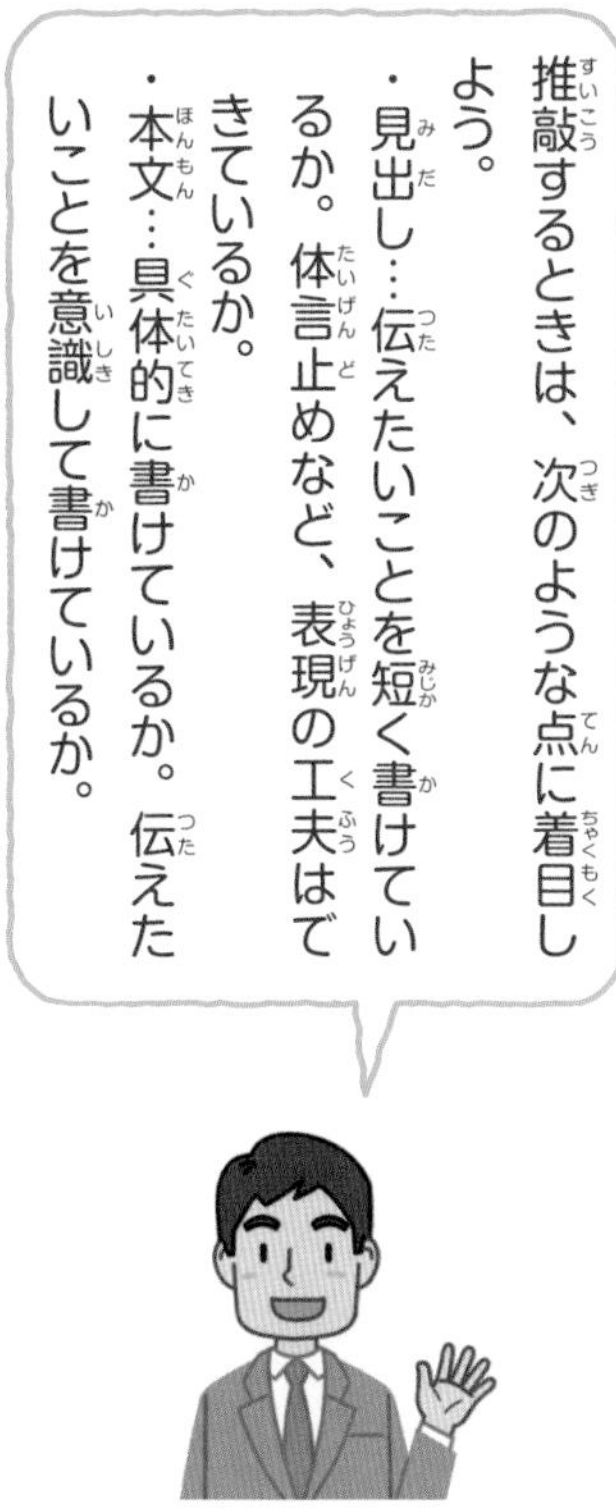

4 学習《がくしゅう》を振《ふ》り返《かえ》る

壁新聞《かべしんぶん》を読《よ》み合《あ》って、よかったことを伝《つた》えたり、もっと詳《くわ》しく知《し》りたいことを質問《しつもん》したりする。
・伝《つた》えたいことの優先順位《ゆうせんじゅんい》を考《かん》えて割《わ》り付《つ》けができたか。
・言《い》いたいことが伝《つた》わる簡潔《かんけつ》な見出《みだ》しを考《かん》えたか。
・写真《しゃしん》や図《ず》などを効果的《こうかてき》に活用《かつよう》できたか。

8 木《き》

表現《ひょうげん》を見《み》つめる

田村隆一《たむらりゅういち》

教科書 228~230ページ

およその内容

第一連《だいいちれん》・第二連《だいにれん》(初《はじ》め~228ページ6行目《ぎょうめ》)

● 木《き》が黙《だま》っていて歩《ある》きも走《はし》りもしないのは、ほんとうか?

第三連《だいさんれん》・第四連《だいよんれん》・第五連《だいごれん》・第六連《だいろくれん》(228ページ8行目《ぎょうめ》~終《お》わり)

● 木《き》は囁《ささや》き、歩《ある》き、走《はし》っている。木《き》は愛《あい》や正義《せいぎ》そのものだ。ひとつとして同《おな》じ木《き》はない。ぼくは木《き》が好《す》きだ。

漢字のチェック

新出漢字

228

稲

トウ
いね
*いな

のぎへん
14画

意味	イネ。米《こめ》をとるために栽培《さいばい》する作物《さくもつ》。
言葉	稲刈《いねか》り・稲作《いなさく》・稲光《いなびかり》・稲穂《いなほ》・水稲《すいとう》
使い方	今年《ことし》も稲刈《いねか》りの季節《きせつ》になった。

4級

*はここに出《で》てきた読《よ》み。

ここがポイント! 教科書《きょうかしょ》の「学習《がくしゅう》」の答《こた》えと考《かんが》え方《かた》

教科書 230ページ

捉《とら》える 1

印象《いんしょう》に残《のこ》った表現《ひょうげん》を話《はな》し合《あ》おう。

答えの例

私《わたし》は「ほんとうにそうか/ほんとうにそうなのか」から、作者《さくしゃ》が真実《しんじつ》を見極《みきわ》める大切《たいせつ》さを強《つよ》く訴《うった》えているように感《かん》じた。

読《よ》み深《ふか》める 2

表現《ひょうげん》の意味《いみ》を考《かんが》えよう。

答えの例

① 葉《は》が風《かぜ》に揺《ゆ》れて微《かす》かな音《おと》をたて、枝《えだ》が空《そら》に向《む》かって成長《せいちょう》し、根《ね》が地中《ちちゅう》に張《は》る様子《ようす》。

② 愛《あい》とは、自然《しぜん》と周《まわ》りから集《あつ》まってくるもの。正義《せいぎ》とは、やるべきことをやることだ。

考《かんが》えをもつ 3

作者《さくしゃ》のものの見方《みかた》について語《かた》り合《あ》おう。

答えの例

「ぼく」は、「木《き》」を人間《にんげん》と対比《たいひ》させて、人間《にんげん》のようではないから好《す》きだと言《い》っている。

テスト直前《ちょくぜん》にチェック!

木《き》

教科書 228〜230ページ

木

田村隆一《たむらりゅういち》

木は黙っているから好きだ
木は歩いたり走ったりしないから好きだ
木は愛とか正義とかわめかないから好きだ

ほんとうにそうか
ほんとうにそうなのか

見る人が見たら
木は囁《ささや》いているのだ　ゆったりと静かな声で
木は歩いているのだ　空にむかって
①木は稲妻のごとく走っているのだ　地の下へ
木はたしかにわめかないが
木は
②愛そのものだ　それでなかったら小鳥が飛んできて
枝にとまるはずがない
③正義そのものだ　それでなかったら地下水を根から吸いあげて
空にかえすはずがない

若木
老樹

ひとつとして同じ木がない
ひとつとして同じ星の光りのなかで
目ざめている木はない

木
④ぼくはきみのことが大好きだ

田村隆一「木」（光村図書『国語二年』228〜229ページ）

1 ――線①「木は稲妻のごとく走っているのだ　地の下へ」に使われている表現技法として適切でないものを次から一つ選び、記号に○を付けなさい。

ア　倒置　　イ　体言止め　　ウ　直喩　　エ　擬人法

2 ――線②「愛そのものだ」とありますが、作者が木を「愛そのものだ」と考えているのは、なぜですか。その理由として適切なものを次から一つ選び、記号に○を付けなさい。

ア　他者からの愛に対して愛を返す必要がないから。
イ　他者に何かを求める強欲な心がないから。
ウ　他者に向かって愛について語るから。
エ　他者の存在を受け入れる包容力があるから。

3 ――線③「正義そのものだ」とありますが、なぜですか。詩の中の言葉を使って書きなさい。

（　　　　　　　　）

解くコツ　「木」「地下水」「空」を使って書こう。

よく出る!

4 ――線④「ぼくはきみのことが大好きだ」とありますが、その理由として適切なものを次から二つ選び、記号に○を付けなさい。

ア　存在が愛や正義を体現しているから。
イ　愛や正義を小鳥に教え諭すから。
ウ　若い木と年老いた木が仲良しだから。
エ　夜の間は静かに眠っているから。
オ　一本一本がとても個性的だから。

◀答えは168ページ

文法《ぶんぽう》

教科書 232~250ページ

教科書の課題

▼次《つぎ》の呼応《こおう》の副詞《ふくし》を使《つか》って、短文《たんぶん》を作《つく》ろう。（教科書《きょうかしょ》236ページ）

①たとえ　②もし　③決《けっ》して　④たぶん　⑤まるで

答えの例

①たとえどんな困難《こんなん》が待《ま》っていても、私《わたし》は必《かなら》ず成功《せいこう》させる。
②もし彼《かれ》が生《い》きているなら、九十歳《きゅうじっさい》を超《こ》えているはずだ。
③決《けっ》して迷惑《めいわく》はかけないと、私《わたし》はみんなに約束《やくそく》した。
④兄《あに》は一生懸命《いっしょうけんめい》勉強《べんきょう》していたので、たぶん試験《しけん》に合格《ごうかく》するだろう。
⑤この石《いし》の形《かたち》は、まるでにわとりの卵《たまご》のようだ。

考え方

「呼応《こおう》の副詞《ふくし》」とは、それがあると必《かなら》ず下《した》に決《き》まった言《い》い方《かた》がくる副詞《ふくし》である。
①たとえ、……ても（でも）……。②もし……たら（なら）……。③決《けっ》して……ない。④たぶん……だろう。⑤まるで……ようだ。

▼次《つぎ》の——線部《せんぶ》の品詞《ひんし》を答《こた》えよう。（教科書《きょうかしょ》237ページ）

①この ケーキはおいしい。
②はい、高木《たかぎ》です。ところで、あなたはどなたですか。
③妹《いもうと》といっしょに、ゆっくり 歩《ある》く。
④ああ、今日《きょう》の空《そら》は、さわやかだな。
⑤両手《りょうて》を広《ひろ》げ、そして、深《ふか》く息《いき》を吸《す》う。
⑥もし、その 本《ほん》が読《よ》みたいなら、君《きみ》に貸《か》そう。

答えの例

①〔この〕連体詞《れんたいし》・〔ケーキ〕名詞《めいし》・〔おいしい〕形容詞《けいようし》
②〔はい〕感動詞《かんどうし》・〔高木《たかぎ》〕名詞《めいし》・〔ところで〕接続詞《せつぞくし》・〔あなた〕名詞《めいし》・〔どなた〕名詞《めいし》
③〔妹《いもうと》〕名詞《めいし》・〔いっしょ〕名詞《めいし》・〔ゆっくり〕副詞《ふくし》・〔歩《ある》く〕動詞《どうし》
④〔ああ〕感動詞《かんどうし》・〔今日《きょう》〕名詞《めいし》・〔空《そら》〕名詞《めいし》・〔さわやかだ〕形容動詞《けいようどうし》
⑤〔両手《りょうて》〕名詞《めいし》・〔広《ひろ》げ〕動詞《どうし》・〔そして〕接続詞《せつぞくし》・〔深《ふか》く〕形容《けいよう》詞《し》・〔息《いき》〕名詞《めいし》・〔吸《す》う〕動詞《どうし》
⑥〔もし〕副詞《ふくし》・〔その〕連体詞《れんたいし》・〔本《ほん》〕名詞《めいし》・〔読《よ》み〕動詞《どうし》・〔君《きみ》〕名詞《めいし》・〔貸《か》そ〕動詞《どうし》

考え方

①「この」は自立語《じりつご》で活用《かつよう》せず、連体修飾語《れんたいしゅうしょくご》にしかならない。
②「はい」は応答《おうとう》の感動詞《かんどうし》。「高木《たかぎ》」「あなた」「どなた」は名詞《めいし》。
③「いっしょに」で副詞《ふくし》としている辞書《じしょ》もある。「ゆっくり」は連用《れんよう》修飾語《しゅうしょくご》で、「どのように」という状態《じょうたい》を表《あらわ》す状態《じょうたい》の副詞《ふくし》。
④「ああ」は感動詞《かんどうし》。「さわやかだ」は形容動詞《けいようどうし》。

⑤「そして」は接続詞《せつぞくし》。⑥「もし」は呼応《こおう》の副詞《ふくし》。

▼次《つぎ》の文《ぶん》から動詞《どうし》を抜《ぬ》き出《だ》し、活用《かつよう》の種類《しゅるい》と活用形《かつようけい》を答《こた》えよう。（教科書《きょうかしょ》240ページ）

①この本《ほん》を借《か》りようと思《おも》います。
②話《はな》す人《ひと》の目《め》を見《み》ろ。
③赤《あか》と青《あお》を混《ま》ぜれば、紫《むらさき》になる。
④大勢《おおぜい》の客《きゃく》を乗《の》せて、バスが来《き》た。
⑤握手《あくしゅ》をすれば、気持《きも》ちが通《つう》じる。

答えの例

①借《か》り…上一段活用《かみいちだんかつよう》・未然形《みぜんけい》　思《おも》い…五段活用《ごだんかつよう》・連用形《れんようけい》
②話《はな》す…五段活用《ごだんかつよう》・連体形《れんたいけい》　見《み》ろ…上一段活用《かみいちだんかつよう》・命令形《めいれいけい》
③混《ま》ぜれ…下一段活用《しもいちだんかつよう》・仮定形《かていけい》　なる…五段活用《ごだんかつよう》・終止形《しゅうしけい》
④乗《の》せ…下一段活用《しもいちだんかつよう》・連用形《れんようけい》　来《き》…カ行変格活用《ぎょうへんかくかつよう》・連用形《れんようけい》
⑤すれ…サ行変格活用《ぎょうへんかくかつよう》・仮定形《かていけい》　通《つう》じる…上一段活用《かみいちだんかつよう》・終止形《しゅうしけい》

考え方

①「借《か》り」の終止形《しゅうしけい》は「借《か》りる」。「思《おも》い」の終止形《しゅうしけい》は「思《おも》う」。
②「話《はな》す」は五段活用《ごだんかつよう》の動詞《どうし》「話《はな》す」の連体形《れんたいけい》。動詞《どうし》では終止形《しゅうしけい》と連体形《れんたいけい》が同《おな》じ形《かたち》になる。「見《み》ろ」の終止形《しゅうしけい》は「見《み》る」である。
③「混《ま》ぜれ」の終止形《しゅうしけい》は「混《ま》ぜる」。「なる」は五段活用《ごだんかつよう》の動詞《どうし》「なる」の終止形《しゅうしけい》。
④「乗《の》せ」の終止形《しゅうしけい》は「乗《の》せる」。「来《き》」はカ行変格活用《ぎょうへんかくかつよう》「来《く》る」の連用形《れんようけい》。
⑤「すれ」はサ行変格活用《ぎょうへんかくかつよう》「する」の仮定形《かていけい》。「通《つう》じる」は上一段《かみいちだん》活用の動詞《どうし》「通《つう》じる」の終止形《しゅうしけい》。

教科書《きょうかしょ》240ページ上段《じょうだん》の答《こた》え
走《はし》る…（五段《ごだん》）（はし）（ら・ろ）（り・っ）（る）（る）（れ）（れ）
走《はし》れる…（下一段《しもいちだん》）（はし）（れ）（れ）（れる）（れる）（れれ）（○）

▼次《つぎ》の文《ぶん》から、形容詞《けいようし》・形容動詞《けいようどうし》を抜《ぬ》き出《だ》し、その活用形《かつようけい》を答《こた》えよう。（教科書《きょうかしょ》241ページ）

①今夜《こんや》は、さぞ寒《さむ》かろう。②静《しず》かにしていよう。
③暑《あつ》ければ、窓《まど》を開《あ》けなさい。

答えの例

①寒《さむ》かろ・未然形《みぜんけい》　②静《しず》かに・連用形《れんようけい》　③暑《あつ》けれ・仮定形《かていけい》

考え方

①「寒《さむ》かろ」の終止形《しゅうしけい》は「寒《さむ》い」（形容詞《けいようし》）。
②「静《しず》かに」の終止形《しゅうしけい》は「静《しず》かだ」（形容動詞《けいようどうし》）。
③「暑《あつ》けれ」の終止形《しゅうしけい》は「暑《あつ》い」（形容詞《けいようし》）。

教科書《きょうかしょ》241ページ上段《じょうだん》の答《こた》え
美《うつく》しい…（うつくし）（かろ）（かっ・く）（い）（い）（けれ）
自由《じゆう》だ…（じゆう）（だろ）（だっ・で・に）（だ）（な）（なら）

▼次《つぎ》の文《ぶん》を文節《ぶんせつ》に区切《くぎ》り、助動詞《じょどうし》に線《せん》を引《ひ》こう。（教科書《きょうかしょ》244ページ）

①今夜《こんや》は、星《ほし》が見《み》えない。
②校長先生《こうちょうせんせい》は、正午《しょうご》に戻《もど》られる予定《よてい》です。
③雨《あめ》が強《つよ》くなりそうだから、皆《みな》を早《はや》めに帰宅《きたく》させよう。
④小学生《しょうがくせい》の頃《ころ》、決《けっ》して約束《やくそく》は破《やぶ》るまいと心《こころ》に決《き》めた。
⑤あの雲《くも》は、まるで魚《さかな》のような形《かたち》をしていますね。

答えの例

①今夜《こんや》は、／星《ほし》が／見《み》えない。
②校長先生《こうちょうせんせい》は、／正午《しょうご》に／戻《もど》られる／予定《よてい》です。
③雨《あめ》が／強《つよ》く／なりそうだから、／皆《みな》を／早《はや》めに／帰宅《きたく》させよう。
④小学生《しょうがくせい》の／頃《ころ》、／決《けっ》して／約束《やくそく》は／破《やぶ》るまいと／心《こころ》に／決《き》めた。
⑤あの／雲《くも》は、／まるで／魚《さかな》のような／形《かたち》を／して／いますね。

考え方

①「ない」は、否定《ひてい》の助動詞《じょどうし》「ない」の終止形《しゅうしけい》。
②「れる」は、尊敬《そんけい》の助動詞《じょどうし》「れる」の連体形《れんたいけい》。「です」は、断定《だんてい》の助動詞《じょどうし》「です」の終止形《しゅうしけい》。
③「そうだ」は推定《すいてい》の助動詞《じょどうし》「そうだ」の終止形《しゅうしけい》。「せ」は使役《しえき》の助動詞《じょどうし》「せる」の未然形《みぜんけい》。「よう」は意志《いし》の助動詞《じょどうし》「よう」の終止形《しゅうしけい》。
④「まい」は、否定《ひてい》の意志《いし》の助動詞《じょどうし》「まい」の終止形《しゅうしけい》。「た」は、過去《かこ》の助動詞《じょどうし》「た」の終止形《しゅうしけい》。
⑤「ような」は、比喩《ひゆ》の助動詞《じょどうし》「ようだ」の連体形《れんたいけい》。「ます」は、丁寧《ていねい》の助動詞《じょどうし》「ます」の終止形《しゅうしけい》。

▼次《つぎ》の各組《かくくみ》の文《ぶん》で、——線《せん》を引《ひ》いた助動詞《じょどうし》のうち、意味《いみ》・用法《ようほう》が他《ほか》と違《ちが》うのはどれだろう。（教科書《きょうかしょ》246ページ）

①(1)弟《おとうと》が母《はは》に叱《しか》られた。
(2)先生《せんせい》が田中《たなか》さんを指名《しめい》された。
(3)先生《せんせい》から、「よくできた。」と言《い》われた。
②(1)風景《ふうけい》が描《えが》かれた絵《え》を購入《こうにゅう》する。
(2)昨日《きのう》は、雨《あめ》が降《ふ》った。
(3)眼鏡《めがね》を掛《か》けた人《ひと》の隣《となり》に座《すわ》る。

答えの例

①(2)　②(2)

考え方

①(1)受《う》け身《み》の助動詞《じょどうし》「れる」の連用形《れんようけい》。(2)尊敬《そんけい》の助動詞《じょどうし》「れる」の連用形《れんようけい》。(3)受《う》け身《み》の助動詞《じょどうし》「れる」の連用形《れんようけい》。
②(1)存続《そんぞく》の助動詞《じょどうし》「た」の連体形《れんたいけい》。(2)過去《かこ》の助動詞《じょどうし》「た」の終止形《しゅうしけい》。(3)存続《そんぞく》の助動詞《じょどうし》「た」の連体形《れんたいけい》。

▼次《つぎ》の文《ぶん》を文節《ぶんせつ》に区切《くぎ》り、助詞《じょし》に線《せん》を引《ひ》こう。（教科書《きょうかしょ》246ページ）

①私《わたし》は、週《しゅう》に一回《いっかい》は麺類《めんるい》を食《た》べる。
②思《おも》い切《き》り走《はし》ると、息《いき》が上《あ》がる。
③コーヒーか紅茶《こうちゃ》か、好《す》きなほうを選《えら》ぶ。
④ねえ、愛子《あいこ》さん、午後《ごご》からどこへ行《い》くの。

⑤駅前《えきまえ》でバスに乗《の》り換《か》え、図書館《としょかん》に行《い》く。

答えの例

①私《わたし》は、／週《しゅう》に／一回《いっかい》は／麺類《めんるい》を／食《た》べる。
②思《おも》い切《き》り／走《はし》ると、／息《いき》が／上《あ》がる。
③コーヒーか／紅茶《こうちゃ》か、／好《す》きな／ほうを／選《えら》ぶ。
④ねえ、／愛子《あいこ》さん、／午後《ごご》から／どこへ／行《い》くの。
⑤駅前《えきまえ》で／バスに／乗《の》り換《か》え、／図書館《としょかん》に／行《い》く。

考え方

①「を」は対象《たいしょう》を示《しめ》す格助詞《かくじょし》。
②「と」は接続助詞《せつぞくじょし》。「が」は主語《しゅご》を作《つく》る格助詞《かくじょし》。
③「か」は選択《せんたく》の範囲《はんい》を示《しめ》す副助詞《ふくじょし》。「を」は対象《たいしょう》を示《しめ》す格助詞《かくじょし》。
④「から」は起点《きてん》を示《しめ》す格助詞《かくじょし》。「へ」は方向《ほうこう》を示《しめ》す格助詞《かくじょし》。「の」は疑問《ぎもん》を示《しめ》す終助詞《しゅうじょし》。
⑤「で」は場所《ばしょ》を示《しめ》す格助詞《かくじょし》、「バスに」の「に」は目的《もくてき》を示《しめ》す格《かく》助詞《じょし》、「図書館《としょかん》に」の「に」は方向《ほうこう》を示《しめ》す格助詞《かくじょし》。

▼次《つぎ》の――線部《せんぶ》の助詞《じょし》の、意味《いみ》・用法《ようほう》の違《ちが》いを考《かんが》えよう。
（教科書《きょうかしょ》248ページ）

①(1)弟《おとうと》と私《わたし》は、トランプでゲームをした。
(2)弟《おとうと》が帰《かえ》ってきたと、姉《あね》が知《し》らせてくれた。
(3)弟《おとうと》が帰《かえ》ってくると、家《いえ》の中《なか》がにぎやかになる。
②(1)改築中《かいちくちゅう》の図書館《としょかん》が、ようやく完成《かんせい》した。
(2)遠回《とおまわ》りをしたが、時間《じかん》どおりに到着《とうちゃく》した。
③(1)隣《となり》の教室《きょうしつ》から、笑《わら》い声《ごえ》が聞《き》こえた。
(2)暗《くら》くなってきたから、明《あ》かりをつけた。
④(1)いつ戻《もど》ってくるの。
(2)これは、僕《ぼく》の筆箱《ふでばこ》だ。

答えの例

①(1)並立《へいりつ》の関係《かんけい》を示《しめ》す格助詞《かくじょし》。(2)引用《いんよう》を示《しめ》す格助詞《かくじょし》。(3)順接《じゅんせつ》の接続《せつぞく》助詞《じょし》。②(1)主語《しゅご》を示《しめ》す格助詞《かくじょし》。(2)逆接《ぎゃくせつ》の接続助詞《せつぞくじょし》。③(1)起点《きてん》を示《しめ》す格助詞《かくじょし》。(2)理由《りゆう》を示《しめ》す接続助詞《せつぞくじょし》。④(1)疑問《ぎもん》を示《しめ》す終助詞《しゅうじょし》。
(2)連体修飾語《れんたいしゅうしょくご》を作《つく》る格助詞《かくじょし》。

考え方

①(1)「弟《おとうと》」と「私《わたし》」の並立《へいりつ》の関係《かんけい》を作《つく》っている格助詞《かくじょし》である。
(2)「と」の上《うえ》の部分《ぶぶん》を「　」でくることができる（「弟《おとうと》が帰《かえ》ってきた」）ので、引用《いんよう》を示《しめ》す格助詞《かくじょし》である。
(3)「弟《おとうと》が帰《かえ》ってくる」ことが、「家《いえ》の中《なか》がにぎやかになる」原因《げんいん》・理由《りゆう》になっているので、順接《じゅんせつ》の用法《ようほう》。
②(1)「が」の前《まえ》の「図書館《としょかん》」は体言《たいげん》なので、格助詞《かくじょし》。
(2)「が」の前《まえ》の「した」は用言《ようげん》を含《ふく》んでいるので、接続助詞《せつぞくじょし》。
③(1)「から」の前《まえ》の「教室《きょうしつ》」は体言《たいげん》なので、格助詞《かくじょし》。
(2)「から」の前《まえ》の「きた」は用言《ようげん》を含《ふく》んでいるので、接続助詞《せつぞくじょし》。
④(1)文《ぶん》の終《お》わりについているので、終助詞《しゅうじょし》。
(2)「の」の前《まえ》の「僕《ぼく》」は体言《たいげん》なので、格助詞《かくじょし》。

漢字《かんじ》 小学校《しょうがっこう》六年生《ろくねんせい》で学習《がくしゅう》した漢字《かんじ》

教科書 251~253ページ

教科書の課題の答え

1 ①片・枚 ②延・承 ③誕・誕・翌 ④潮・干
⑤磁・針 ⑥蔵・冊 ⑦宣・胸 ⑧宇宙・探
⑨班・担 ⑩絹・蚕 ⑪郵・届 ⑫貴・暮
⑬奏・揮 ⑭灰・降 ⑮権・認 ⑯若・誌
⑰党・否 ⑱糖・忠 ⑲誠・派 ⑳砂・棒
㉑胃腸 ㉒沿・舌 ㉓券・障

2 ①補 ②難 ③宝 ④段
⑤亡 ⑥納 ⑦善 ⑧律
⑨射 ⑩映

3 ①音・恩・温 ②断・暖・談 ③困・混・根
④俵・評・標

4 ①肺臓 ②源流 ③議論 ④俳優
⑤地域 ⑥激減 ⑦呼吸 ⑧誤読

5 ①臨 ②私 ③秘密厳 ④皇后陛

6 ①策 ②筋 ③姿 ④革
⑤劇 ⑥紅 ⑦骨 ⑧宅
⑨勤 ⑩尺 ⑪穀 ⑫仁

7 ①疑う・**エ** ②染める・**イ** ③並べる・**オ** ④割る・**ア**
⑤巻く・**ウ**

考え方

1 ④「塩《しお》」と「潮《しお》」の使《つか》い分《わ》けに注意《ちゅうい》しよう。
●塩《しお》…塩漬《しおづ》け・塩気《しおけ》・塩水《しおみず》・甘塩《あまじお》・薄塩《うすじお》
●潮《しお》…潮風《しおかぜ》・潮時《しおどき》・潮干狩《しおひが》り・満《み》ち潮《しお》
⑬「揮」と形《かたち》の似《に》た「輝」とを間違《まちが》えないようにしよう。
●揮…揮発《きはつ》・指揮《しき》・発揮《はっき》
●輝…光輝《こうき》

2 ⑤「亡命《ぼうめい》」は、政治上《せいじじょう》の理由《りゆう》などで外国《がいこく》へ逃《に》げること。
⑧「調律《ちょうりつ》」は、楽器《がっき》の音《おと》を正《ただ》しく整《ととの》えること。

3 ④「土俵《どひょう》」の本来《ほんらい》の意味《いみ》は、土《つち》を詰《つ》めたたわら。

5 ④「陛下《へいか》」は、天皇《てんのう》・皇后《こうごう》や国王《こくおう》などを敬《うやま》って呼《よ》ぶ言葉《ことば》。

6 ⑫「仁術《じんじゅつ》」は、思《おも》いやりと愛《あい》に基《もと》づいた行《おこな》い。「医《い》は仁術《じんじゅつ》」などと使《つか》う。

7 ④「腹《はら》を割《わ》って話《はな》し合《あ》う。」などと使《つか》う。
⑤「歌《うた》のうまさに舌《した》を巻《ま》いた。」などと使《つか》う。

学習《がくしゅう》を振《ふ》り返《かえ》ろう

教科書 256~258ページ

教科書の課題 読《よ》む（教科書《きょうかしょ》256ページ）

① 教科書《きょうかしょ》の「アイスプラネット」には書《か》かれていない設定《せってい》を表《ひょう》にまとめよう。

答えの例

僕《ぼく》	名前《なまえ》は（　原島《はらしま》　）悠太《ゆうた》。中学《ちゅうがく》（　二《に》　）年生《ねんせい》。
登場人物《とうじょうじんぶつ》	（　小学《しょうがく》四《よ》　）年生《ねんせい》の（　妹《いもうと》　）がいる。
家《いえ》の造《つく》り	二階《にかい》に大《おお》きな（　ベランダ　）がある。
父《ちち》の職業《しょくぎょう》	（　通信社《つうしんしゃ》　）の仕事《しごと》をしている。
ぐうちゃんの職業《しょくぎょう》	（　写真《しゃしん》を撮《と》る　）仕事《しごと》をしている。

考え方

登場人物《とうじょうじんぶつ》の年齢《ねんれい》や立場《たちば》、置《お》かれている状況《じょうきょう》を整理《せいり》しよう。

② ①の登場人物《とうじょうじんぶつ》の違《ちが》いによって、長編版《ちょうへんばん》「アイスプラネット」には、どんな展開《てんかい》の可能性《かのうせい》が加《くわ》わるだろうか。考《かんが》えてみよう。

答えの例

「ぐうちゃん」の話《はなし》を信《しん》じようとしない「僕《ぼく》」と、無邪気《むじゃき》に信《しん》じた妹《いもうと》の間《あいだ》で議論《ぎろん》が起《お》こるというような展開《てんかい》の可能性《かのうせい》。

考え方

教科書《きょうかしょ》とは異《こと》なる設定《せってい》によって可能《かのう》になる展開《てんかい》を考《かんが》えよう。ここでは「妹《いもうと》」を例《れい》に挙《あ》げたが、「大《おお》きなベランダ」や、ぐうちゃんの「写真《しゃしん》を撮《と》る仕事《しごと》」などからも、いろいろな展開《てんかい》が考《かんが》えられる。

教科書の課題 話《はな》す・聞《き》く（教科書《きょうかしょ》257ページ）

① 大川《おおかわ》さんが、ヘレン・ケラーの言葉《ことば》を通《とお》して、卒業生《そつぎょうせい》に伝《つた》えたいことは何《なん》だろうか。

答えの例

新《あたら》しい生活《せいかつ》に向《む》かって力強《ちからづよ》く前向《まえむ》きに挑戦《ちょうせん》してほしい。

考え方

最後《さいご》の段落《だんらく》の「新《あたら》しい生活《せいかつ》で新《あたら》しい挑戦《ちょうせん》をしてほしい」に着目《ちゃくもく》する。ヘレン・ケラーの言葉《ことば》について説明《せつめい》した「新《あたら》しい生活《せいかつ》に……生《い》きていくことを促《うなが》すこの言葉《ことば》」、「常《つね》に未来《みらい》を前向《まえむ》きに……元気《げんき》の出《で》る言葉《ことば》」なども踏《ふ》まえてまとめよう。

② 卒業生《そつぎょうせい》に言葉《ことば》を贈《おく》るとしたら、あなたはどんな言葉《ことば》を選《えら》ぶだろうか。次《つぎ》の条件《じょうけん》に従《したが》って、書《か》いてみよう。

条件《じょうけん》1　誰《だれ》の言葉《ことば》なのか、出典《しゅってん》を明《あき》らかにして書《か》くこと。

条件《じょうけん》2　その言葉《ことば》を選《えら》んだ理由《りゆう》を書《か》くこと。

答えの例

私《わたし》は、「夢《ゆめ》を見《み》るから、人生《じんせい》は輝《かがや》く」という言葉《ことば》を卒業生《そつぎょうせい》に贈《おく》りたいと思《おも》います。これは、オーストリアの作曲家《さっきょくか》、モーツァルトの言葉《ことば》です。夢《ゆめ》をもつことで、人生《じんせい》を輝《かがや》くものに変《か》えることができるという意味《いみ》だと思《おも》います。

夢《ゆめ》や目標《もくひょう》をもつことは、生《い》きていく上《うえ》での力《ちから》になります。しかし、夢《ゆめ》をもつだけではだめなのです。夢《ゆめ》や目標《もくひょう》をもち続《つづ》けること、それに向《む》かって努力《どりょく》し続《つづ》けることが大切《たいせつ》だと思《おも》います。私《わたし》は、卒業生《そつぎょうせい》の皆《みな》さんが大《おお》きな夢《ゆめ》を持《も》ち、諦《あきら》めることなく挑戦《ちょうせん》していってくださることを信《しん》じて、この言葉《ことば》を選《えら》びました。

考え方

提案《ていあん》と根拠《こんきょ》（理由《りゆう》）の結《むす》びつきを意識《いしき》して書《か》こう。ここでは、「夢《ゆめ》を見《み》るから、人生《じんせい》は輝《かがや》く」という言葉《ことば》を卒業生《そつぎょうせい》に贈《おく》りたい理由《りゆう》として、「夢《ゆめ》や目標《もくひょう》をもつことは……大切《たいせつ》だと思《おも》います。」とその根《こん》拠《きょ》を述《の》べている。

教科書の課題

書《か》く（教科書《きょうかしょ》258ページ）

先生《せんせい》のアドバイスを生《い》かして、メールの下書《したが》きを推敲《すいこう》してみよう。

答えの例

大空市立大空幼稚園《おおぞらしりつおおぞらようちえん》
北川先生《きたがわせんせい》

今度《こんど》，職場体験《しょくばたいけん》でお世話《せわ》になります，
大空中学校《おおぞらちゅうがっこう》２年《ねん》２組《くみ》の山内芽衣《やまうちめい》と申《もう》します。

この度《たび》は，職場体験《しょくばたいけん》を受《う》け入《い》れてくださり，
まことにありがとうございます。

職場体験《しょくばたいけん》のことで質問《しつもん》があり，メールしました。

当日《とうじつ》は，園児《えんじ》の皆《みな》さんとランチルームでクイズ大会《たいかい》をしようと計画《けいかく》しております。そのときランチルームでオルガンを使用《しよう》させていただきたいのですが，可能《かのう》でしょうか。無理《むり》な場合《ばあい》は，他《ほか》の方法《ほうほう》を考《かんが》えます。

お忙《いそが》しいところ恐縮《きょうしゅく》ですが，お返事《へんじ》頂《いただ》けましたら幸《さいわ》いです。

よろしくお願《ねが》いいたします。

大空中学校《おおぞらちゅうがっこう》　２年《ねん》２組《くみ》　山内芽衣《やまうちめい》

考え方

「〜けど」といった話《はな》し言葉《ことば》は使《つか》わないようにする。

学習《がくしゅう》を広《ひろ》げる 形《かたち》

菊《き》池《ち》 寛《かん》

教科書 274~276ページ

あらすじ

中村新兵衛《なかむらしんべえ》の武者姿《むしゃすがた》である猩々緋《しょうじょうひ》と唐冠《とうかん》のかぶとは、敵《てき》から非常《ひじょう》に恐《おそ》れられていた。ある日《ひ》、新兵衛《しんべえ》は、若《わか》い武士《ぶし》から猩々緋《しょうじょうひ》と唐冠《とうかん》のかぶとを貸《か》してほしいと頼《たの》まれた。新兵衛《しんべえ》は快《こころよ》く受《う》け入《い》れた。

翌日《よくじつ》の戦場《せんじょう》で、若武者《わかむしゃ》は一気《いっき》に敵陣《てきじん》に乗《の》り入《い》って三《さん》、四人《よにん》の敵《てき》を倒《たお》し、悠々《ゆうゆう》と戻《もど》ってきた。黒革《くろかわ》おどしのよろいを着《き》て南蛮鉄《なんばんてつ》のかぶとをかぶっていた新兵衛《しんべえ》は、若武者《わかむしゃ》の活躍《かつやく》を眺《なが》めながら、自分《じぶん》の形《かたち》だけすら大《おお》きな力《ちから》をもっていることに誇《ほこ》りを感《かん》じた。次《つぎ》に新兵衛《しんべえ》が敵陣《てきじん》に向《む》かうと、敵《てき》は勇《いさ》み立《た》って向《む》かってきた。かぶとや猩々緋《しょうじょうひ》を貸《か》したことを後悔《こうかい》するような感《かん》じが新兵衛《しんべえ》の頭《あたま》の中《なか》をかすめたとき、敵《てき》の槍《やり》が彼《かれ》の脾腹《ひばら》を貫《つらぬ》いた。

解説

●タイトルにもなっている「形《かたち》」の意味《いみ》を考《かんが》えよう。

「形《かたち》」とは、中村新兵衛《なかむらしんべえ》の武者姿《むしゃすがた》である猩々緋《しょうじょうひ》と唐冠《とうかん》のかぶとを指《さ》している。新兵衛《しんべえ》は、自分《じぶん》の実力《じつりょく》は、形《かたち》にすぎない猩々緋《しょうじょうひ》と唐冠《とうかん》のかぶととは独立《どくりつ》していると考《かんが》えていた。だから、若武者《わかむしゃ》にそれを貸《か》したのである。しかし、普段《ふだん》と違《ちが》った形《かたち》をまとって敵陣《てきじん》に向《む》かった新兵衛《しんべえ》は、敵《てき》に討《う》ち取《と》られてしまう。新兵衛《しんべえ》の形《かたち》を怖《おそ》れていた敵《てき》は、それを身《み》につけていない新兵衛《しんべえ》に対《たい》して勇《いさ》み立《た》って向《む》かってきたのである。これは、形《かたち》があってこそ新兵衛《しんべえ》も実力《じつりょく》を発揮《はっき》できていたということを表《あらわ》している。形《かたち》とそれが象徴《しょうちょう》する実力《じつりょく》は、新兵衛《しんべえ》が思《おも》っていたような別々《べつべつ》のものではなく、不可分《ふかぶん》のものだったのである。

重要語句のチェック

274ページ

殺到《さっとう》 多《おお》くの人《ひと》や物《もの》がどっと一《いっ》か所《しょ》に押《お》し寄《よ》せること。 文 出口《でぐち》に人々《ひとびと》が**殺到《さっとう》**する。

275ページ

しのぎを削《けず》る 競《せ》り合《あ》って、激《はげ》しく争《あらそ》う。 文 二人《ふたり》は**しのぎを削《けず》る**ライバルだ。

たけり立《た》つ 気《き》が高《たか》ぶって荒々《あらあら》しくなる。 文 馬《うま》が**たけり立《た》って**走《はし》り出《だ》す。

学習《がくしゅう》を広《ひろ》げる

生物《せいぶつ》が記録《きろく》する科学《かがく》——バイオロギングの可能性《かのうせい》

佐藤克文《さとうかつふみ》

教科書 277〜283ページ

およその内容

水生動物《すいせいどうぶつ》の、水中《すいちゅう》の様子《ようす》を観察《かんさつ》するのは難《むずか》しい。研究者《けんきゅうしゃ》たちは、小型《こがた》の記録計《きろくけい》を動物《どうぶつ》に取《と》りつけて海《うみ》に放《はな》し、動物自身《どうぶつじしん》がデータを集《あつ》める調査方法《ちょうさほうほう》である「バイオロギング」を編《あ》み出《だ》した。

この方法《ほうほう》でエンペラーペンギンの調査《ちょうさ》をした。その結果《けっか》、以前《いぜん》の調査結果《ちょうさけっか》よりもずっと浅《あさ》い潜水《せんすい》をする場合《ばあい》が多《おお》いことがわかった。野生動物《やせいどうぶつ》にとって最大限《さいだいげん》に能力《のうりょく》を発揮《はっき》することよりも、効率《こうりつ》よく餌《えさ》を捕《と》ることが重要《じゅうよう》だということに気《き》づくことができたのである。

アデリーペンギンは、潜水開始《せんすいかいし》と終了《しゅうりょう》を群《む》れの仲間《なかま》と一致《いっち》させるのだが、これは捕食者《ほしょくしゃ》から身《み》を守《まも》るための行動《こうどう》であることが推測《すいそく》された。餌《えさ》を効率《こうりつ》よく捕《と》ることと同《おな》じぐらい、捕食者《ほしょくしゃ》に食《た》べられないことも重要《じゅうよう》なのである。

餌《えさ》や捕食者《ほしょくしゃ》の心配《しんぱい》がない水族館《すいぞくかん》のペンギンと違《ちが》い、野生《やせい》のペンギンは生《い》き残《のこ》りをかけ、さまざまな工夫《くふう》を凝《こ》らしている。

「バイオロギング」は、野生動物《やせいどうぶつ》たちのありのままの行動《こうどう》を調《しら》べることを可能《かのう》にした。動物《どうぶつ》からもたらされるデータは、私《わたし》たちが思《し》考《こう》できる範囲《はんい》を大《おお》きく広《ひろ》げてくれるはずである。

解説

●エンペラーペンギンの調査《ちょうさ》でわかったことをまとめよう。

・エンペラーペンギンの潜水《せんすい》が浅《あさ》く短《みじか》いのは、能力《のうりょく》を最大限《さいだいげん》に発揮《はっき》することよりも効率《こうりつ》が重要《じゅうよう》だからである。

・アデリーペンギンが潜水開始《せんすいかいし》と終了《しゅうりょう》を群《む》れの仲間《なかま》と一致《いっち》させるのは、捕食者《ほしょくしゃ》から身《み》を守《まも》るためだと推測《すいそく》される。

重要語句のチェック

277ページ

ユニーク 他《ほか》にはない特徴《とくちょう》をもっているさま。独特《どくとく》なさま。文ユニークな発想《はっそう》だ。

279ページ

そもそも ある事柄《ことがら》を説《と》き起《お》こすときに使《つか》う語《ご》。元来《がんらい》。文そもそも問題《もんだい》がどこにあるか説明《せつめい》します。

282ページ

捕食者《ほしょくしゃ》 他《ほか》の種類《しゅるい》の生物《せいぶつ》を捕《と》らえて食《た》べる生物《せいぶつ》。

解答解説

14ページ

1 **それなのに、ぐうちゃんの声《こえ》はどんどん遠《とお》くなっていく。**
ショックのあまり聞《き》くことに集中《しゅうちゅう》できなくなっているのです。

2 **イ**
寂《さび》しさのあまりやり切《き》れず、腹立《はらだ》たしい気持《きも》ちになったのです。

3 **エ**
「僕《ぼく》」はもともとぐうちゃんのほら話《ばなし》が大好《だいす》きだったのです。この場合《ばあい》の「ほらばっかり」は悪《わる》い意味《いみ》ではありません。

4 **厳《きび》しい自然《しぜん》～一《ひと》つの宇宙《うちゅう》**
ぐうちゃんはアイスプラネットを自然《しぜん》の贈《おく》り物《もの》のようにとらえています。

5 **ア**
不思議《ふしぎ》なことをたくさん経験《けいけん》したいと思《おも》っている頭《あたま》です。

6 例 **世界《せかい》は楽《たの》しいこと、悲《かな》しいこと、美《うつく》しいことで満《み》ちていて、誰《だれ》もが一生懸命《いっしょうけんめい》生きているということ。**
ぐうちゃんが捉《とら》えた「世界《せかい》」のありさまです。

7 **手紙《てがみ》には、～っていた。**
文字《もじ》の書《か》き方《かた》に気持《きも》ちが込《こ》められています。

8 **ほら**
写真《しゃしん》は、そこに写《うつ》されたものが実在《じつざい》する証拠《しょうこ》になります。

34ページ

1 **A早《はや》まり**
B雨《あめ》に遭《あ》えずに死《し》んでいく
「気温上昇《きおんじょうしょう》で孵化《ふか》が早《はや》まり」とあります。また、一九六〇年代《ねんだい》には「雨《あめ》に遭《あ》えずに死《し》んでいく卵《たまご》」が多《おお》かったのですが、現在《げんざい》は少《すく》なくなっているのです。

2 例 **梅雨《つゆ》の期間《きかん》に孵化《ふか》が終《お》わるという点《てん》で他《ほか》のセミのほうがクマゼミより有利《ゆうり》だから。**
他《ほか》のセミのほうが有利《ゆうり》な点《てん》をまとめます。

3 **イ**
最後《さいご》の段落《だんらく》の内容《ないよう》に合《あ》うものを選《えら》びます。

4 **クマゼミが多《おお》～土《つち》が軟《やわ》らかい（という違《ちが》い。）**
「この」などの指示語《しじご》は、原則《げんそく》として直前《ちょくぜん》の内容《ないよう》を指《さ》します。

5 **A乾燥《かんそう》**
B整備《せいび》（舗装《ほそう》）
[仮説《かせつ》3]に「ヒートアイランド現象《げんしょう》による乾燥《かんそう》と地《ち》表《ひょう》の整備《せいび》によって硬化《こうか》した」とあります。これを図《ず》にするとどうなるかを考《かんが》えます。

46ページ

1 **Aたくさん**
B三百《さんびゃく》
前《まえ》の「『たくさんの牧《まき》の若馬《わかうま》』よりも『三百《さんびゃく》の牧《まき》の若《わか》馬《うま》』と表現《ひょうげん》したほうが鮮《あざ》やかな印象《いんしょう》を残《のこ》します」とあります。「たくさん」を表《あらわ》すために「三百《さんびゃく》」という数詞《すうし》を使《つか》ったのです。

2 例 **遠《とお》い山《やま》から牧場《ぼくじょう》を経《へ》て目《め》の前《まえ》の若馬《わかうま》へ移《うつ》る視線《しせん》の動《うご》き。**
前《まえ》の一文《いちぶん》の内容《ないよう》を「……動《うご》き。」の形《かたち》にまとめます。

3 **・夜《よる》がふけてゆく状況《じょうきょう》**
・蛙《かえる》の声《こえ》が空《そら》に響《ひび》く様子《ようす》〈順不同《じゅんふどう》〉
後《あと》に「『しんしんと』は夜《よる》がふけてゆく状況《じょうきょう》とともに、蛙《かえる》の声《こえ》が空《そら》に響《ひび》く様子《ようす》を表《あらわ》しています」とあるので、ここから書《か》き抜《ぬ》きます。

4 **添寝《そいね》**
「添寝《そいね》」とは、すぐ横《よこ》に寝《ね》ることです。

5 **ウ**
「母《はは》の死《し》と向《む》き合《あ》う悲《かな》しみを、ふるさとの大《おお》きな自然《しぜん》が包《つつ》み込《こ》んでいます。」とあるのに着目《ちゃくもく》します。

6 **人間《にんげん》は今《いま》、～はないか。**
直前《ちょくぜん》の二《ふた》つの文《ぶん》がどちらも疑問文《ぎもんぶん》になっていることから、この二文《にぶん》を指《さ》して「そんな問《と》いかけ」と表現《ひょうげん》したのだとわかります。

7 例 **「水仙《すいせん》の白《しろ》」と歌《うた》い収《おさ》めたために、とてつもなく長《なが》い時間《じかん》が、一滴《いってき》の時間《じかん》の中《なか》に回収《かいしゅう》されていくということ。**
後《あと》の「鯨《くじら》の世紀《せいき》、恐竜《きょうりゅう》の世紀《せいき》といった、とてつもなく長《なが》い時間《じかん》が『水仙《すいせん》の白《しろ》』という一滴《いってき》の時間《じかん》の中《なか》に、すっと回収《かいしゅう》されていきます。」の内容《ないよう》を、「……こと。」の形《かたち》で簡潔《かんけつ》にまとめます。

8 **イ・エ**
「白《しろ》」という体言《たいげん》で終《お》わっているので体言止《たいげんど》めです。また、「五七五七七《ごしちごしちしち》」という短歌《たんか》の定型《ていけい》よりも音数《おんすう》が多《おお》いので、字余《じあま》りです。

54ページ

1 (1) **淡《あわ》いようで～いている色《いろ》**
上気《じょうき》したよ～いわれぬ色《いろ》
(2) **桜《さくら》の花《はな》びら**
(3) 例 **花《はな》が咲《さ》く直前《ちょくぜん》の頃《ころ》の山《やま》の桜《さくら》の皮《かわ》**

2 **イ**
皮《かわ》からピンクが出《で》ると知《し》ったときの筆者《ひっしゃ》の心情《しんじょう》です。

3 **木全体《ぜんたい》の一刻《いっこく》も休《やす》むことない活動《かつどう》の精髄《せいずい》**
「営《いとな》み」とあるので木《き》の活動《かつどう》に触《ふ》れた部分《ぶぶん》を探《さが》します。
4 **桜《さくら》の花《はな》びらに現《あらわ》れ出《で》たピンク**
5 例 **桜《さくら》の花《はな》びら一枚一枚《いちまいいちまい》と言葉《ことば》の一語一語《いちごいちご》が、背後《はいご》にそれを生《う》み出《だ》しているもの（桜《さくら》の花《はな》びらでは大《おお》きな幹《みき》、言葉《ことば》では人間全体《にんげんぜんたい》）を背負《せお》っている点《てん》で同《おな》じ。**
直後《ちょくご》の二文《にぶん》の内容《ないよう》をまとめます。
6 **ウ**
「そのとき」は直前《ちょくぜん》の文《ぶん》の「……とき」を指《さ》しています。

68ページ

1 **エ**
えびフライを「あんなにうまいもの」と言《い》っています。それを自分《じぶん》たちだけが食《た》べたと思《おも》うと、後《うし》ろめたい気持《きも》ちになるのです。
2 **谷間《たにま》はすで**
「すでに日《ひ》がかげって」から夕方《ゆうがた》だとわかります。「河鹿《かじか》」も暗《くら》くなったことを象徴《しょうちょう》する生物《せいぶつ》です。「情《じょう》景描写《けいびょうしゃ》から」とあるので、「父親《ちちおや》が夕方《ゆうがた》の……」の一《いち》文《ぶん》は当《あ》てはまりません。
3 **イ**
本当《ほんとう》はもっと話《はな》したかったのです。
4 **エ**
父親《ちちおや》の言葉《ことば》で、またしばらく会《あ》えないことを思《おも》い出《だ》したのです。
5 例 **右手《みぎて》で少年《しょうねん》の頭《あたま》をわしづかみにして、手荒《てあら》く揺《ゆ》さぶった動作《どうさ》。**
6 **ウ**
荒《あら》っぽくはあっても、父親《ちちおや》の愛情表現《あいじょうひょうげん》なのです。

驚《おどろ》きとともに、それほどまでに息子《むすこ》がえびフライを気《き》に入《い》っていることを知《し》り、おかしく思《おも》ったのです。
7 例 **父親《ちちおや》の家族《かぞく》への愛情《あいじょう》の**
一家《いっか》での楽《たの》しい夕食《ゆうしょく》の記憶《きおく》と結《むす》び付《つ》いているのです。

76ページ

1 **筆《ふで》まめ**
手紙《てがみ》や文章《ぶんしょう》を面倒《めんどう》がらずに書《か》く性質《せいしつ》です。
2 **ウ**
文字《もじ》をきちんと書《か》くのはきちょうめんさの表《あらわ》れです。
3 **イ**
「晴《は》れがましい」とは誇《ほこ》らしいような気分《きぶん》のことです。
4 例 **手紙《てがみ》（の中《なか》）（文面《ぶんめん》・文中《ぶんちゅう》）**
直前《ちょくぜん》の段落《だんらく》の内容《ないよう》に注目《ちゅうもく》します。
5 **ふんどし一《ひと》〜手《て》を上《あ》げる**
手紙《てがみ》の中《なか》の父《ちち》の姿《すがた》とはかけ離《はな》れた姿《すがた》をつかみます。
6 **威厳《いげん》と愛情《あいじょう》**
理想《りそう》の父親像《ちちおやぞう》を、普段《ふだん》は演《えん》じられないが、手紙《てがみ》の中《なか》では演《えん》じられたのです。
7 **ところが、**
気持《きも》ちを変《か》えたきっかけがわかる一文《いちぶん》です。
8 例 **疎開先《そかいさき》で末《すえ》の妹《いもうと》（末《すえ》の娘《むすめ》）が元気《げんき》でいるかどうかを知《し》りたいから。**
父《ちち》は、疎開《そかい》する幼《おさな》い娘《むすめ》が心配《しんぱい》でたまらないのです。
9 **エ**
子《こ》に対《たい》する愛情《あいじょう》が文章中《ぶんしょうちゅう》から読《よ》み取《と》れます。

94ページ

1 **運搬用《うんぱんよう》のころや支柱《しちゅう》**
運《はこ》ぶためのころや支柱《しちゅう》も、木《き》で作《つく》られています。
2 **主食《しゅしょく》のバナナやタロイモ**

たんぱく源《げん》の魚《さかな》
直前《ちょくぜん》の段落《だんらく》から字数《じすう》に合《あ》わせて書《か》き抜《ぬ》きます。
3 **ウ**
森《もり》の消滅《しょうめつ》で食料危機《しょくりょうきき》が起《お》きたことを読《よ》み取《と》ります。
4 例 **日本列島《にほんれっとう》も地球《ちきゅう》も、イースター島《とう》と同《おな》じように、森林《しんりん》が文明《ぶんめい》を守《まも》る生命線《せいめいせん》になっているから。**
直後《ちょくご》の段落《だんらく》の内容《ないよう》を読《よ》み取《と》ります。
5 **エ**
同《おな》じ段落《だんらく》の最後《さいご》に結論《けつろん》がまとめられています。
6 例 **住民《じゅうみん》が飢餓《きが》に直面《ちょくめん》したとき、どこからも食料《しょくりょう》を運《はこ》んでくることができない点《てん》。**
地球《ちきゅう》もある意味《いみ》、「絶海《ぜっかい》の孤島《ことう》」なのです。
7 例 **今《いま》ある有限《ゆうげん》の資源《しげん》を効率《こうりつ》よく、長期《ちょうき》にわたって利《り》用《よう》する方策《ほうさく》を考《かんが》えること。**
筆者《ひっしゃ》が最《もっと》も強《つよ》く訴《うった》えようとしていることです。

108ページ

1 例 **平家《へいけ》と源氏《げんじ》の大勢《おおぜい》の人々《ひとびと》が見守《みまも》る中《なか》で扇《おうぎ》の的《まと》を射《い》ること。**
直前《ちょくぜん》に平家《へいけ》と源氏《げんじ》の人々《ひとびと》が見守《みまも》る様子《ようす》が書《か》かれています。
2 **弓切《ゆみき》り折《お》り〜ふべからず**
決死《けっし》の覚悟《かくご》が述《の》べられている部分《ぶぶん》です。
3 **舟《ふね》は、揺《ゆ》り**
「扇《おうぎ》もくしに定《さだ》まらずひらめいたり」を含《ふく》む一文《いちぶん》です。
4 a **とってつがい**　b **いうじょう**　c **かなめぎわ**
「au→ô」、また「ぢ→じ」、なので「ぢやう」は「じょう」になります。
5 (1) **ウ**　(2) **沖《おき》には平家《へいけ》〜よめきけり**
「対句法《ついくほう》」は、意味《いみ》や形《かたち》が似《に》た二句《にく》を並《なら》べる表現技法《ひょうげんぎほう》です。

6 例 **与一《よいち》の腕前《うでまえ》の見事《みごと》さに感動《かんどう》し、その気持《きも》ちを表現《ひょうげん》したかったから。**
「感《かん》に堪《た》えない」とは、非常《ひじょう》に深《ふか》く感動《かんどう》して表現《ひょうげん》せずにはいられない、という意味《いみ》です。

7 **ウ**
武士《ぶし》は命令《めいれい》で行動《こうどう》します。

8 **エ**
戦場《せんじょう》の非情《ひじょう》さが表《あらわ》れたエピソードです。

114ページ

1 (1) **心《こころ》にうつりゆくよしなし事《ごと》** (2) **イ**
(1)「〜を」の形《かたち》で「書《か》きつくれば」に係《かか》る部分《ぶぶん》からつかみます。(2)「つれづれ」な状態《じょうたい》のときに書《か》きつけたのです。「つれづれ」は特《とく》にすることがない状態《じょうたい》を表《あらわ》す言葉《ことば》です。

2 **係《かか》り結《むす》び**
「係《かか》り結《むす》び」は助詞《じょし》「ぞ・なむ・や・か・こそ」があるとき、文末《ぶんまつ》が変化《へんか》するものです。

3 **ただ一人《ひとり》、徒歩《かち》より**
法師《ほうし》の失敗《しっぱい》の原因《げんいん》となる事柄《ことがら》です。

4 **イ**
直後《ちょくご》の段落《だんらく》の、仲間《なかま》に対《たい》する話《はなし》からわかります。

5 (1) **かたえ** (2) **ウ**

6 例 **石清水《いわしみず》(八幡宮《はちまんぐう》)をお参《まい》りすること。**
最初《さいしょ》の一文《いちぶん》に、年来《ねんらい》の願《ねが》いが書《か》かれています。

7 (1) 例 **参詣《さんけい》していた人《ひと》たちが皆《みな》、山《やま》へ登《のぼ》っていったのは、どんなことがあったのだろう。**
(2) **イ**
皆《みな》が登《のぼ》っていくのは、そこが目的地《もくてきち》だからです。

8 **イ**
法師《ほうし》の真面目《まじめ》な性格《せいかく》がわかる言葉《ことば》です。

9 **少《すこ》しのこと**
作者《さくしゃ》は、文章《ぶんしょう》の最後《さいご》に短《みじか》く教訓《きょうくん》を付《つ》けています。

120ページ

1 **五言絶句《ごごんぜっく》**
「言《ごん》」は一句《いっく》(一行《いちぎょう》)の文字《もじ》の数《かず》。五言《ごごん》と七言《しちごん》があります。四句《よんく》(四行《よんぎょう》)の詩《し》は絶句《ぜっく》、八句《はっく》(八行《はちぎょう》)の詩《し》は律詩《りっし》といいます。

2 **ウ**
起承転結《きしょうてんけつ》の構成《こうせい》になっていることを押《お》さえます。

3 **自適《じてき》の暮《く》らし**
春《はる》の訪《おとず》れを寝床《ねどこ》で感《かん》じる、明《あか》るくのどかな気分《きぶん》は、気楽《きらく》な生活《せいかつ》だから味《あじ》わえるものです。

4 ① 例 **今《いま》にも燃《も》えだしそう** ② 例 **見《み》ている間《あいだ》に**

5 **碧・白・青・然**
「碧」は深《ふか》く澄《す》んだみどり、「然」は燃《も》える色《いろ》で赤《あか》をイメージさせる字《じ》です。

6 **ウ**
前半《ぜんはん》に春景色《はるげしき》、後半《こうはん》に作者《さくしゃ》の思《おも》いが書《か》かれています。

7 **イ**
ここでは孟浩然《もうこうねん》を指《さ》します。

8 **孟浩然《もうこうねん》**
広《ひろ》い長江《ちょうこう》に一《いっ》そうの舟《ふね》。ぽつんとした姿《すがた》は、乗《の》った人物《じんぶつ》の孤独《こどく》を暗示《あんじ》しています。

128ページ

1 **食堂《しょくどう》の窓《まど》から差《さ》し込《こ》む現実《げんじつ》の光《ひかり》の方向《ほうこう》**
後《あと》に続《つづ》く説明《せつめい》を読《よ》み取《と》ります。

2 **解剖学《かいぼうがく》、遠近法《えんきんほう》、明暗法《めいあんほう》**
直前《ちょくぜん》の「そのような絵画《かいが》の科学《かがく》」が指《さ》している内容《ないよう》です。

3 (1) 例 **描《えが》かれてから五百年《ごひゃくねん》もたって、ぼろぼろになっていたから。**
(2) **ア・エ**
鮮《あざ》やかな色彩《しきさい》がよみがえったのは汚《よご》れを落《お》としたからです。

4 例 **細部《さいぶ》が剥《は》がれ落《お》ちて、細《こま》かい描写《びょうしゃ》のない「最後《さいご》の晩餐《ばんさん》」。**
「最後《さいご》の晩餐《ばんさん》」の修復後《しゅうふくご》の様子《ようす》を前《まえ》の三文《さんぶん》からつかみます。

5 例 **レオナルドが絵画《かいが》の科学《かがく》を駆使《くし》して表現《ひょうげん》しようとしたものがよく見《み》えてくるから。**
「絵《え》の構図《こうず》がもっている画家《がか》の意図《いと》がよく見《み》えてくるから」としても正解《せいかい》です。

6 **イ**
二《ふた》つ前《まえ》の文《ぶん》の内容《ないよう》から考《かんが》えます。

7 例 **五百年《ごひゃくねん》も前《まえ》に描《えが》かれた名画《めいが》が、今《いま》も文句《もんく》がないほどに魅力的《みりょくてき》であること。**
この「永遠《えいえん》」は「滅《ほろ》びない価値《かち》がある」ということです。

146ページ

1 例 **義務《ぎむ》を遂行《すいこう》し、我《わ》が身《み》を殺《ころ》して名誉《めいよ》を守《まも》る希望《きぼう》。**
直後《ちょくご》の二文《にぶん》を一文《いちぶん》にまとめます。

2 **斜陽《しゃよう》は赤《あか》い〜いている。**
「斜陽《しゃよう》」は夕日《ゆうひ》のことですが、「葉《は》も枝《えだ》も燃《も》えるばかりに輝《かがや》いている。」から、まだ強《つよ》い日《ひ》であることがわかります。

3 **あの方《かた》は、〜いました。**

実際《じっさい》にセリヌンティウスの様子《ようす》を見《み》てきた人物《じんぶつ》、フィロストラトスが話《はな》した内容《ないよう》からつかみます。

4 例 **信頼《しんらい》に報《むく》いなければならないということ。**
直前《ちょくぜん》の一文《いちぶん》の内容《ないよう》を指《さ》しています。

5
(1) **悪《わる》い夢《ゆめ》**
(2) 例 **五臓《ごぞう》が疲《つか》れていたから。**
(2) 「肉体《にくたい》の疲労回復《ひろうかいふく》とともに、僅《わず》かながら希望《きぼう》が生《う》まれた」からも、疲労《ひろう》がメロスの精神《せいしん》をむしばんでいたことがわかります。

6 ア
ウ「正直《しょうじき》」なだけでも、エ「勇敢《ゆうかん》」なだけでも不足《ふそく》しています。なんとしても信頼《しんらい》に報《むく》いるのが「真《しん》の勇者《ゆうしゃ》」です。

7 ア
「人《ひと》の命《いのち》も問題《もんだい》でないのだ」と言《い》っています。

155ページ

1 イ
「適切《てきせつ》でないもの」を選《えら》ぶ問題《もんだい》です。「下《した》へ」で行《ぎょう》が終《お》わっていますが、最後《さいご》の単語《たんご》の「へ」は体言《たいげん》（名《めい》詞《し》）ではなく助詞《じょし》なので、体言止《たいげんと》めではありません。

2 エ
「それでなかったら小鳥《ことり》が飛《と》んできて／枝《えだ》にとまるはずがない」に着目《ちゃくもく》します。小鳥《ことり》を枝《えだ》にとまらせるということは、小鳥《ことり》という他者《たしゃ》を受《う》け入《い》れているということです。

3 例 **木《き》は地下水《ちかすい》を根《ね》から吸《す》いあげて空《そら》にかえすから。**
直後《ちょくご》の「それでなかったら地下水《ちかすい》を根《ね》から吸《す》いあげて／空《そら》にかえすはずがない」を活用《かつよう》してまとめます。

4 ア・オ

「木《き》は／愛《あい》そのものだ」、「正義《せいぎ》そのものだ」とは、木《き》の存在《そんざい》が愛《あい》や正義《せいぎ》を体現《たいげん》しているということです。「ひとつとして同《おな》じ木《き》がない／ひとつとして同《おな》じ星《ほし》の光《ひか》りのなかで／目《め》ざめている木《き》はない」とは、一本《いっぽん》一本《いっぽん》の木《き》が、他《ほか》の木《き》とは異《こと》なる個性《こせい》をもっているということです。